国家文化产业资金支持媒体融合重大项目
21世纪高等职业教育精品教材·工商管理类
产教融合校企“双元”育人项目成果

微课版

客户服务实务

（第五版）

丁雯　李婷　编著

东北财经大学出版社
Dongbei University of Finance & Economics Press
大连

图书在版编目（CIP）数据

客户服务实务 / 丁雯，李婷编著. —5版. —大连 ：东北财经大学出版社，2022.9（2023.8重印）

（21世纪高等职业教育精品教材·工商管理类）

ISBN 978-7-5654-4614-6

Ⅰ. 客… Ⅱ. ①丁… ②李… Ⅲ. 企业管理-销售服务-高等职业教育-教材 Ⅳ. F274

中国版本图书馆CIP数据核字（2022）第137541号

东北财经大学出版社出版

（大连市黑石礁尖山街217号 邮政编码 116025）

网 址：http：//www.dufep.cn

读者信箱：dufep@dufe.edu.cn

大连市东晟印刷有限公司印刷 东北财经大学出版社发行

幅面尺寸：185mm×260mm 字数：303千字 印张：14.5

2022年9月第5版 2023年8月第2次印刷

责任编辑：郭海雷 张爱华 孟 鑫 责任校对：包利华

封面设计：张智波 版式设计：冀贵收

定价：42.00元

教学支持 售后服务 联系电话：（0411）84710309

如有印装质量问题，请联系营销部：（0411）84710711

第五版前言

本教材自2010年2月由东北财经大学出版社出版发行以来，得到了国内众多兄弟院校师生的认可。据不完全统计，目前全国已有30余所高职院校的教师在教学中选用本教材。本教材历经14次印刷，累计发行量近4万册，此次修订为第五版。

本教材符合高职教育立德树人的根本任务，把学生的思政教育与技能发展统一起来。基于情景与问题设计学习项目，包括客户服务导入、客服代表职业形象塑造、客服代表基本功、客户需求沟通、客户满意度调查、客户投诉处理、客户忠诚度培育和客户分级管理等8个项目。采用“项目–单元式”体例，每个项目设置了学习目标、项目框架、案例导入、项目测试、项目实训等栏目，整合了课堂互动、拓展阅读、企业案例、情景再现和思政园地等栏目内容，更加符合高职院校培养高素质技能型人才的需要。

第五版教材考虑当代社会科技发展和高职教育变化趋势，遵循“少，但是更好”的理念，把项目从10个改为8个，使教材体系更加合理。其他变化主要体现在以下4个方面：

1.大力推进党的二十大精神和习近平新时代中国特色社会主义思想进教材、进课堂、进头脑，引导青年学子努力成为堪当民族复兴重任的“复兴栋梁、强国先锋”。在项目学习目标中明确思政目标，增设思政园地栏目，结合时事政治把话题融入对应模块，提高学生共情能力，唤醒学生心中美好情感，增强学生的社会责任感和团队合作意识。

2.坚持产教融合，促进校企合作。在教材修订前，多次面向用人单位及毕业生进行调研，了解企业发展趋势及对人才需求，同时收集案例素材，征求教材修订意见，并将其及时纳入教材修订中；补充了客户服务最新理论成果，企业普遍使用的最新工具、新方法；分享了天虹、百果园、京东、优衣库、胖东来、八爪鱼、泡泡玛特、喜茶等国内外典型企业客户服务案例，使相关理论得以活化、内化、情景化、具体化，进而让学生形成指导以后工作的策略。

3.落实教育部“进一步推进职业教育信息化发展”和“推进教育教学与信息技术深度融合”等要求。增加二维码教学资源，突出互联网“移动学习”，解决了纸质教材与数字化教学资源融合的问题。此外，建立了教材配套资料包，包括课程门户网站、课程学习地图、高清录播课程、30多个情景微课、10多套考试题库、问答社区等，利用丰富的学习资源完成交叉式学习，完全能满足混合式教学需要。

4.适应新时代大学生学习方式变革的需求。在项目中设计多个情景再现和课堂互动场景，以现实遇到的挑战及问题来引导学生自主探究性学习，通过感知–理解–深化3个阶段来提高学生分析和解决实际问题的能力，提高学生体验感和洞察力。在客户需求沟通、客户分级管理等项目中融入积极心理学内容，以提升学生个性化服务能力、应变能力和情绪管理能力，为学生走向社会、过上幸福美好的生活打下基础。

本教材第五版由丁雯、李婷共同修订。为方便教学，本教材配套了课程门户网站、PPT电子教学课件及试题库等。PPT电子教学课件任课教师可登录东北财经大学出版社网站（www.dufep.cn）免费下载使用。

在本教材修订过程中，得到了天虹数科商业股份有限公司、同行教师们和东北财经大学出版社的支持与帮助，在此向他们表示诚挚的谢意！由于编者水平所限，教材中难免有疏漏和不妥之处，欢迎各位同行、读者批评指正！

丁雯

2022年5月于广州番禺职业技术学院

（2023年7月修订）

第一版前言

有这么一组来自企业的真实数据：

现有客户（老客户）创造90%的销售收入；

20%的客户创造80%的销售收入；

5%~10%的小客户可能向客户金字塔上方移动；

小客户中的2%向上移动将增加10%左右的销售收入，但增加了60%的利润！

利润来自客户的表现。企业如果能够做到把客户请进来，又让客户向上动起来，最后把客户留下来，就一定能成功。而其中关键环节是留住客户。

事实正是如此。满意的服务使客户留下来，这样不仅大大降低企业销售成本，还带来源源不断的新客户。客户服务不仅是企业竞争的利器，更是企业利润的源泉。对于企业而言，无论是前台、销售、客户服务代表还是公司总裁等，都是公司的代表，与客户的每一次接触都会影响到客户是否会继续与企业合作。因此，服务不是服务业的专利，而是所有行业的制胜法宝；服务不是服务部门员工的“专利”，而是企业全体员工的义务。

目前，客户流失已成为很多企业所面临的尴尬。企业大都知道，失去1个老客户会带来巨大损失，需要企业至少再开发10个新客户才能予以弥补，但对于客户流失的原因不十分清楚。有调查资料显示，68%的客户流失是因为客户服务人员对他们的要求漠不关心。此外，随着市场经济的发展，客户服务的内涵在不断拓展，除了基础客户服务之外，一些高级客户服务内容加入进来，如客户俱乐部、生日祝福、活动互动等增进客户与企业之间感情依存的内容，使客户服务工作的复杂度更高、专业性更强。因此，市场对各类客户服务人才的需求大大增加，具备专业素养和专业技能的客户服务人员更是备受青睐。

对多家用人单位及部门的岗位能力调查分析表明，我国经济的快速发展和企业间激烈的竞争，使得企业对人才的基本素质和职业能力要求越来越高，拥有客户服务意识、掌握客户服务技能的员工往往更容易获得成功。同时，通过对高职学生就业情况跟踪调查发现，高职管理类专业学生的最初就业岗位大多属于服务型，这尤其需要他们具备良好的服务意识和专业的服务技能。

基于上述实际情况，我们在广泛吸收国内外最新研究成果的基础上，结合自己的实际工作经验和调研情况，编著了《客户服务实务》这本教材。本教材具有以下几个方面的特点：

一是根据客户服务人员职业生涯发展规律编排学习内容。教材全面、深入地分析了客户服务这一领域工作的主要特点，根据客户服务人员的职业生涯发展规律，从一线服务代表到客户服务主管再到客户服务经理，编排相应的学习内容，包括初级客户服务技巧、中级客户服务技巧和高级客户服务技巧，以满足不同阶段或不同层次客户服务人员的岗位能力要求。公共部分内容涵盖客户服务基础、客户代表的职业化塑造、客户投诉的处理、客户服务压力管理以及e时代的客户服务5个客户服务的技能领域。这样的编排使学习内容既可以根据实际学习对象的不同而自由组合，也可以为初级学生职业能力拓展奠定基础。

二是遵循“理论够用、突出技能”的原则，力求学生在掌握一些基本理论的基础上，切实提高专业素养和专业能力。教材集合了目前业内最具影响力的服务理念及其具体的操作方法，也对实际客户服务工作中常见的问题进行了分析和解答，学生可以从中学到最前沿的客户服务理论、最详尽的客户服务技巧。强调寓“理”于“景”，在每个章节中设置“小思考”“知识链接”“情景再现”“案例分析”等小栏目；在章后以“知识掌握”“知识应用”的形式突出对客户服务技能的提炼和训练。

三是内容丰富，简单实用。教材中提供的技巧、方法是编者收集国内外特别是中国港台地区的最新理论及先进实践成果，并结合多年企业工作经历，以及借鉴众多资深培训师的研究和使用经验总结出来的，内容丰富，简单实用，不仅适合高职层次的课堂教学使用，也非常适合客户服务人员自修或企业用作内部培训资料。

本教材由丁雯、童丽、张萍共同编写，丁雯拟定编写思路和框架。具体编写分工是：丁雯编写第1~6章；童丽编写第8章、第9章；张萍编写第7章、第10章。全书由丁雯修改定稿。

在本教材的编写过程中，我们参考和引用了国内外许多专家和学者的专著与论文，在此谨向他们表示深深的谢意。由于编者水平有限，加上时间仓促，教材中错误和疏漏在所难免，敬请专家、学者和读者不吝指正。

丁雯

2010年1月于广州

Contents

目录

项目一

客户服务导入

【学习目标】

*知识目标：

1.了解客户的定义并能正确地识别客户类型；

2.明确优质客户服务的层次与内容；

3.熟知客户服务职业基本情况；

4.了解客户服务的现状和发展趋势。

*能力目标：

能够结合自身情况，探索客户服务职业概况和职业发展。

*思政目标：

以马克思主义人民观重要思想为指导，树立正确的服务思想，培养以人为本、注重人的生命与价值的高素质技能人才。

【项目框架】

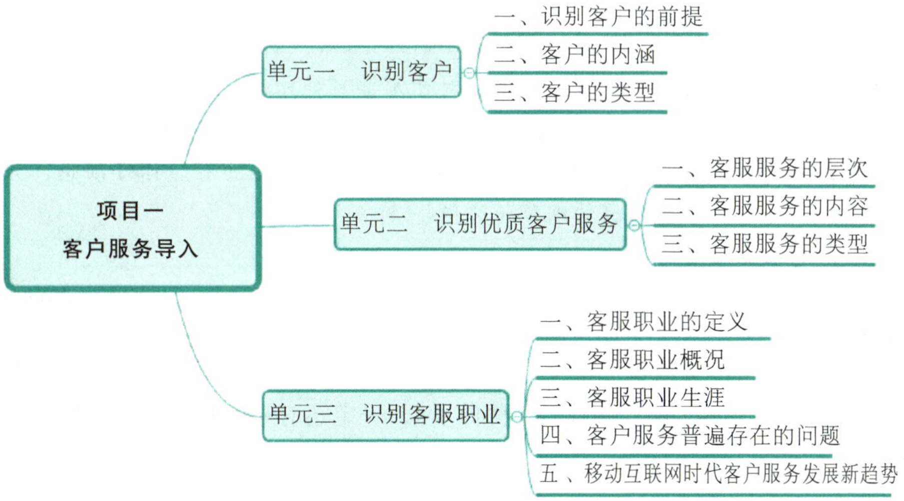

案例导入

服务，是永远的蓝海

我每年住很多酒店，看到了很多创意的设计、贴心的服务。我总觉得，在这个领域，创新的机会应该很小了，能想到的应该都被做到了，直到我今天住了一个酒店。我在房间处理完事情，准备下楼吃饭。刚要出门，看到门内侧有个金属铭牌，指着电梯的方向。

我瞬间惊了。

酒店是怎么知道的？我当时的感觉就是想知道它是怎么知道的。我几乎每次走出房门，都要犹豫一下，电梯是在左边还是在右边？向左看看，向右看看，酒店的过道几乎一模一样，我只好赌赌运气。有的酒店过道还长得离谱，我好不容易走到尽头，只有一扇小窗，只好失望地掉头往回走。我大概有一半的机会，走错方向。但说实话，我一直都不觉得，这是酒店设计的问题。我一直都单纯地觉得，这是因为自己智商堪忧。直到看到这个牌子，我意识到，天啊，原来别人也有这个问题啊。原来，不知道电梯在左在右，不是因为我蠢啊。

我有种沉冤昭雪般的感动。可是我知道，酒店能想到这点非常不简单。酒店的客服人员对自己的酒店非常熟悉，也因为熟悉，他们可能永远不会分不清左右，自带导航系统。也因此，他们可能永远不会意识到，出门不分左右是个问题。在过去的15年，我每年出差超过180天，住了无数酒店，也被感动过很多次。有一次，我从车上拿下行李，走进酒店大门，门童对我说："刘先生，欢迎回来。"我被感动了，他怎么记得。有一次，我入住房间的书桌上，放着一本《金融时报》，采访我的那一页被翻开着。我被感动了，酒店怎么知道。但是后来一想，对一些经常入住的旅客，多用点心，太正常了。只要用心，酒店估计连你的鞋码都知道。但是，对于那些可能永远没有人投诉、自己也绝不会遇到的、特别小的问题，能识别出来，并做出改进，这是真的了不起。

在服务业，永远没有什么叫"能做的我都做了"，永远没有。你仔细想，只要仔细想，一定还有太多感人至深的细节值得做。

服务，是永远的蓝海。

看场景 学服务

微课：课程导学

资料来源 刘润.服务，是永远的蓝海［EB/OL］.［2021-09-14］. https://baijiahao.baidu.com/s?id=1710851352890491993&wfr=spider&for=pc.

这一案例表明：货物是可替代的，商品是可视的，服务是看不见的，体验是难忘的。在服务业，永远没有"能做的我都做了"，一定还有可优化的地方，服务是永远的蓝海。

单元一　识别客户

一、识别客户的前提

客户服务和管理目前正在成为企业热点话题。应该讲，企业重视服务是一件好事，但是存在一些企业没有认清自己的客户是谁的情况下就盲目追风的问题。企业客服人员在实施客户服务管理时，必须先识别客户。正确识别客户，是进行客户服务的第一步。

（一）认清组织使命和个人工作职责是识别客户的前提

组织的使命一般是从客户、社会、环境、股东和员工等几个方面进行表述的，其中，首先是从客户的需求和利益来考虑的，因此在建立客户服务管理前，必须制定明确的、激励性和实现性强的使命，在此基础上，再延伸制定出服务理念以及具体的为客户提供服务的管理方法、内容、形式、程度等；客服人员需要了解自己、了解自己在整个组织结构中的位置、了解组织的使命，这样不仅有利于改进个人的表现，改善与客户的关系，还可以让个人获得更新的观点来看待其所做的一切。

（二）认识企业和客户之间的作用与反作用的关系

现在很多企业在讲“客户和企业是命运共同体”，或者讲“客户利益第一，客户至上”等，这些认识和观念都不错，但是企业更应该清晰地认识企业和客户的关系到底是什么，认识企业和客户之间作用与反作用的关系。具体来说，分为以下两个方面：

1.客户对企业来讲：

（1）客户是考评企业售前、售中、售后客服人员绩效的主考官；

（2）客户是企业产品和服务质量的总评官；

（3）客户是企业后续产品最有效的推销员；

（4）客户是影响企业形象最具说服力的宣传员。

2.企业对客户而言：

（1）企业是稳定客户现实正常运营的后援、即时保障；

（2）企业是持续增强客户服务社会竞争力的技术支撑；

（3）企业是促进客户创新经营和服务的引导者、推动者；

（4）企业是促进客户与客户之间健康竞争、共同发展的推动者。

（三）不能简单地认为客户是上帝

客户是企业的利润之源，是企业发展的动力，有人简单地将客户认为是上帝，那么上帝是什么呢？很多消费者不知道上帝是什么，企业也不知道上帝是什么。这种认识是不符合实际的，对企业的客户服务工作也将带来不利的影响。客户不是上帝，企业也不应该倡导客户是上帝，因为上帝和客户是有很大差异的，主要表现在以下方面：

1.上帝是唯一的，客户是多样化的，是个性化的。

2.上帝是永恒的，客户是有生命周期的。

3.上帝是虚无缥缈的，而客户是现实和潜在的。

课堂互动 1-1

习近平总书记在纪念马克思诞辰200周年大会上的重要讲话中指出：“学习马克思，就要学习和实践马克思主义关于坚守人民立场的思想。人民性是马克思主义最鲜明的品格……我们要始终把人民立场作为根本立场，把为人民谋幸福作为根本使命，坚持全心全意为人民服务的根本宗旨……”请你谈谈“全心全意为人民服务”与客户服务工作的联系有哪些。

课堂互动1-1
分析提示

二、客户的内涵

现代客户关系管理中的客户是指任何接受服务或可能接受服务的人或组织。只要有服务关系存在就存在着客户关系，组织所有的服务对象构成组织的客户群，包括所有者、股东、员工、顾客、合作者、社区居民、政府官员和供应商等。为了确切地理解客户的内涵，请注意：

（一）客户不能等同于顾客

顾客是由买卖关系决定的，顾客可以由任何人或机构来提供产品和服务，顾客是“没有名字的一张脸”；而客户是由服务关系决定的，以个体为基础的客户的资料详尽地掌握在组织的数据库中，并由专门的人员来提供服务，客户更为重要，更为受尊重。

（二）客户不一定是产品或服务的用户

对处于供应链下游的企业来说，它们是上游的客户，它们可能是一级批发商、二级批发商、零售商，而最终的接受者是消费产品或服务的个人或机构，直接消费或使用这些产品或服务的是用户。用户和客户的区别在于客户包括购买了其产品或服务的个人和机构，还包括那些尚未购买但有可能购买的个人或机构。

（三）客户不一定在组织之外

股东、员工是企业的基本客户，企业各职能部门间亦互为客户，甚至不同工序之间也是一种典型的客户关系。企业内部虽没有直接的产品流动，不存在直接的买卖关系，但它们总是相互提供着服务，通过服务完成企业内部的协作。以“服务”为链接方式，一线员工为客户服务，中层主管为一线员工服务，高层主管又为中层主管服务。

企业案例 1-1

照照“满意镜”

万豪酒店的创始人威拉德·玛里奥特曾说过一句非常经典的话：“在服务业没有满意的员工，就不会有满意的顾客。”实际上，在服务领域有一个专门的理论与这句话传递的理念非常一致，那就是满意镜理论。

《哈佛商业评论》曾刊登过这样的一个案例，体现了关怀员工的重要性。青岛有一个非常不错的酒店，叫海景花园大酒店。它的员工对顾客提供的服务非常真诚，堪称定制化。有一次我带着家人入住，我和孩子住一个房间，另外一个房间是老人住的。我们把东西放下，在房间休息了一会儿就出去吃饭了。回来之后，我们发现每个房间里都有一张服务员手写的纸条，是欢迎我们入住的纸条，每张纸条都是定制化的，而且在我们的房间摆了一个毛茸茸的小熊玩具，因为服务员看到我带着孩子入住，所以放了一个玩具。隔壁的房间放的是什么？那张纸条上写的是：“我注意到您是吸烟人士，所以我给您切了一盘梨，希望您保重身体。”纸条旁边还放了一块口香糖，因为服务员观察到烟灰缸里有烟头，注意到了客人是吸烟人士。不仅如此，这家酒店所有的员工跟你打招呼的时候笑得都非常真诚。当时我就很疑惑：这里的服务人员怎么能做到这么好的状态？我后来发现这家酒店内部有本小册子，是员工写给企业的感谢信。感谢信里面是各种感人的故事。比如，职工宿舍有一个专门的楼管阿姨，这个阿姨每天都会观察员工需要什么，如果有员工生病了，她会帮忙买药，还会切一盘水果送过去。食堂也有一个阿姨专门观察每一个员工的状态，发现有员工咳嗽，二话不说就到后厨做一个糖拌西红柿送过去……每个服务人员都在被真诚地照顾着，这是一种了不起的力量。

资料来源　李乐飞.新服务时代：新服务，新基建，未来社会的服务法则［M］. 北京：中信出版集团，2020.

点评：酒店的服务人员在受到这样真诚的对待后，他们反过来也会对顾客提供非常真诚周到的服务。

三、客户的类型

客户是所有接受或有可能接受服务的个人或组织的统称。不同的客户与企业的关系不一样，要求服务的内容和方式也会不同。提供优质服务的前提是对客户的类型和特点进行系统的分析。

（一）内部客户和外部客户

内部客户相对于外部客户（人们通常所指的客户）而言，是指得到你的产品或服务的公司同事。在一个企业内部，各部门都是分工协作的，每个员工既是服务者又是客户，并不仅是只有买卖关系才构成客户关系，只要存在着服务和被服务的可能，就会构成客户关系。企业中每一个人都要寻找你的服务对象并真诚为其服务，如果找不到你的服务对象，你就失去了在企业中存在的意义，就意味着该离开企业了。与外部客户服务一样，内部客户服务的真谛是建立信任，即服务者与被服务者之间应确立信任互动关系。几乎所有客户服务技巧都同样适用于内部客户服务，例如一站式服务、个性化服务。内部客户服务三要素即关怀、合作和沟通。

大体上讲，凡是不属于企业内部人员的客户都可以称为外部客户。我们通常所说的客户就是指外部客户，外部客户可能是个人，也可能是团体或企业。

（二）潜在客户、临时客户、一般客户、忠诚客户

1.潜在客户。潜在客户是针对现实客户而言的，是可能成为现实客户的人或组织，但目前尚未与企业发生交易关系。这类客户具有以下特征：①目前预算不足，或不具有购买能力；②具有购买能力，但可能没有购买需求；③具有购买能力，又具有购买欲望，但缺乏商品信息和购买渠道。潜在客户是企业争取的对象，是客户管理关注的重点之一。

2.临时客户。这类客户实际上有很多，临时客户一般没有明确的购买目的，没有强的品牌忠诚度，对商品的选择性很强，随意性也强。如果他对产品有兴趣，或因为服务态度好，或因当时气氛影响等，就有可能成为购买者。临时客户的购买率比较低，吸引购买的成本也相对较高，吸引一个临时客户的成本约是维系一个老客户成本

的5倍，却是企业客户关系管理的起点。

3.一般客户。一般客户又称常规客户，占企业客户总量的80%，企业主要通过让渡财务利益给客户来吸引他们。他们是经济型的客户，消费具有随机性，讲究实惠，看重价格优惠，常常在本企业和竞争企业之间来回选择，具有不稳定性，是企业与客户关系的主要部分，可以直接决定企业短期的现实收益。这部分客户如果对企业的产品或服务满意，其中部分会在将来成为企业的大客户和忠诚客户。

4.忠诚客户。忠诚客户不会因为企业服务的暂时不佳而放弃该企业投奔其他企业，忠诚客户是企业竞争优势的一个来源，因为他们更倾向于购买企业产品并可能进行重复性购买，他们还有可能成为企业所提供产品的宣传员，他们是企业忠实的拥护者，在有些情况下也会成为企业的合作者。由于客户对企业的忠诚使企业花较少的成本就可以获得丰厚的回报。忠诚客户是企业生存的基石，也是客户服务管理的最终目标。

（三）中间客户、最终客户和公利客户

1.中间客户。中间客户购买企业的产品或者服务，但是他们并不是直接的消费者，中间客户典型的例子是销售商和批发商。企业的产品或者服务在流通过程中存在着相当多的中间环节，意味着企业中间客户经常存在；任何一个中间客户既是前一个环节的客户，又是下一个环节的供应商；对企业来说，既不能忽视中间客户，又不能忽视最终客户；所有的中间客户一旦作为供方，都应把客户满意特别是最终客户满意作为自己作业的出发点，而不应把此任务推给企业。

2.最终客户。最终客户是企业产品或者服务的直接消费者，又称消费客户。他们对产品或服务质量最有发言权，他们的判断、取舍和选择具有权威性。一旦失去了他们的满意，无论内部客户和中间客户的满意度如何高，都是没有意义的。在一般情况下，所谓的客户满意，本质上就是指最终客户的满意。

3.公利客户。公利客户代表公众利益，是向企业提供资源，然后直接或者间接从企业获利中收取一定比例费用的客户。典型的例子是政府、行业协会、媒体。

（四）关键客户和普通客户

1.关键客户。关键客户也就是我们俗称的大客户，即所谓的VIP。他们被视作企业的生存之本、发展之源，就是因为与他们建立起了一种长久信赖的关系，企业从他们身上获得了很高的利润回报。各个行业都可以看到大客户的身影，从股市的大客户室、中国电信大客户事业部，再到航空公司的头等舱等，衡量一个客户价值的标准不只是看他的社会地位和身份，更重要的标准是看他对企业利润贡献的大小。所以，从某种意义上讲，少数大客户创造了企业收入的绝大部分，他们的价值支撑了企业的价值。大客户不单看其一次购买的数量，还要经过一个相当长的时间来考察和评判。因为时间越长，客户和企业之间的关系就越紧密，日积月累，对企业的贡献就越大。

【拓展阅读1-1】

帕累托法则

帕累托法则又称二八定律或80/20定律，被广泛应用于社会学及企业管理学等。比如，在客户管理领域，当一家公司发现自己80%的利润来自20%的顾客时，就该努力让那20%的顾客乐意扩展与其的合作。这样做，比把注意力平均分散给所有的顾客更容易，也更值得。再如，如果公司发现80%的利润来自20%的产品，那么这家公司应该全力来销售那些高利润的产品。

帕累托法则之所以得到业界的推崇，就在于其提倡的“有所为，有所不为”的经营方略。帕累托法则可以解决的问题包括时间管理问题、重点客户问题、财富分配问题、资源分配问题、核心产品问题、关键人才问题、核心利润问题、个人幸福问题等。

2. 普通客户。普通客户是指除了关键客户剩下的80%客户。此类客户对企业完成经济指标贡献甚微，消费额占企业总消费额的20%左右。由于他们数量众多，具有“点滴汇集成大海”的增长潜力，企业应控制在这方面的服务投入，按照“方便、及时”的原则，为他们提供大众化的基础性服务，或将精力重点放在发掘有潜力的“明日之星”上，使其早日升为关键客户。

看场景 学服务

微课：优质服务

单元二　识别优质客户服务

一、客户服务的层次

真正的客户服务是根据客户的喜好使其获得满足、感觉受到企业的重视，并把这种好感铭刻在心里，最终成为企业的忠诚客户。

服务是无形的，而普通意义上的产品是有形的。客户服务只能通过客服人员，通过服务的环境，通过各种方便服务的方式等，把它变成有形的产品。所以从某种意义上说，客户服务是有形与无形的统一体，是一个奉献与获取的统一体。客户服务不是简单的微笑，而是一项复杂的系统工程，需要硬件的支撑和软件的推动，更需要“价值”的提升。确切地说，它应该包含四个层次：

（一）“硬”服务

一个企业要为客户提供更好的“硬”服务就需要拥有一些优质的服务设施，购置一些技术先进的硬件。

（二）“软”服务

“软”服务是指客服人员服务的态度、技巧，提供服务的多样化、便利化等。

（三）价值服务

价值服务是企业通过基本服务活动和辅助服务活动创造价值的动态过程，即能给客户带来经济、文化、生活、社会价值的服务。价值服务是服务的真正核心所在。在同类产品质量与性能大体相同或类似的情况下，企业向消费者提供的附加服务越完备，产品的附加价值越大，消费者从中获得的实际利益就越大，从而购买的总价值也越大；反之，则越小。

企业案例 1-2

百果园的价值服务

自2019年1月1日起，百果园正式启用新版品牌标志，完成百果园第四次品牌升级。同时，百果园推出“首席爱心官”——“猴果果”与“乐桃桃”，给吉祥物猴子取名“猴果果”，将桃子化身水果小精灵“乐桃桃”，“乐桃桃”从“猴果果”手中飞到头顶，整体形象直率纯真、亲和有趣，与百果园社区门店的属性相契合，有利于塑造百果园“社区好邻居”的品牌形象。百果园一直致力于通过品牌形象将“好吃的水果”这一品牌理念，具象化地传达给社会公众。百果园是如何一步步成长为水果连锁第一品牌的，总结下来，主要有以下三点：

(1) 产品价值。品牌定位“好吃的水果”，通过分级将不标准的水果标准化。布控上游，扎根种植园供应链，保证了水果的质量，提供了更多好吃优质的水果。

(2) 形象价值。重视品牌形象建设，统一门店形象。门店选址在中高档小区附近，田园式门店设计风格突显出品牌的高端、大气，精致的陈列和特色的小包装形式吸引了消费者的眼球。

(3) 服务价值。服务会员制营销策略，提升了客户的忠诚度。线上线下一体化既给客户提供了多场景的体验，又保证了线上线下流量的合理分配，最终在保证销量的情况下节省了大量资源。

资料来源　编者根据合作企业相关资料编写.

点评：使顾客获得更大的“顾客让渡价值”，既可以靠减少总顾客成本，也可以靠增加总顾客价值。总顾客价值是指顾客为购买某一产品或服务所期望获得的全部利益，主要包括产品价值、服务价值、人员价值和形象价值等，其中每一项价值因素的变化均对总顾客价值产生影响。

（四）超值服务

超值服务是指根据不同客户的需求提供不同的服务，做到服务与需求相匹配，做到以客户需求为中心、为导向，从而改变传统的以产品需求为导向的服务。

企业必须牢记：你出售的不只是产品、服务，还有其他价值。要想把一位不满意的客户转变为满意客户，必须在你所承诺的、所提供的价值以外，再附加一部分额外的价值，即给客户意外的惊喜。

客户服务就是企业为了能够使企业与客户之间形成一种难忘的互动（如愉悦亲密、称心如意的互动）所能做的一切工作。每一位客户从进入这家公司，就开始享受这家公司的服务，到最终他带来新的客户，在这整个过程中，全公司所能做的一切工作都叫作客户服务工作。优良的客户服务，能最大限度地使客户满意，使企业在市场竞争中赢得优势，获得利益。

二、客户服务的内容

对任何一个企业来说，只要存在产品或服务的销售行为，就需要在销售之前、销售过程中以及销售完成之后对客户进行相应的服务。所以在这里主要从售前服务、售中服务、售后服务三方面来分析。

（一）售前服务

售前服务一般是通过广泛的市场调查研究分析客户的需求和购买心理的特点，在向客户销售之前，采用多种方法吸引客户的注意和兴趣，激发客户的购买欲望而提供的一系列服务。

售前服务对于企业吸引客户的注意和兴趣具有重要意义。虽然一些企业对于这一服务环节没有在理念上加以注意，但是在具体的经营管理活动中，大多数企业实际上都在有意无意地实施着售前的服务活动。比如，超市在顾客到来之前就按照一定的秩序将产品摆上货架，广告宣传人员为客户传递相关信息，企业在树立品牌形象方面的努力等，这些其实都属于售前服务的范畴。

售前服务的目的十分明确，即以提供服务、方便客户为手段，刺激客户对产品产生购买欲望。基于这样的目的，各企业依据具体情况选择和开拓服务的内容与方式。最常见的售前服务主要有以下几种：

1.适度的广告宣传。广告宣传之所以成为企业的一项售前的服务，主要是因为许多客户要通过企业的广告宣传来了解企业及其产品和服务的具体信息与品质。如果一个企业不进行必要的广告宣传，就意味着拒绝告诉客户自己的存在，以及企业相关产品和服务信息。

2.环境布置。客户在购买产品时不但重视产品本身和销售人员的服务，对销售环境的要求也不断提高，希望能在舒适、卫生的环境中购买产品。由销售场所的环境卫生、通道设计、铺面风格、招牌设计、内部装饰、标志设置、灯光色彩、产品摆放、营业设备等因素综合而成的购物环境会给客户留下不同的印象，由此引发客户不同的情绪感受，这种情绪将在很大程度上左右客户的购买决策。

3.提供多种方便。客户购买产品不只看重产品实体本身，还非常重视由此享受到的便利服务。你越是为客户考虑得周到，客户便越有可能购买你的产品。现代人的生活节奏不断加快，人们的闲暇时间越来越少，如何在越来越少的闲暇时间里获得最大限度的休息和放松成为人们思考的问题之一。相应地，人们对销售主体所能提供的方便条件也就越发重视，从而使其成为人们做出购买决策时要权衡的一个重要因素。因此，销售主体应尽可能地为客户提供方便，如工厂为客户提供技术培训、免费咨询指导；商店设立问讯处、服务台、试衣室、休息室，为客户免费供应开水等。一方面让客户感到舒适方便；另一方面节约了客户的采购时间，提高了采购效率。

4.开通业务电话。企业能直接触及的市场领域毕竟是非常有限的，企业只能在有限的地区设立分销处或派遣销售人员，对有些地区则鞭长莫及，由此丧失了许多销售机会。开通业务电话、提供电话订货等服务，可以使企业的触角伸到原本未进入或难以进入的市场，挖掘潜在客户，扩大企业占据的市场份额，并增加产品的销量，抓住更多的销售机会。

5.提供咨询。客户在购买产品之前一般都会收集尽可能多的产品信息和资料，在此基础上权衡得失，从而做出购买决策。一般来说，客户不会购买不甚了解的产品。为了向客户介绍产品的性能、质量、用途等，回答客户提出的疑难问题就显得尤为重要。企业应派遣有专业知识的销售人员在销售场所开设咨询服务台，或在外出销售时为客户提供各种咨询服务，以加深客户对产品的了解，并增强客户对产品和销售人员的信任。

售前服务的方式可以说不拘一格、层出不穷，且发展和创新的空间无限。企业应开拓创造性思维，不断创新，以适应整个市场的变化和消费者的需求。售前服务居于整个企业服务流程的第一环节，做好这一环节的工作对于企业以后各项活动的开展具有重要的意义。

（二）售中服务

当企业在售前服务这一环节中通过种种手段把客户吸引过来时，企业的客户服务工作便迎来了一个崭新的开始。在这个崭新的环节当中，客户的需求由上一环节的产品信息需求等转变成了更具体的态度需求、技能需求、知识需求以及环境需求等。能够满足客户多种需求的售中服务可以使客户在消费过程中感到更加满意和舒适，客户的这种满意感和舒适感无疑有利于整个销售活动的顺利开展，也有利于企业实现和维持良好的客户关系。

企业在销售过程中为客户提供的服务实际上是一个使产品价值得到增值的有效途径。销售过程中所提供的服务，主要包括以下几项内容：

1.与客户进行充分的沟通。客服人员在向客户销售产品的同时，必须与客户进行充分的信息沟通。客服人员不仅要向客户介绍有关产品的性能、质量、用途、造型、品种、规格等方面的知识，还要充分了解客户的特点和各种不同的需求。客服人员与客户之间的交流有利于营造良好的销售氛围，形成和谐的人际关系，因此也有促进销售的作用。

2.操作示范表演。操作示范表演能让产品现身说法，真实地展现出产品在质量、性能、用途等方面的特点，引发客户的兴趣，并激起客户的购买欲望。这种方式还能使客服人员的说法进一步得到证实，更有说服力，增加客户的信任度。

3.帮助客户挑选产品，当好参谋。客户在购买产品时的心态不仅受自身因素如客户的需求、社会地位、文化程度、购买习惯、消费知识和经验等的影响，还受外部因素的影响。外部因素包括产品的价格、质量、用途、广告、购物环境等。其中，客户对产品知识的了解，绝大部分是从客服人员现场介绍中获得的。当客户向客服人员询问产品的价格、质量、性能、用途及产品的优点和缺点等时，客服人员如能根据客户的需求心理进行介绍，正确地引导客户，当好参谋，就能使客户按理想的方式来权衡利弊，从而有利于促成交易的最终实现。

4.提供代办业务。售中服务不仅对普通消费者非常重要，而且受到批发零售商、生产企业这类客户的重视。向这类客户提供的售中服务主要包括代办托运、代购零配件、代办包装、代办邮寄等。

这些服务为客户带来了极大的便利，不仅可以吸引更多的客户促成交易，密切产需关系，还能增强客户的信任感，提高企业的竞争力，甚至与客户达成长期的合作伙伴关系。

（三）售后服务

售后服务是指在产品出售以后所提供的服务。售后服务既是一种促销手段，又是扩大企业影响、树立企业良好形象的方法，必须予以足够的重视。随着商品经济的发展，多种经济形式的出现，企业之间的竞争日益激烈，售后服务已发展成为关系到企业生死存亡的大事。它不仅是一种强有力的促销手段，还承担着“无声”宣传员的任务，而这种无声的宣传比那些夸夸其谈的有声宣传要高明得多，它是客户最信赖的广告。

售后服务不限于行业，也不拘泥于几种形式，它有着广泛的内容和未被开拓的领域。就当前发展来看，主要包括以下几个方面：

1.送货上门。对购买较笨重、体积庞大、不易搬运的产品或一次性购买量过多、携带不便或有特殊困难的客户，有必要提供送货上门服务。其形式可以是自营送货，即企业用自己的设备送货，也可以采取委托送货的形式，由企业委托有固定关系的运输单位统一送货。送货上门服务对于企业来说并不是很困难的事，但为客户提供了极大的便利，从而能够提高客户的重复购买率。

2.安装服务。随着科学技术的发展，产品的技术含量越来越高，一些产品的使用和安装也极其复杂，客户依靠自己的力量很难完成，这就要求企业提供上门安装、调试的服务，以保证出售产品的质量，使客户一旦购买就可以安心使用。这种方式解决了客户的后顾之忧，大大方便了客户。

3.包装服务。产品包装也是客户服务中不可缺少的项目。产品包装不但使产品看起来美观，还便于客户携带。许多大中型和有声望的企业在包装物上印刷本企业的名称、地址、标志，起到了广告宣传的作用。

4.维修和检修服务。企业若能为客户提供良好的售后维修和检修服务，就可以使客户安心地购买、使用产品，从而减轻客户的购买压力。有能力的企业应通过在各地设立维修网点或采取随叫随到的上门维修方式为客户提供维修服务。企业也可抽样巡回检修，及时发现隐患并予以排除，让客户感到放心、满意。

5.电话回访和人员回访。客户购买产品以后，企业应按一定频率以打电话或派专人上门服务的形式进行回访服务，及时了解客户使用产品的情况，解答客户提出的问题。

6.提供咨询和指导服务。客户在购买产品后，还不熟悉产品的操作方法，或不了解产品一旦出现故障应如何予以排除，因此企业应为客户提供指导和咨询服务，帮助客户掌握使用方法和简单的维修方法。

7.建立客户档案。建立客户档案的目的是与客户保持长期的联系。通过这种方式，一方面可以跟踪客户所购买的产品的使用和维修状况，及时主动地给予相应的指导，以确保产品的使用寿命；另一方面可以了解客户的喜好，在出现新产品后，及时地向可能感兴趣的客户推荐。除此之外，客服人员可以利用客户档案，以上门拜访、打电话、寄贺卡等形式，与客户保持长期的联络，提高客户的重复购买率。

8.妥善处理客户的投诉。无论企业和客服人员的售后服务做得如何尽善尽美，有时总难免会招致一些客户投诉。企业和客服人员应尽可能地减少客户的投诉，但在遇到投诉时，要运用技巧，妥善处理，使客户由不满意转变为满意。

三、客户服务的类型

客户服务要具备一定的条件才能落到实处，这些条件就是服务设施（服务的硬件）、服务规范和服务技巧（服务的软件）等。服务设施就是指企业的“硬服务”，即企业拥有的优越的物质设施和先进的服务技术；服务规范是指企业关于服务方面的各种规章制度和程序；服务技巧是指由客服人员直接向客户提供的“软服务”，包括客服人员的知识、能力、态度和技巧等。这三者加在一起，就构成了一个企业客户服务的基本特性，根据这三种要素的不同组合，可以把目前的客户服务划分为四种类型：

（一）漠不关心型

其主要特征为：

1.在硬服务和软服务两方面都较弱。

2.在服务规范方面不规范、不一致、不方便。

3.客服人员服务态度冷淡、疏远，缺乏服务意识和敬业精神。

4.传达的信息——我们不关心客户。

漠不关心型客户服务的表现，例如：买的东西坏了需要维修，结果发现根本就没有一个标准的维修时间，应该谁来维修，打电话询问此事杳无音信、石沉大海，根本就没人回复，则这个企业的服务程序就非常混乱。

（二）循规蹈矩型

其主要特征为：

1.在硬服务方面比较强，但客服人员直接向客户提供的软服务方面较弱。

2.服务规范正规、统一，有一定效率。

3.客服人员工作严格按规章制度，反应机械、僵化，态度缺乏热情。

4.传达的信息——客户要守规矩。

这种服务类型首先肯定的是你只是一个客户，对客户虽然有基本的尊重，但要求每个客户都要遵守规矩，不能搞特殊化。例如：客户很着急，那也得排队，这是规矩；客户说明天就要出差了，能不能提前修理一下，那不行，按规定就是三天以后才能取，今天就不能取。

（三）面容友好型

其主要特征为：

1.客服人员直接向客户提供的软服务方面比较强，硬服务方面比较弱。

2.服务规范和程序方面存在无组织、慢、不一致、不方便、混乱情况。

3.客服人员个人方面表现热情、友好、有着良好的沟通技巧。

4.传达的信息——我们很努力，但是对不起……

这种服务类型在个人服务能力和技巧方面比较强，而在规范程序方面很弱。客服人员态度特别好，很热情，也很友好，特别会沟通，可惜企业没有一个很好的客服流程，很混乱。最后的结果是我们没办法，确实很理解您，理解您的难处，知道会给您带来不便，但我们实在没办法。

（四）优质服务型

其主要特征为：

1. 硬服务和软服务两方面都很强。

2. 服务规范、程序方面及时、有效、正规、统一。

3. 客服人员热情、友好、有着良好的沟通技巧，真正做到使客户满意。

4. 传达的信息——我们重视客户，满足客户。

这是最好的客户服务类型。不仅要求企业有相对有效的服务设施，更要求客服人员有很好的素质，关心客户、理解客户、体贴客户，能够很好地运用客户服务的规范和技巧，让客户真正感觉满意。

令人感动的服务绝不仅是微笑能涵盖的，它融合在每一个工作的细节里。如果去衡量的话，衡量的标准便是：你是否在与客户交往的每一个环节上都细心地为客户的方便与客户的利益着想了？我们应该明白的是：在如今技术高速发展、产品趋同的形势中，一个企业如果想生存并发展，就一定要有超越产品的让客户愿意为之捧场的理由。只有乐于把方便给予他人，把利益给予他人，把温暖给予他人，把服务给予他人，才能塑造出企业独特的魅力，赢得客户的心。

课堂互动 1-2

极致服务，你有没有心动？

每次提到餐饮服务，海底捞都是标杆案例之一，但一家位于东京都涩谷区名叫Casita的西餐厅，据说做得比海底捞还“极致”！这家店从2001年开业至今，从不主动做广告，单靠口口相传就能天天客流爆满，往往还需要提前一个月预订。不少进店消费的顾客表示“被Casita感动到哭”！口味好就不多说了，关键是其服务真正贴心。

服务的第一要素是什么？尊重！当顾客第一次进店的时候，就递上缝有自己名字的餐巾。气温骤降，细心、提前、不着痕迹地为女顾客准备好“暖宝宝”。当顾客离开时，服务员绅士地为离店顾客披外衣，再写上一句感恩的话，简直太贴心了。

课堂互动 1-2
分析提示

这些都只是Casita极致服务案例的冰山一角，Casita的服务理念与系统是这样的：接触顾客一般从订餐开始，假如你要打电话预订，这家餐厅会细致入微地和你沟通，毫不夸张地说，每次预订其实都是一次小型采访！基本信息、爱好、主副宾客、宠物等各方面都涵盖，Casita的电脑系统里录入了大约15万名顾客的信息。Casita的服务员会为每位到来的顾客特意缝纫制作餐巾，缝有顾客名字的餐巾都是他们自己做出来的！店长也道出了Casita坚持极致服务的原因，希望顾客“要是有重要晚餐，一定要去Casita”。比如求婚，店长会为男主人公出谋划策，如为女朋友特制一杯可爱的花式咖啡，专门空出店里欣赏夜景的最佳位置，撒上粉色花瓣……正因为提供如此个性化和贴心的服务，Casita被誉为“让人流泪的奇迹餐厅”。

社长高桥滋先生在自己的书里介绍了自家餐厅的特色服务，以及“爱与感动”“顾客第一主义”等理念。

资料来源 金秋．极致服务，你有没有心动？[EB/OL]．[2021-06-10]．http：//www.sohu.com/a/147887863_816315.

问题：这家餐厅为什么能让顾客心动？

单元三 识别客服职业

一、客服职业的定义

致力于使客户满意并使客户持续购买企业产品与服务的一切活动的执行人员都可以称为客服人员。比如企业的前台接待人员、售后服务人员、技术支持人员、客户经理等。服务业务包括的内容有技术支持、答疑、远程桌面协助、语音服务、安排维修、数据收集、核实、过滤、销售、回访、投诉、催收、调查、通知、生活服务、信息查询、客户维护关怀……可以说现在的客服已经融入了所有领域。服务方式分为电话、邮件、网络在线、上门、来访……

二、客服职业概况

目前，有的企业的客服人员的总体素质不尽如人意，其职业能力并不能满足企业经营与发展的需要。第一，除少部分客服人员受过一定培训外，大部分客服人员基本上没有受过正规培训和系统的训练，因此他们的理论知识缺乏系统性，服务能力有限，服务方式简单、陈旧。第二，他们基本上采用传统的服务方式，比如“友情促销”、上门维护、重点拜访、征求意见等，这些再也不能满足新时代客户的服务期望了。企业的客服管理得不尽如人意，无形中给企业带来很大的经济损失。我国经济每年都在高速发展，企业间竞争加剧，这就对客服管理人员提出了更高的职业能力要求。据国外机构研究，提供高品质服务的企业，比提供服务情况欠佳企业的销售收益率要高出近100%。

目前，多数客服管理人员在各企业的市场一线从事管理工作。第一产业企业，侧重于市场策划、销售等部门管理工作；第二产业企业，分布于市场部、销售部、客服部等部门管理岗位，以及市场总监、营销总监等领导岗位；第三产业企业，分布的范围更广，包括市场策划、销售、前台服务、客房服务、客户服务中心等部门管理岗位，以及客服总监、副总经理等领导岗位。

在客户服务广义化和立体化的今天，对客服人员的培训在世界上广受重视，也较为普遍。在欧美发达国家企业，客服人员基本都要持证上岗，对上述人员的培训已有四五十年历史，德国在20世纪70年代就已经开始。在市场经济环境中，客服职业与企业同时生存、共同发展，而且随着市场化程度的提高，客服工作在企业中的重要性及从业人数比重会越来越大。

三、客服职业生涯

（一）客服专员

1. 客服专员岗位描述。通过提供产品和服务满足客户的需要，完成交易，并对交易现场的客服活动的执行人员及相关事宜实施管理。

2. 客服专员职业能力。在为客户服务的过程中，必须体现“专业、敬业、尊重、包容、理解”五个方面。这些也是考量一个合格的客服专员的重要指标。具体来讲，客服专员任职要求包括：拥有良好的服务态度与意识；拥有专业的服务形象与礼仪；具有较强的语言表达、沟通能力；具有较强的理解能力和临场应变能力；具有把握客户心理，并加以指导的能力；具有良好的心理素质，能够进行自我调适；具有团队合作意识；熟练掌握计算机操作技能等。

（二）客服主管

1. 客服主管岗位描述。客服主管主要的工作就是根据公司的情况，做好客服工作的日常管理，带领下属客服专员为客户提供最好的服务，指导客服专员解决工作中遇到的困难，不定期对客服专员进行相关业务的培训，对客服专员的业务水平做月度、季度、年度考核，与相关部门做好有效沟通。客服主管的一般工作内容分配是30%处理业务、30%辅导下属、40%管理。

2. 客服主管职业能力。客服主管的工作就是对客服的日常管理、对客服专员的培训和提升等，因此客服主管除了要具备客服专员的素质与能力外，还要有：一定的规划能力，能够根据市场变化，了解竞争对手，制订部门行动计划；一定的组织、协调能力，进行组织分工，落实各项具体任务，对自己管辖范围内的人力、物力、财力进行统筹安排，及时进行信息沟通，减少内耗；一定的指挥、领导能力，培养下属的责任心和使命感，激发下属的最大潜能；一定的评估与创新能力，对客服专员和服务系统进行定期评估，以采取改进措施，根据需求变化，时刻创新服务，提升服务竞争力。

（三）客服中心经理

1. 客服中心经理岗位描述。客服中心经理是客服中心进行客户关系管理的负责人，根据公司的工作要求制定客服中心工作计划及各项内部管理制度，全面主持客服中心的日常工作；组织部门员工建立并保持、提升公司服务形象、服务环境、服务质量及服务效率等。

2. 客服中心经理职业能力。客服中心经理的职业能力包括：熟悉产品知识和行业知识，具有丰富的客服处理技巧和经验，熟悉客服运作流程，熟悉各种考核评判指标；良好的领导能力、指导能力及监督管理能力，突出的沟通协调能力、组织管理能力、团队协作能力及良好的心理承受能力；良好的商业意识和战略意识，数据分析能力强，有较强的文字语言表达能力及分析判断能力；有全局观念，善于做整体规划，有一定预见性，能应对突发事件并及时提出有效方案，具有良好的问题解决能力。

四、客户服务普遍存在的问题

在信息迅速变化的今天，商品经济时代正在向服务经济时代过渡，“以产品为导向”的企业逐步向“以客户为导向”的思维转变。目前，许多企业逐渐在一些客户服务中使用一些高科技手段，越来越重视客户服务，但是客户服务依然存在着很多的问题。

（一）硬件的完善不能弥补软件（客服人员）的缺陷

软件主要是指客服人员的服务技巧，硬件是指为客户提供的服务设施。有些企业从硬件来看，比过去好多了，但是客服人员的服务热情和服务技巧没有太大提高，服务没有微笑，说话的口气是命令式的，给人感觉其不是客服人员，而是管理人员。因此，光是硬件的完善是远远不够的，客服人员的素质得不到有效提升，企业同样做不好客户服务工作。

（二）企业各部门之间缺乏沟通协调，导致服务效率低下

有些企业、公共服务部门普遍存在以下问题：企业员工之间不能协同处理，服务过程不连贯，容易脱节。例如，有的客房服务部门和维修部门就存在矛盾。客户产品坏了，需要维修。客户的电话打过来，很着急，客服人员可能也很着急，特别想帮其尽早修好，但是维修部门压力特别大，需要排队，维修部门和客户服务部门之间的协调沟通不好，导致客户抱怨很多。缺乏沟通协调导致服务效率低下的情况是普遍存在的，有些时候还涉及财务部门、其他管理部门等与客户服务部门之间的协调问题。

（三）客服人员缺少专业的客户服务技巧

有些在企业做客户服务的人员没有受过什么真正专业的培训和训练。他们不清楚什么是真正的客户服务，也不知道如何给客户提供很好的服务。在这一点上，企业无论投入多少钱去完善硬件都无法弥补。e时代的服务已经有了新的内涵和外延，简单的表面服务迈向深度服务，服务的对象包括了产品整个生命周期的参与者（如员工、客户、合作伙伴、股东、供应商），服务由被动转为主动，这些都需要企业对服务新思维的重新认识，传统的服务技巧已经不能适应新的服务要求，对目前的客服人员进行职业培训，提高他们的职业能力，势在必行。

（四）客服人员缺乏服务意识和敬业精神

很多做客户服务的人员不是站在客户立场上思考问题的，而是站在自己或自己企业的角度思考问题的。当有客户投诉时，得到的回答一般是：“我们先得分清楚是你的错还是我的错，再来谈我是不是应该赔你。”并没有真正提升客户服务的意识。这种客服人员缺乏服务意识和敬业精神的状况，在很多行业普遍存在。这些年流行服务用语，服务窗口常有小牌子，上面有员工照片和服务的理念等。客服人员也会说“您好”，也会说“谢谢”，可他们言不由衷，是规定他们这么说，不得已。他们有时候什么都不说，不累的时候说，累的时候就不说，客户得不到始终如一的服务。

企业案例 1-3

ofo倒下，原来是客服惹的祸？

最近，你被小黄车刷屏了吗？

大批客户排队申请退还押金，形成“挤兑”风波，一时众说纷纭。

作为有情怀的创业者，戴威的梦想值得尊重，但是在客户体验方面没有做好，是企业的硬伤。事实上，ofo的溃败，细心的人从其客户服务中就能直观感受。近日，中国消费者协会发布的一份重点服务领域企业服务热线体验式调查结果显示，ofo热线的转接人工服务等待时间长达46秒，在被调查企业中排名垫底。

调查选择了与消费者日常生活关系较为密切的银行、保险、电信等8个行业，47个企业服务热线。在消费者感知评价中，服务热线转接人工服务等待时长是所有被体验环节中评价最低的方面，其中一个被消费者广泛诟病的问题就是——转接人工服务等待时间长。

有媒体报道指出，“在现实中，为转接人工服务听上几分钟甚至十几分钟的等待音乐都是家常便饭”。

资料来源　UDESK客服那些事编写组. ofo倒下，原来是客服惹的祸？中消协道出幕后真相［EB/OL］.［2018-12-26］. http://blog.udesk.cn/10547/. 节选.

点评：在激烈的竞争中，企业要想获得生存和发展，必须重视客户服务管理。

五、移动互联网时代客户服务发展新趋势

（一）客户服务内涵的扩充

客服中心已经从过去的向客户提供服务支持的单一模式向客户行为分析、客户心理把握、客户需求感知全方位转变。麦肯锡在《信息技术引领未来商业模式十大趋势》第四项中提出一切皆服务，认为购买和销售由实体产品延伸而来的服务，这一商业模式的转变正在加速，提升和完善客户服务方式，从而使情感服务、信息服务、实体服务和全媒体通信服务无缝融合，客户服务专业化、个性化、差异化和综合化是客户服务的新趋势。

（二）服务渠道和服务方式的变化

从电话渠道过来的客户语音服务需求会减少，基于在线客服、微信、微博等社交媒体的客户服务将会大量增加。在这里有一个例子：小米的商业模式无疑是成功的，小米微信公众账号后台客服人员有9名（2013年）。这9名员工最主要的工作是每天回复100万个粉丝的留言。虽然小米开发的微信后台可以自动抓取关键词回复，但这些客服人员还是会进行一对一的回复。过去小米做活动主要是通过群发短信，100万条短信发出去，就是4万元的成本。微信使小米的营销、客户关系管理成本降低。所以从这点来看，社交媒体将会成为客户服务一个重要的渠道。

（三）客户服务的频度、周期、内容、要求发生变化

互联网的发展使人与人交往的空间和时间距离不再成为障碍。社交媒体等新媒体的特性使得客户黏度大大增强，必将带来客户服务的频度、周期、内容、要求的变化。客户服务需求的频度会增多，交互会越来越频繁，持久沟通联系的客户会越来越

多，这样客户感觉服务就在身边，触手可及，客户的忠诚度和信赖度会大大增强。随着移动互联网的发展，客户基于不同服务场景的服务需求将会使沟通内容的广度和深度与过去不可同日而语，越来越多样化。

（四）客户服务针对性更强和更贴心

客户服务系统需要对客户进行更精确的分类。这种对客户的精确细分，使得客户服务更有针对性，这样客户才能得到一对一的贴心服务。通过对客户服务系统积累的巨大数据进行分析和挖掘，实现对客户行为的分析、对客户心理的把握、对客户需求的感知，为企业运营决策、市场营销、客户服务流程优化提供依据。

企业案例 1-4

优衣库：疫情下的行业领军者

全球范围内新冠肺炎疫情持续蔓延，带给传统零售业的打击不言而喻。在新冠肺炎疫情新常态下，企业的数字化转型需求是刚性且迫切的，数字化工具已经成为企业开展正常经营活动的基础，成功的数字化转型可以为企业带来效益。2021年2月17日，优衣库母公司迅销集团成为全球最大的服装上市公司之一。

2017年3月16日，优衣库创始人柳井正宣布启动“有明计划”，将优衣库从制造零售商转变为数字消费零售商。“当消费者购买商品时，比如服装，他们首先会去获取信息。他们会阅读宣传材料、向朋友询问建议，或是在网上搜索等，获取信息是第一步。”柳井正这样解释“有明计划”背后的意图，“包括去他们哪里购买也是信息，因此所有的信息渠道都必须打通。消费者的需求，以及什么商品卖得动等，这些都是信息，我们希望尽快得到这些信息，把其用到我们的商品制造上，也需要在商品售卖前和销售过程中传播产品信息。”优衣库这一战略转型的背后是思维方式的转变——从商品思维转为用户思维，从而引发是商业模式的转变——从推销产品到基于消费者提供的信息生产其想要的商品，打破生产者与穿衣者之间的界限。

在互联网时代，信息是实现这一战略的核心要素。区别于其他零售商将数字化作为电商的一部分，优衣库更看重数字化作为信息收集和发送的渠道功能。信息的生成、累积、交互、计算与结构化，帮助优衣库完成与消费者的深度沟通，并由此洞察到消费者的本质需求，这成为优衣库一切行动的基础。

一旦获得了有效的信息，优衣库就可以根据需求制造出消费者想要的商品。必须要指出的是，这里的需求不仅限于商品需求，商品也不仅是服装。以2021年3月优衣库推出的StyleHint“衣点灵感”数字化服务为例，中国国内新冠肺炎疫情临近阶段性尾声，面对生活重启后激增的社交诉求，优衣库察觉到人们对于服装穿搭的需求愈发明显，“怎么穿好看”“网红穿搭”明星穿搭”成为线上搜索热词。利用优衣库官网App及微信小程序“掌上优衣库”中的StyleHint功能，消费者可通过实时照片识别，获取图片中优衣库服饰的购买链接，购买的同时可以把自己拍摄的照片晒出来。这一功能使得消费者的社交需求与购物体验有了很好的融合。

资料来源　钮键军.优衣库：疫情下的行业领军者［J］. 哈佛商业评论，2021（5）.

点评：优衣库数字化转型逐步深入，数据资产的价值愈发凸显，也依此打造了诸多新业务价值点，成为其完成自我超越以及超越同行的重要手段。

项目测试

☐简答题

1.为什么说不能简单地把客户当成上帝？

2.什么是客户服务？客户服务包含哪四个层次？

3.客户服务的类型是什么？

4.售前、售中、售后的服务包括哪些环节？

5.新时代客户服务发展趋势有哪些？

☐ 案例分析题

阿里巴巴的未来酒店

服务设计专注于通过洞察用户的需求，定义机会并解决问题。服务设计与科技的发展密不可分。随着移动技术的发展，人工智能、大数据和云计算的积累，用户的需求有了随时随地被满足的可能性。

2018年12月，阿里巴巴的未来酒店开张了。它可以通过人脸识别入住；用户进入电梯后，无须按键，直达用户所在的楼层，毕竟入住信息都已安然存储在后台；电子猫眼确认用户后，自动开门；进入房间后，天猫精灵的智能语音帮你实现控灯、控温、控设备等；待你关上房门准备下楼，电梯感应启动，等你走到电梯口，电梯也恰恰停好等你下楼；当然，退房的时候，基于用户的信用等级，酒店也会提供免押金、免排队、免查房等权益。然而阿里巴巴的目标，并不是要打造一个“无人”酒店，而是在不需要人员的地方尽量不用人，但在需要人员的地方，譬如清洁和烹饪等，依然配有专业的服务人员，以实现非数字化服务和数字化服务的完美融合。

资料来源　黄蔚. 服务设计：用极致体验赢得用户支持［M］. 北京：机械工业出版社，2020.

问题：阿里巴巴的未来酒店设计理念是什么？

分析：服务是需要被设计的，服务是被设计出来的。服务设计作为融合性的学科，通过对人、物、行为、环境和社会之间系统关系的梳理，以用户为中心，围绕用户重新规划组织资源、促进组织运作、提高员工效率，最终使用户体验感得以提升。它改变了我们的生活、工作方式，以及组织的运营管理方式。

项目实训

实训主题：优质服务案例分享会

1. 内容与要求

（1）由学生自愿组成小组，每组3~4个人，由老师推荐知名服务企业开展调研，推荐的企业包括国内和国外各行各业的典型代表，如本项目中提到的海底捞、百果园、天虹商场、优衣库等。

（2）调查内容硬服务与软服务两个方面；然后分析其服务内容、服务特点、服务优势等。

（3）主动探索和发现服务领域的新事物、新特点、新趋势。

2. 提交成果

（1）每组把调研结果制作成PPT。

（2）在课堂上展示、深入交流与分享。

（3）形成知名企业服务案例集。

●思政园地

东方甄选董宇辉的带货方法论

2021年年底，新东方转型做直播，推出了“东方甄选”。半年来，直播间粉丝数稳定增长，不过没有大火，截至2022年6月8日，粉丝数才将近100万个。不过，6月9日，来自陕西、“长得很像兵马俑”的董宇辉老师火速出圈，“东方甄选”开始爆发。到6月21日，粉丝数已经涨到了1 750万个；6月13日—19日这一周内，“东方甄选”直播间销售额达3.7亿元，居全市场第一名。

董宇辉老师的特征：长相平凡，善良有才情，他从一个英语老师“沦落”成了带货主播。但不管怎么样，董老师很豁达，没有怨天尤人，也没有放弃努力。更重要的是，董老师愿意在直播间里聊自己的这些故事，用非常诗性的语言去展示自己的才情，还用落落大方的平常心去面对自己的不得志，不管是工作上的还是感情上的，他啥都聊。同时呢，董老师虽然不介意自我吐槽，他还很谦虚地说自己样貌惊奇，长得下不为例，但他对屏幕那一端的用户又极尽温柔。董老师所展示的，其实也是过去半年里很多中国人眼中的自己。他身上的理想主义和不得志我们也有，董宇辉老师的言辞唤起的一种心理感受是：原来我比自己知道和想象的还要美、还要重要。

董宇辉老师把商品放在自己的人生里面构建叙事。比如说卖冰激凌，他给你讲自己的童年，讲母亲怎么顶着炎炎夏日给自己送冰棍儿；比如说他讲路遥老师写的《平凡的世界》，他给你讲他读了6遍，每一遍都有怎样的不同感悟，还会结合自己的成长环境，来告诉你他是如何加深这些感悟的。

董宇辉老师会把商品抽象成文化、自然或者生活百态，放在芸芸众生的生活里构建叙事。

比如说他卖《哈利·波特》的全集，说这是送给屏幕前苦苦坚守与挣扎的中年人的激励。他卖大米的时候，说不是卖什么生态有机，而是劝你爱自己的家人，认真去吃每一餐、每一饭，过好短暂的一生。

他这样的带货风格达成了一个奇特的效果：创造了意义。他给他手上的商品，无论是农产品还是图书这样的文化产品，都赋予了独到的意义，这些意义要么令人向往，要么令人怀念。

资料来源　编者根据资料改编.

项目二 客服代表职业形象塑造

【学习目标】

＊知识目标：

1. 了解并能树立客户服务意识；
2. 提高客服代表的心理素质；
3. 明确客服代表的品格要求；
4. 掌握客服代表仪容、仪表、仪态的基本要求；
5. 熟悉与客服代表有关的服务礼仪要求。

＊能力目标：

站、坐、走、蹲等符合客服人员标准；仪表、礼仪符合工作标准和规范。

＊思政目标：

能够站在职业角色的立场上重塑自我，理解合作伙伴，考虑客户心理，有较强的集体意识和团队合作精神。

【项目框架】

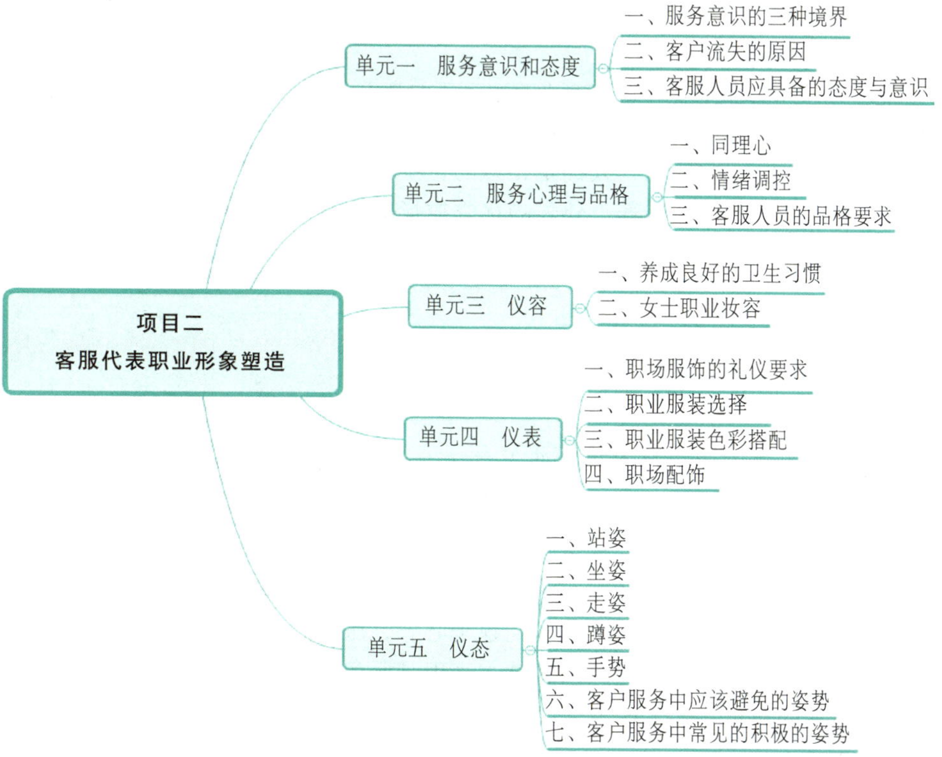

案例导入

陆奇：华人第一职业经理人

2018年5月，中国互联网行业发生了一起所谓史上最贵离职事件。百度的二号人物陆奇宣布因为个人和家庭原因，不再担任公司的总裁兼COO。短短几天内，百度市值就缩水14%，蒸发掉900多亿元人民币。在宣布陆奇离开百度的内部邮件里，李彦宏说，陆奇“正直的人品、忘我的工作精神和在技术及商业领域的敏锐洞察力让人印象深刻”。网上有员工说，这带来了一场百度4万名员工的“失恋”。陆奇每一次辞职，都会引发大地震，陆奇辞职后，几乎所有BAT级的科技公司，都向他抛来了橄榄枝，纷纷邀其去执掌牛耳。有人笑言：“一个人失业，整个互联网都操碎了心！”

关于到底怎么做才是职业化，学者给出的模型大体上可以包含3个维度：职业技能、职业态度和职业道德。先看职业技能，有人总结说职业化就是“以此为生，精于此道”，指的就是职业技能。陆奇多年以来就是互联网界的偶像级人物，他在雅虎和微软都做过执行副总裁，是美国高科技企业总部里做到最高位置的大陆华人，领导Office、Skype、Bing搜索、MSN等这样一些明星级的业务。他的职业技能在来百度之前就被充分证明了。再看职业态度，指的就是从内心里认同和热爱自己的工作，愿意为事业做出牺牲。你看陆奇这个人，作息规律、精力旺盛，平均每天工作超过15个小时，对每封邮件都会及时回复，虽然身居高位，却比中层更容易沟通。在百度业务调整上，陆奇表现出了极大的魄力，他敢作敢当、大刀阔斧，几乎是重塑了百度的组织架构和人事架构。还有一个维度是职业道德，这其实是职业化最本质的一个体现，也就是受人之托，就要忠人之事，这在中国和西方都有深刻的文化根源。

资料来源　Mr.K.陆奇，59岁，创业者：真正的高手，都是时间的长期主义者［EB/OL］.［2020-01-06］. https://finance.sina.cn/stock/relnews/us/2020-01-06/detail-iihnzhha0582254.d.html.

这一案例表明：职业化的人都是相似的，不职业化的人各有各的不靠谱。

内在的优秀靠智慧与修养，外表的优秀靠形象。职业形象指在职场的公众面前树立的印象，通过人的衣着打扮、言谈举止等反映出其专业态度和技能等。

单元一　服务意识和态度

服务意识是指客服人员在与其他人交往中所体现出来的为他人提供热情、周到、主动的服务的欲望和意识，即自觉主动做好服务工作的一种观念和愿望。它发自客服人员的内心，是客服人员的一种本能和习惯。

服务意识和服务能力的区别在于：服务意识是愿不愿意做好的问题，服务能力是能不能做好的问题；服务意识的基本问题是心态，服务意识的基本原理是关心，服务意识的基本要求是主动，服务意识的基本表现是服务好顾客、服务好同事，服务意识的起点是对人的尊重。

一、服务意识的三种境界

（一）具备较强服务意识

具备较强服务意识的人，能够把自己利益的实现建立在服务别人的基础之上，能够把利己和利他行为有机协调起来，常常表现出“以别人为中心”的倾向。拥有较高服务意识的人，常常会站在别人的立场上，急别人之所急，想别人之所想；为了别人满意，不惜自我谦让、妥协甚至奉献、牺牲。但这些都只是表象，实际上，多为别人付出的人，往往得到的才会更多。

（二）有待提高的服务意识

在与别人交往和相处中，“得失心”较重，往往比较在乎自己的付出和回报是否成正比，这是绝大部分人的正常反应。有句老话叫“施恩不望回报”，只有你对别人的服务没有回报的诉求的时候，你才会有更好的心态去服务别人，同时会得到别人的服务，当你得到别人服务的时候又用感恩的心去回馈，你才会得到别人更多的服务。

（三）缺乏服务意识

缺乏服务意识的人，会表现出“以自我为中心”和自私自利的价值倾向，把利己和利他矛盾对立起来。实际上，这常常是懒人们的哲学，从本质上说，这违背了人与人之间服务与被服务关系的规律。

二、客户流失的原因

成功企业经营实践表明，客户满意是企业活动的基本准则，是企业获取竞争优势的锐利武器。美国市场营销协会调查数据显示：每100个满意的顾客会带来25个新顾客；每收到一个顾客投诉，就意味着还有20个有同感的顾客；获得一个新顾客的成本是保持一个满意顾客成本的5倍；争取一个新顾客比维护一个老顾客要多6～10倍的工作量；客户满意度水平提高2成，营业额将提升40%。

市场调查数据还显示：一个公司平均每年有10%～30%的客户在流失。但很多公司常常不知道失去的是哪些客户，是什么时候失去的，也不知道为什么失去，更不知道这样会给其销售收入和利润带来怎样的影响。它们完全不为正在流失的客户感到担忧，反而依然按照传统做法拼命招揽新客户。客户流失的原因包括：

（一）客户流失的主观原因

从根本上看，客户不满意是导致客户流失的根本原因。这种不满意主要表现在以下几方面：

1.产品因素。诸如产品质量低劣或不稳定，品种单一或不全，样式单调或陈旧，产品附加值低，价格缺乏弹性，产品销售渠道不畅，广告宣传虚假，产品缺乏创新等。

2.服务因素。诸如服务环境脏，服务秩序乱，服务态度差，服务能力弱，服务效率低，服务设施落后，服务流程烦琐，服务项目不全，服务环节欠缺，服务数量不足，服务渠道不畅，服务缺乏个性化与创新化，收费不尽合理等。

3.员工因素。诸如仪表不整，言行不一，缺乏诚意与尊重，缺乏责任心与事业感，知识面窄，能力不强，整体素质差等。

4.企业形象因素。诸如对产品形象、服务形象、员工形象、企业的生产环境形象、企业标志、企业精神、企业文化、企业责任、企业信誉等的不满。

（二）客户流失的客观原因

客户流失的客观原因主要体现在以下几个方面：

1.客户因素。由于客户消费的多样化、多层次化、复杂多变性和非理性化，因此客户在消费时，并不承诺放弃尝试其他企业的产品或服务。另外，由于购买力的提高，其需求与期望也会发生相应转移，他可以把货币选票投给他认为有价值的其他产品或服务上。

2.竞争者因素。竞争者通过正当手段或不正当手段建立了某种竞争优势，挖走了或吸引走了本企业客户。

3.社会因素。诸如社会、政治、经济、法律、科技、教育、文化等方面的政策对客户的购买心理与购买行为的影响。

4.其他因素。诸如战争、季节、时令、自然灾害等因素而使客户流失。

虽然客户流失的原因有主观原因和客观原因之分，但客户调查数据显示，客户流失的最主要原因还是客服人员对客户的需求漠不关心（见表2-1），所以说提高一线客服人员的服务意识和服务能力对企业的发展至关重要。

表2-1 **客户流失原因及百分比**

失去客户的百分比	原因
1%	死亡
2%	搬走了
3%	自然地改变了喜好
4%	在朋友推荐下换公司
9%	在别处买到了更便宜的商品
13%	对产品和企业形象不满意
68%	客服人员对客户的需求漠不关心

课堂互动2-1

课堂互动2-1
分析提示

真情服务重在提高服务意识

某外国航空公司在招聘普通服务岗位员工时，采用了比较高端的无领导小组讨论方式，讨论的题目是策划一场残障儿童春游活动。讨论中，两位应聘者的表现引起了面试官的注意。一位表现出很强的逻辑和组织能力，很快成为小组讨论的领导，引导着大家的讨论。另一位则提出了非常具体的3点建议：一是提前留下这些残障儿童监护人的至少两个联系方式；二是避免去像游乐场这样不适宜残障儿童的场所；三是活动时间不宜太长且需提前安排好接送。结果，后者被录用了。面试官给出的理由是，一线的客服人员并不是管理人员，组织和领导能力并不是关键因素，而首要考虑的是应聘者本身的服务意识。

资料来源　李可. 真情服务重在提高服务意识——看看机场员工怎么说［EB/OL］.［2021-05-25］. https：//www.sohu.com/a/159871873_740275. 节选.

问题：服务意识对员工自身发展有什么重要作用？

三、客服人员应具备的态度与意识

（一）主动

主动服务是指客服人员从友善愿望出发，真心诚意地为客户服务；它是客服人员的一种良好习惯；它是可以通过培养、训练而形成的。只有客服人员提高了对主动服务的认识，增强了服务的意识，才能有较高的服务意愿，进而激发其在服务过程中的主观能动性，以诚待客，最后才能取得客户的尊重和信任。增强主动性的技巧有：

1.细心观察客户的身体语言。客服人员应善于利用目光捕捉对客户服务的时机，当客服人员的目光与客户的目光相交时，客服人员应主动打招呼。客服人员还应随时注意客户的情绪变化。通过目光，客服人员在客户开口之前主动服务，会赢得客户心理上的满足，感受到贵宾的尊荣。

2.主动了解客户的消费习惯，用恰当的语言探求客户的潜在需求。通过合适的语言交流发现客户的特点、兴趣、爱好，才能有针对性地推介产品和服务类型、特点，突出某项产品和服务的优越性，供客户参考，引导客户做出合理选择。

3.积累服务内容的经验。客服人员应在日常工作中，积累更多关于企业、产品、服务的相关知识。有时客户的询问往往超出客服人员本身的职责和经验范围，客服人员如果日常不主动、自觉积累相关知识，就无法给客户提供更广泛的服务。

（二）热情

热情指人参与活动或对待别人所表现出来的热烈、积极、主动、友好的情感或态度。热情服务，是指客服人员为服务对象提供服务时，要真正做到表里如一，体现热情和善意，做到眼到、口到、身到、意到。其实热情服务就是客服人员在为服务对象提供服务时，要做到真心实意、全心全意、充满善意。

企业案例 2-1

感受海尔的热情服务

某客户家里给孩子洗衣服用的小小神童洗衣机按钮坏了，该客户给海尔售后服务打电话问还能不能修。师傅说客户家里用的这款洗衣机已经不出了，配件不好找。过了一天，一大早师傅就打电话过来，说配件找到了一个，要给客户送过来。这个配件是师傅找了好几个地方才找到的，虽然一个小配件才几块钱，可师傅还是尽心地找了好几个地方，这使客户真心感觉到了师傅的热情。

资料来源　编者根据相关资料编写.

点评：这种真心实意、全心全意的服务确实让人感动、折服，让人印象深刻。

如何做才能表现热情？

1.时时保持微笑。在日常沟通、迎来送往时要注意个人仪容仪表，面带微笑，保持轻松自然的表情。热情是内心自然的表露，不要将个人的情绪带到工作中，保持平和的心态，展现服务的亲和力，同时要注意避免过度热情而产生负面作用。

课堂互动2-2

12次微笑

飞机起飞前，一位乘客请求空姐给他倒一杯水吃药。空姐很有礼貌地说："先生，为了您的安全，请稍等片刻，等飞机进入平稳飞行状态后，我会立刻把水给您送过来。好吗？"

15分钟后，飞机已进入了平稳飞行状态。突然，乘客服务铃急促地响了起来，空姐猛然意识到：糟了，由于太忙，忘记给那位乘客倒水了！空姐连忙来到客舱，小心翼翼地把水送到那位乘客跟前，面带微笑地说："先生，实在是对不起，由于我的疏忽，延误了您吃药的时间，我感到非常抱歉。"这位乘客抬起左手，指着手表说道："怎么回事？有你这样服务的吗？你看看，都过了多久了？"空姐手里端着水，心里感到很委屈，但是无论她怎么解释，这位挑剔的乘客都不肯原谅她的疏忽。

接下来的飞行途中，为了补偿自己的过失，空姐每次去客舱给乘客服务时，都会特意走到那位乘客面前，面带微笑地询问他是否需要水，或者别的什么帮助。然而，那位乘客余怒未消，摆出一副不合作的样子，并不理会空姐。

临到目的地前，那位乘客要求空姐把留言本给他送过去。很显然，他要投诉这名空姐。此时，空姐心里虽然很委屈，但是仍然不失职业道德，显得非常有礼貌，而且面带微笑地说道："先生，请允许我再次向您表示真诚的歉意，无论您提出什么意见，我都将欣然接受您的批评！"那位乘客脸一紧，嘴巴准备说什么，却没有开口。他接过留言本，在上面写了起来。

飞机安全降落。所有的乘客陆续离开后，空姐打开留言本，惊奇地发现，那位乘客在本子上写下的并不是投诉信，而是一封热情洋溢的表扬信。

是什么使得这位挑剔的乘客最终放弃了投诉呢？在信中，空姐读到这样一句话："在整个过程中，你表现出真诚的歉意，特别是你的12次微笑，深深打动了我，使我最终决定将投诉信写成表扬信！你的服务质量很高。下次如果有机会，我还将乘坐你们的航班！"

课堂互动2-2
分析提示

资料来源　佚名. 哲理小故事：十二次微笑［EB/OL］.［2021-06-01］. http: //www.lz13.cn/zheli/60700.html.

问题：此案例的启示是什么？

2.要体现真诚关怀。除了语言的沟通外，更要善于合理运用眼神、肢体语言交流，让服务对象感到被重视，感觉你在真诚地为他服务。

（三）耐心

耐心是服务的基础，耐心表现在对本职工作的热爱，对客户提出的各种各样的合理要求能尽力满足。我们提倡耐心服务，不管我们的服务对象是谁，他们做的是对还是错，他们的态度是好还是坏，我们都应做到耐心。面对背景差别很大的服务对象，不能千篇一律去应对。唯有耐心，才是互通的基石。耐心使客服人员能提供有的放矢、合适满意的服务，获得更多的信赖，创造更高的信誉度。

1.要学会倾听。无论是面对面还是电话服务时，都要耐心听取服务对象的叙述，不要随意打断和插话，不时以点头或"嗯"示意正在专心倾听。

2. 注意服务中的语言和动作。交谈中的语气、语调，身体语言的运用等不要显示出不耐烦。言谈举止中要体现对服务对象的理解和关怀。

3. 做出合理的解释。对客户反映的问题或是投诉，应站在公司的角度做出合理的解释和答复，对于不合理的要求更要耐心解释，让其心悦诚服。

4. 掌握服务对象的心理。通过学习心理学和消费者行为理论知识，在实践中不断总结经验教训，认真了解服务对象的具体需求，提供有针对性的服务。

（四）周到

“服务无小事”，注意细节，全方位地为客户着想。

课堂互动 2-3

能感动客人的服务细节，你能做到吗？

用细节打动客人、于微小处感动客人，这是服务发展的方向。下面提供六条从实际工作中总结出来的餐厅服务细节，大家来试试。

1. 客人接电话，需记录电话号码或“要事”。

客服人员应：

2. 客人站在礼品柜前看礼品。

客服人员应：

3. 客人一进包房，准备脱去外套。

客服人员应：

4. 客人走出包房，准备去卫生间，但不知道位置，眼睛在四处张望。

客服人员应：

5. 客人已喝了很长一段时间酒还在喝。

客服人员应：

6. 当看到客人的手机放在台面上。

客服人员应：

课堂互动 2-3
分析提示

单元二　服务心理与品格

服务心理是指客服人员在工作过程中的心理活动，包括客服人员是否能正确认识自己的工作性质、是否尊重并热爱这份工作、是否愿意为消费者提供服务、是否能精力充沛并热情地工作、工作是否积极主动、当情绪低落时是否有可能将自己不愉快的心情带给消费者等，所有这些都能体现服务者自身的素质。

一、同理心

（一）同理心的含义

所谓同理心，是指站在当事人的位置和角度上，客观地理解当事人的内心感受及内心世界，而且把这种理解传达给当事人。简单来说，同理心就是将心比心，同样的时间、地点、事件，而将当事人换成自己，也就是设身处地去感受、去体谅他人。同理心的语言表达要包括以下三个方面：

1.抱着倾听、接纳、温馨和尊重的态度，使对方愿意表露感受、表达看法。

2.进入对方的感受世界、站在对方的立场体会和了解对方的表达。

3.将自己的理解表达给对方，让对方知道。

客服人员要记得多付出真诚的关爱，并在同理心的基础上，用实际的行动表达出来。虽然对于客服人员来说可能只是举手之劳的一点点小动作，却时常能给客户带来意料之外的极大震撼与回响。

（二）同理心与同情心的区别

同理心与同情心的区别见表2-2。

表2-2 **同理心与同情心的区别**

有同理心	无同理心	同情心
1.接纳对方的观点和看法 2.关心尊重此时此刻的感觉 3.态度亲和，温馨，信任 4.适时开放自己	1.否定；争辩 2.太强调过去的感觉与动机 3.严肃、忠告，欲影响对方 4.拒绝开放；否认自己的感觉	情绪和对方一致（同理心则着重了解，不至于失去客观与冷静）

课堂互动2-4

有客户打电话，说死了五只鸭子，抱怨公司饲料不好，要求赔偿和退货。

回答1：造成鸭子死的原因有很多，但只死五只鸭子一般不是饲料问题。

回答2：是吗，你先自己处理一下，抽时间我们来看看到底是怎么回事。

回答3：啊，出现这种事情您一定很着急吧，我们会配合您处理。

回答4：是吗，有什么症状，我们马上派客服人员赶到。请放心，我们的饲料质量一般是没有问题的，如果是我们的原因，我们会承担相关责任的。

问题：四种回答方式有什么不同？

课堂互动2-4
分析提示

（三）同理心的培养

具有同理心，擅长表达同理心的人，在服务工作中，往往会更受欢迎。客服人员怎样才能培养自己的同理心呢？不妨试试从下面两个方面多多练习一下：

1.要养成仔细观察对方面部表情的习惯。人类经历任何一种情绪时，都会不自觉地产生某种相应的面部表情。比如：愤怒的时候，会皱眉、咬牙、紧绷双唇；惊讶的时候，会高高地挑起眉毛，嘴巴和眼睛大大地张开。即便是想要刻意掩饰自己的情绪，大部分人不可能做到完全地掌控自己的面部表情。

2.要练习主动倾听和复述观点的能力。具有同理心的重要标志是能够理解对方的观点，并让对方知道这一点。而要达到这样的效果，最好的方法是向对方表明他所说的你已经听明白了，并询问对方自己的理解是否正确。常用的示范用语包括：“我这样理解对吗？”“您刚才表达的是这个意思吗？”同样，可以去尝试反馈和确认对方的情绪，比如说，询问对方：“我刚才那样说，让您很生气，是吗？”

二、情绪调控

（一）情绪的含义

在每个人的身上，都存在这样一种神奇的力量：它可以使你精神焕发，也可以使你萎靡不振；它可以使你冷静理智，也可以使你暴躁易怒；它可以使你安详从容地生活，也可以使你惶惶不可终日。总之，它可以加强你，也可以削弱你；可以使你的生活充满甜蜜与快乐，也可以使你的生活抑郁、沉闷、暗淡无光。这种能使我们的感受产生变化的神奇力量，就是情绪。情绪就是人对于客观事物是否能满足自己需要而产生的态度的体验。

常见的情绪包括爱、感恩、同情、幸福、快乐；愤怒、失望、沮丧、难过、抑郁、无奈；担心、焦虑、害怕、恐慌；痛苦、怨恨、悲伤等。

（二）情绪ABC理论

心理学家阿尔伯特·埃利斯提出了ABC理论，其中A表示诱发事件，B表示信念，C表示情绪和行为。通常，我们会认为自己的情绪和行为是直接由诱发事件引起的，即是A引起的C。ABC理论则认为，A——诱发事件是引起情绪及行为反应的间接原因，而B——我们对诱发事件所持的信念、看法、解释才是引起我们情绪及行为反应的更直接的原因。

举例来说：

A：张三在期末考试中，统计学挂了。

B1：我总是那么笨，估计下次还是过不了，导致形成C1——失望的情绪。

B2：这次没有太多时间复习，准备不充分，因此就得出C2——继续努力的积极情绪。

（三）学会情绪调节

学会情绪调节的核心是学会去掉非理性的、不合理的信念，建立正确的信念，从而获得积极的情绪。非理性信念的特点是绝对化、过分概括化、糟糕透顶。埃利斯认为，非理性信念主要包括八条：

1.我应该受到周围每一个人的喜爱与赞扬。

2.一个人必须非常能干、完美，而且在各方面都有成就，这样才是有价值的人。

3.如果事情不是自己所想象、喜欢和期待的样子，那实在太可怕了。

4.人多数的不快乐、不幸福都是由外在的因素所引起的，自己很难控制。

5.逃避某些困难或自身的责任，要比面对更容易。

6.一个人必须依赖他人，而且必须有一个强者为靠山。

7.一个人过去的经验和历史对他目前的一切极为重要。

8.任何问题都应有正确或完整的答案，若找不到正确或完整的答案将是非常糟糕的。

调控自我的情绪，使之适时、适地、适度，这种能力建立在自我觉知的基础之上。“认识你自己”是苏格拉底的名言，其真意是：当自己的情绪产生之时便能自我觉知。自我觉知是一种内在注意力，既不会随情绪之波、逐情绪之流，也不会对所察觉的夸大其词或过度反应，而是保持中立。哪怕身陷情绪躁动之中仍能自省，客观反映自我。既能觉知到自我的情绪，又能对自己的情绪有清醒的评价。具备了这种能力，便能有效地摆脱恶劣情绪的困扰。

【拓展阅读 2-1】

情绪管理

人的情绪是非常复杂并不断变化着的，即便是对同一个人或同一件事，我们都可以在不同的时间里怀有截然不同的情绪，喜悦、忧伤、愤怒、恐惧……美国传奇诗人艾米丽·狄金森称情绪为“内心的暴徒”。

那么，当强烈情绪出现的时候，你该如何面对这样的“暴徒”呢？

做一个观察情绪及伴随着情绪的身体感受的正念练习，它可以帮助你调节强烈的情绪，从而强化你管理情绪的能力。

下面是冥想指引语：

请找到一个舒适而警醒的姿势，让身体放松，内心自由。

留意一下身体此刻的感觉，特别是脚和地板，臀部和椅子或垫子的接触感。

接着可以做三口深长的呼吸，深深地吸气，感觉气息经由鼻孔进来，充盈整个肺部，然后缓缓地吐气，感觉气息经由嘴徐徐吐出。

然后重新回到自然的呼吸。

你也可以让嘴角微微地上扬，露出一个善意的、浅浅的微笑。就这样，带着放松而专注的注意力回到呼吸和身体的感觉上。

接着带着好奇、耐心，去觉察任何一种情绪的浮现。

有时几种情绪会同时出现，比如忧伤、寂寞，比如喜悦、满足；有时没有什么太大的感受，比如无聊、麻木。

觉察并去确认任何一种情绪，你不需要评判它，它是人类的感受之河。你充满敬意地对待每一种情绪，就好像对待每一位访客。

情绪通常会给身体带来相应的感觉，比如愤怒时，脸可能是发烫的，心跳加快；恐惧时，身体则可能是紧缩的；而喜悦之时，身体变得舒展。

感觉一下此刻有什么情绪涌现？给身体带来了什么样的感觉？

当你这样去观察情绪和感受的时候，它们通常就会发生变化，强烈的情绪在这份观照下，会变弱甚至消失。

你可以把注意力重新带回到呼吸和身体的感觉上。

当下一种情绪升起的时候，带着同样的耐心、好奇、不评判的态度，去观察它，只是向它敞开，去体验它、接纳它，不需要去改变它，并去感觉相应的身体感受。

你可能已经觉察到，情绪如念头，不断地来来去去，像流水一样，川流不息。我们可以站在这情绪之流的岸边上，看情绪的来来去去。

资料来源　编者根据相关资料编写.

三、客服人员的品格要求

（一）热情

什么是服务工作的首要条件？不是服务技能，而是服务的愿望，是热情。客户是通过所接触的具体人员来考察企业的形象、员工的素质、企业的层次等。一个人的能力可以发挥多少，不但取决于个人的基本素质，更来自他的工作热情和工作态度。一个人只有热爱自己的职业，他才会全身心地融入工作中，从而焕发出巨大的动力和热情，从而在平凡的岗位上做出不平凡的事业。

（二）真诚

人的个性千差万别，有的含蓄，有的活泼，有的坦率……在各种好的个性之中，有一种共同的品性，就是真诚。光明磊落，不但合乎时代潮流，而且会换来信誉，促进事业的发展。拥有博爱之心，真诚地对待每一个人。这个博爱之心是指“人人为我，我为人人”的那种思想境界。圣雄甘地说过一句话：最高的道德就是不断地为人服务，为人类的爱而工作。因为只有服务才是人类永恒的追求，服务会造就双赢局面，是社会和谐发展的关键因素。

（三）谦虚

拥有一颗谦虚之心是人类的美德。谦虚这一点很重要。如果客服人员不具备谦虚的美德，就会在客户面前炫耀自己的专业知识揭客户的短。这是客户服务中很忌讳的一点。客服人员要求有很高的服务技巧和专业知识，但不能去卖弄，不能把客户当成傻瓜。

（四）宽容

忍耐与宽容是面对无理取闹客户的法宝，是一种美德。客服人员需要有包容心，要包容和理解客户。真正的客户服务是根据客户本人的喜好使他满意。客户的性格不同，世界观、人生观、价值观也不同。即使这个客户在生活中不可能成为朋友，但在工作中他是客服人员的服务对象，客服人员甚至要比对待朋友还要好地去对待他，因为这就是客服人员的工作。

（五）诚信

优秀的客服人员是责任感极强的人，是诚信的人。优秀的客服人员会建立电话跟踪和客户回访的时间表等。客服人员不要轻易承诺，随便答应客户做什么，这样会给工作造成被动。但是客服人员必须注重履行自己的诺言，一旦答应客户，就要尽心尽力做到。

看场景 学服务

微课：服务形象

（六）团队精神

客户服务强调的是一种团队合作。企业的客服人员需要互相帮助，必须要有团队精神。人们常说某个球队特别有团结精神，特别有凝聚力，是指什么?这主要是指每一个球员在赛场上不是为自己进球，所做的一切都是为了全队获胜。客服人员也一样，你所做的一切，不是为了表现自己，而是为了能把整个企业的客户服务工作做好。

单元三　仪容

客户在接受客服人员的服务时，他通常是通过这位客服人员的外表形象来进行初步判断的，也就是说，他会通过一个人的外貌来判断给他提供服务的人员是否是专业的。对于客服人员来说，适当地修饰外貌十分重要，它体现的是良好的精神面貌和积极乐观的工作态度。

一、养成良好的卫生习惯

（一）发型

发型的基本要求是庄重、整洁、大方。注意头发的卫生，经常清洗，使头发干净发亮，身上没有脱落的头发和头屑。男士鬓角不超过耳部，前额头发不触及眉眼，脑后头发不触及衣领，不可留长发、怪发，更不宜剃光头，要经常修理头发。女士头发不能太长，不要使用颜色太鲜艳的发夹，染发要接近黑色。女士的发型应视身高、年龄、职业而异，一般以短发和盘发较为适宜。

（二）面容

保持面部的洁净，进行适当的容貌修饰，使人感到大方、端庄、有活力。

1.眼睛：清洁、无分泌物，避免眼睛布满血丝。室内不可戴墨镜。

2.鼻子：鼻毛应剪短。勿当众抠鼻子。

3.嘴巴、牙齿：清洁、无食品残留物。注意口腔卫生，坚持刷牙；刷牙最好做到“三个三”，即每天刷三次，饭后三分钟进行，刷牙用时三分钟；忌吃葱、大蒜、韭菜、臭豆腐等能引起口腔异味的食品，口腔有异味的人员应采取适当的方法克服，可以含茶叶或嚼口香糖等。

4.胡子：男士应每天修面，不可留大胡子。

女士化淡妆，坚持自然、淡妆的原则，不得浓妆艳抹或使用气味太强烈的化妆品。无论男女，在干燥的季节里还要特别注意面部的保养，以保持面部的滋润和清洁。

（三）指甲

保持指甲的清洁，必须经常修剪和清洗指甲，男士不能留指甲，女士指甲的长度以自己张开手，从手心这一面看不到指甲为宜，不能涂色彩太浓的指甲油。

（四）个人卫生要求

个人卫生是个人精神面貌的体现，个人卫生方面要做到“三勤”，即勤洗澡、勤换衣服、勤漱口；不要在人前“打扫个人卫生”，比如剔牙齿、掏鼻孔、挖耳屎、修指甲、搓泥垢等，不仅不雅观，也不尊重他人。

二、女士职业妆容

（一）女士发型

1.发型基本要求：日常工作着装，职场女性应力求保持发型整齐、干练。一般头发长度不宜超过肩膀，若超过肩膀则需要扎起或盘起；头发颜色以自然色为主；头发清洁、无头屑，发质软者可用摩丝定型；头发披散、蓬乱均不宜。

2.脸形与发型：脸形与发型的搭配有很多技巧。人的脸形一般分为圆脸、方脸、长脸、菱形脸、心形脸、不均匀脸等。我们在选择发型的时候最好能扬长避短，把我们最美的一面展现出来。

（1）圆脸：用前刘海盖住双耳及一部分脸颊，即可减少脸的圆度。例如中短发修剪出韩式BOB头型，让脸形更显可爱。在齐刘海的衬托下双眼明亮，透露出灵气。发尾刻意做出与下巴有一点距离的内卷，打造出精致的小巧脸颊。

（2）方脸：类似于圆脸，齐刘海适当遮住额头，并将头发梳向两边及下颌，造成脸部窄和线条柔顺的效果。紧贴额际的刘海自然分开，与卷发搭配更能显得脸形柔和。发尾修剪出的层次感，与做出的一些外翘小卷相互交错，显出女生的甜美可爱。

（3）长脸：应在头顶梳成卷发或刘海，并在两边结合，即可减小脸的长度。轻盈灵动的前额刘海，长度快超过眼睛，分散在双眼之上，配合围绕两边的侧发，起到修饰脸颊、创造小脸的效果，时尚灵巧。

（二）化妆的基本要求

化妆是运用化妆品和工具，采取合乎规则的步骤和技巧，对人的面部、五官及其他部位进行渲染、描画、整理，增强立体感，从而达到美容的目的。

对从事服务工作的女性来说，化妆要少而精，强调和突出自身具有的自然美部分，减弱或掩盖容貌上的缺陷。一般以淡妆为宜，不能浓妆艳抹，并避免使用气味浓烈的化妆品。

1.化妆色彩要与自己的肤色相协调，要淡雅、和谐统一，给人以美的感受。女士一般希望面部化得白净一点，但不可在化妆后明显改变自己的肤色，应与自己原有肤色恰当结合，这样才会显得自然、协调。

2.化妆区域应与自己的脸形相协调。脸宽者，强调五官时可适当集中一些，描眉、画眼、涂口红、拍腮红要尽量往中间集中，以收拢缩小面部，使脸形显得好看些；脸窄者，修饰五官时可适度放宽，比如眉心距离可以适当拉大一些，着重强调外眼角等。

3.化妆浓淡应根据时间、场合来定。妆面一般可分为浓妆和淡妆两种。白天多为工作和学习时间，适宜化淡妆，显出青春活力和淡雅的气质；而晚上多为休闲和社交时间，可以根据场合选择浓妆，在暗淡的灯光下更显出肤色健康和美丽。

（三）化妆的基本步骤

化妆可分为基础化妆和重点化妆。

1.基础化妆是指整个面部的基础敷色，包括清洁、收敛、滋润、打底与扑粉等，具有护肤的功用，步骤如下：

（1）洗面。用适合自己皮肤的洗面奶彻底清除脸部污物、油垢。

（2）拍收缩水（化妆水）。将其轻轻拍于面部，给皮肤补充水分和营养，软化角质，淡化细小皱纹。

（3）涂抹营养霜。按不同肤质选用营养霜，但用量宜少，让皮肤透气。

（4）搽粉底。涂抹少许粉底霜或粉底液在面部，均匀涂抹，调整肤质和肤色。

（5）第一次定妆：轻扑香粉于脸上，但一定要薄，似有似无。

2.重点化妆是指眼、眉、颊、唇等的细部装扮，通过化妆，能增加容颜的秀丽并呈现立体感。

（1）眉：修眉、画眉时要强调自然美，眉形的设计要适合眼睛的形状才会相得益彰。

（2）眼：化淡妆时，脸形和眼睛形状较好时可不画眼。化浓妆时，用蓝色、灰色、黑色或棕色的眼线膏，将外眼角描得面积宽些，越向上描得越淡，逐渐消失；眼皮薄者描浓些、深些会显得更有精神。使用睫毛液会让睫毛变得浓密和长。在睫毛上下根部用眼线笔画出细长线，眼睛会显得大而有精神。

（3）腮红：涂腮红要因人而异，不可千篇一律。长脸适宜横涂，宽脸适宜竖涂，瓜子脸则以面颊中偏上处为重点，然后向四周散开。腮红的颜色，白天宜选用玫瑰红或粉红，晚间宜选用曙红。

（4）口红：涂口红可增加唇部的血色感。一般宜选用接近嘴唇的颜色，既真实又鲜明，增加活力和美感。黑色或紫色唇膏对从事服务工作的女士来说是不可取的。

（5）整体检查：检查化好的妆面是否干净，是否对称。

（6）第二次定妆。

单元四　仪表

个人形象资源指的主要是容貌、魅力、风度、气质、化妆、服饰等，这是一种值得开发、利用的资源。如果条件允许的话，在企业第一线窗口服务的人员应该统一着装，让客户一眼可以看到，专业感会更强。

一、职场服饰的礼仪要求

（一）适体性原则

这要求服饰与个体自身的性别、年龄、容貌、肤色、身材、体形、个性、气质及职业身份等相适宜和相协调，力求反映一个人的个性特征。选择服饰因人而异，重点在于展示所长，遮掩所短，显现独特的个性魅力和最佳风貌。

（二）TPO原则

TPO是英文中time、place、object三个单词的英语字母缩写。“T”指时间，泛指早晚、季节、时代等；“P”代表地方、场所、位置；“O”代表目的、目标、对象。TPO原则是目前国际上公认的着装标准，遵循这一原则，就是合乎礼仪的。

（三）整体性原则

这要求服饰先着眼于人的整体，再考虑各个局部的修饰，促成修饰与人自身的诸多因素之间协调一致，浑然一体，营造出整体风采。正确的着装能起到修饰形体、容貌等作用，形成和谐的整体美。服饰美就是从这多种因素的和谐统一中显现出来的。

（四）适度性原则

这要求服饰无论是在修饰程度上，还是在饰品数量和修饰技巧上，都应把握分寸，自然适度，追求虽刻意雕琢但不露痕迹的效果。

二、职业服装选择

（一）制服

制服是标志一个人从事何种职业的服装，故又称岗位识别服。穿着醒目的制服不仅是对客户的尊重，而且便于客户辨认，同时使穿着者有一种职业的自豪感、责任感和可信度，是敬业、乐业在服饰上的具体表现。穿着制服必须做到以下几点：

1.清洁。工作中所穿着的制服难免会被弄脏，这没什么大不了，应该注意的是要时刻留意制服是否干净整洁。一旦发现有地方被弄脏了应当及时换洗。总的来说，对制服进行定期或者不定期换洗，应该成为每一位客服人员维护自我形象的自觉行为。

2.整齐。由于各种制服的面料不同，并非所有的制服都能够线条笔直、悬垂挺括。但是制服外观不该有皱皱巴巴的明显痕迹，对所有的员工来说，这是应该做到的。无论从何角度来说，身穿一套褶皱明显的制服，是很难赢得他人尊敬的。

3.规范。要使制服真正发挥出其特有的功效，穿着者必须认真地依照着装规范行事。一些人虽然按规定穿了制服，但是随便乱穿，比如敞胸露怀、不系领扣、高卷袖筒、挽起裤腿、乱配鞋袜、不打领带、衬衫下摆不束起来等，如此种种做法，都有损制服的整体造型。

（二）便装

穿着任何便服都应做到简朴典雅、和谐统一，并注意四个协调：

1.穿着要和年龄协调。不同年龄的人有不同的穿着要求。一套深色的中山装，穿在中老年人身上会显得成熟和稳重，穿在青少年身上则会显得老气横秋。少女穿超短裙会显得朝气蓬勃、热情奔放，少妇穿超短裙则不免有轻佻之感。

2.穿着要和体形协调。不同的人，身材有高有矮，体形有胖有瘦，肤色有深有浅，穿着要视人而异，扬长避短。

3.穿着要和职业相协调。政府机关干部是人民的公仆，穿着打扮宜大方朴素；教师有为人师表的职责，不宜穿奇装异服和打扮得花枝招展。

4.穿着要和环境协调。在喜庆场合不能穿得太古板，在庄重场合不能穿得太随便，在悲伤场合不能穿得太刺眼，平日居家穿着可以随意一些。

（三）西装

西装是社交场合的重要着装，不仅能体现个人的品位、气质、自身修养（特别是礼仪修养），而且能表达自尊与尊重对方。人们常说：“西装七分在做，三分在穿。”穿西装的要求有：

1.要拆除衣袖上的商标。

2.要熨烫平整，使其显得平整而挺括，线条笔直。

3.要扣好纽扣。西装有单排扣、双排扣之分。双排扣西装一般要求把全部纽扣系上或全部敞开，以示庄重和潇洒。单排三粒扣习惯上系中间一粒或第一、二粒扣；两粒扣的，只系第一粒扣，或全部不系，如在正式场合，则要求把第一粒纽扣系上，坐下时方可解开。

4.穿西装时，一定要悉心呵护其原状，不卷不挽。公共场所千万不要当众随心所欲地脱下西装上衣，更不能把它当作披风披在肩上。无论如何，都不可以将西装上衣的袖子挽上去。一般情况下，随意卷起西裤的裤管是不符合礼仪规范的表现。

5.要慎穿毛衫。西装要穿得有“型”有“味”，除了衬衫与背心之外，在西装上衣之内，最好不要再穿其他任何衣物。如寒冷难耐，可在西装上衣之内穿一件薄型

"V"领的单色羊毛衫或羊绒衫，千万不要穿色彩、图案十分繁杂的羊毛衫或羊绒衫，也不要穿扣式的开领羊毛衫或羊绒衫，更不能同时穿上多件羊毛衫、羊绒衫、背心，甚至再加一件手工编织的毛衣。

6.要巧配内衣。西装的标准穿法，是衬衫之内不穿棉纺或毛织的背心、内衣。穿西装不穿衬衫而以T恤衫直接与西装配套的穿法是极不符合礼仪规范的。因特殊情况必须在衬衫之内加穿背心、内衣时，必须注意：数量以一件为限；色彩必须与衬衫的色彩相仿；款式上应短于衬衫，其领以"U""V"领为宜；留心别使内衣的袖管暴露在别人的视野之内。

7.为保证西装在外观上不走样，应当在西装的上衣、裤子等口袋里少装东西，或者不装东西。西装上衣左侧的外胸袋除可插入一块用以装饰的真丝手帕外，不应再放其他任何东西，尤其不应当别钢笔、挂眼镜。西装上衣内侧的胸袋，可用来别钢笔、放钱夹或名片夹，但不要放过大或过厚的东西或无用之物。西装外侧下方的两只口袋，原则上以不放任何东西为佳。

8.与鞋、袜配套。穿西服一定要穿皮鞋，不能穿旅游鞋、轻便鞋、凉鞋和雨鞋，也不能穿与西装颜色相差很大的白色袜子或色彩鲜艳的袜子，切忌穿半透明的尼龙或涤纶丝袜。俗话说"鞋袜半身衣"，就是说，光有好看的衣着是不够的，还要配上合适的鞋袜，穿着才算完美。男子穿黑色皮鞋、深色袜子，显得庄重大方，鞋跟不要超过3厘米；女子穿中跟皮鞋显得精神和健美，鞋跟一般不要超过4厘米，穿的袜子袜口不能露在衣裙之外。皮鞋要上油擦亮，袜子要经常换洗。有脚汗的人更要注意自己鞋袜的干净，以免产生异味，令人讨厌。

三、职业服装色彩搭配

俗称"远看色近看花"，强调色彩在吸引人方面的重要性。没有不美的色彩，只有不美的搭配。服装要讲究色彩搭配，服装配色包括同类配色、相似配色和衬托配色。

（一）同类配色

同类配色是一种最简便、最基本的配色方法。同种色是指一系列的色相相同或相近，由明度变化而产生的浓淡深浅不同的色调。同种色搭配可以取得端庄、沉静、稳重的效果，适用于气质优雅的成熟女性。但必须注意同种色搭配时，色与色之间的明度差异要适当，相差太小，太接近的色调容易相互混淆，缺乏层次感；相差太大，对比太强烈的色调易于割裂整体。同种色搭配时最好深、中、浅三个层次变化，少于三个层次的搭配显得比较单调，而层次过多易产生烦琐、散漫的效果。

（二）相似配色

所谓相似色，是指色环大约在90度以内的邻近色。如红与橙红、橙黄与黄、黄绿与绿等都是相似色。相似色服装搭配变化较多，且能获得协调统一的整体效果，颇受女性青睐。相似配色是利用色谱上相邻近的色彩进行搭配的一种方法，比如白色和浅灰色的搭配。

（三）衬托配色

衬托配色的特点是服色搭配上以其中一种颜色衬托另外一种或两种颜色，各种颜色不失各自的特点，相映生辉，理想的配色有绿色-黄色、粉红-浅蓝、深蓝-红色、深蓝-灰色、黑色-浅绿、黄褐-白色、橄榄绿-红色、橄榄绿-骆驼灰等。

一般来说，黑、白、灰是配色中的安全色，它们最容易与其他颜色搭配并取得良好的效果。服装色彩的运用还能使人产生错觉，收到令人满意的效果。例如，浅色服装有扩张作用，瘦人穿可产生丰满的效果；深色服装给人以收缩感，适宜胖人穿。

四、职场配饰

服饰搭配是一个整体，配饰的选择是“细微之处见真章”。可是，大家一直注意穿着的搭配，少有人真正对配饰上心。

（一）配饰佩戴原则

1.场合原则。女士赴宴或者参加舞会等，可以佩戴一些较大的胸针等配饰，达到富丽堂皇的效果；平日上班或者休闲时，可以佩戴一些小巧精致、淡雅的胸针、项链、耳环等。

2.服饰协调原则。一般领口较低的露肩的服饰必须配项链，项链色彩最好与衣服颜色协调，穿运动服或者工作服时，可以不戴项链和耳环；带坠子的耳环忌与工作服相配。

3.色彩原则。佩戴首饰时，应力求同色，若佩戴两件或两件以上饰品，应该使色彩一致或者主色一致，千万不要色彩斑斓。

4.简洁原则。佩戴首饰最好的原则就是少而精，忌讳把全部家当都往身上戴，给人一种庸俗、毫无美感的形象。

（二）男士配饰要点

男士们的配饰可以有很多，例如方巾、手表，或者金银配饰等。

1.戒指。银色白金戒指，戴在无名指为佳。如果你已经佩戴了戒指，那么在你的手上就尽量不要出现第二件金属配饰。

2.手表。如果你是个小伙，那么可以选择各种款式的手表，注意要选择金属表带、表盘简洁的手表。

3.包。包的颜色应与腰带、皮鞋一致，材质以皮质为主；款式简洁、大方、职业，直线感强。

4.皮带。皮带应长短适中，余量应在12厘米左右；颜色与包、皮鞋一致。

（三）女士配饰要点

1.耳饰。耳饰有很多种，耳线、耳环、耳钉等都可以作为职场女性不同场合的配饰。一般场合下搭配小巧精致的耳钉就可以了，不过要注意结合脸形来搭配耳饰。

2.项链。项链可以与耳饰一起来搭配，色调统一即可。职场女性参加酒会、婚礼、晚会等场合，可以佩戴一些较鲜艳夺目的项链等珠宝首饰。

3.手表。手表是职场女性的装饰品。职场女性佩戴手表，穿搭简约的职场装束，能给人做事果断利落、干练成熟的感觉。

4.手提包。不同场合需要搭配不同的包，如通勤包、晚装包、休闲包、手提包、公务包等。合身的套装加上实用的通勤包，能彰显职场女性的专业形象。注意包的颜色要与衣服的颜色搭配，整体颜色协调才好看。

【拓展阅读2-2】

我们真的不会以貌取人吗？

美国社会心理学家伦纳德·比克曼曾就这一问题进行了一个简单的实验。

实验人员故意把一枚硬币忘在电话亭里，然后离开现场，当下一个人（实验对象）走进电话亭打电话时，实验人员就敲门问：我刚才在里面打电话时落下了一枚硬币，您看看有没有？

实验人员在问话时采用不同的形象：穿着干净整齐的形象，以及穿得破破烂烂的形象。

结果耐人寻味，实验对象归还硬币的概率悬殊：敲门者穿着干净整齐时归还概率为77%，穿得破破烂烂时归还概率为38%。

资料来源　木暮桂子.职场形象管理：如何从人群中脱颖而出［M］.袁建华，马奈，译.北京：人民邮电出版社，2020.

单元五　仪态

一、站姿

要求：自然、轻松、优美、挺拔。

要领：站立时身体要端正、挺拔、重心放在两脚中间，挺胸，收腹，两肩要平、放松，两眼自然平视，嘴微闭，面带笑容。平时双手交叉放在体后，与客户谈话时应上前一步，双手交叉放在体前。女士站立时，双脚呈“V”字形，双膝及脚后跟均应紧靠。男士站立时，双脚可以呈“V”字形，也可以双脚打开与肩同宽，但应注意不能宽于肩部。站立时间过长而感到疲劳时，可一只脚向后稍移一步，呈稍息状态，但上身仍应保持正直。

注意：站立时不得东倒西歪、歪脖、斜肩、弓背、O形腿等，双手不可叉腰，也不能抱在胸前或插入口袋，不可靠墙或斜依在其他支撑物上。

二、坐姿

在接待客户时，坐姿要求如下：

坐姿要端正稳重，切忌前俯后仰，半躺半坐，上下晃、抖腿，或以手托头，趴伏在桌子上。不论哪种坐姿，女性都切忌两腿分开或两脚呈八字形；男士两腿可略微分开，但不要超过肩宽。若需侧身说话，不可只转头部，而应上体与腿同时转动面向对方。

三、走姿

要求：充满活力、自然大方、神采奕奕。

要领：行走时，身体重心可稍向前倾，昂首，挺胸，收腹，上体要正直，双目平视，嘴微闭，面露笑容，肩部放松，两臂自然下垂摆动，前后幅度约45度，步幅度要适中，一般标准是一脚踩出落地后，脚跟离未踩出脚脚尖的距离大约是自己的脚长。女员工走一字线，双脚跟走成一直线，步子较小，行如和风；男员工行走双脚跟走成二条直线（尽量靠近），迈稳健大步。行走时路线一般靠右行，不可走在路中间。行走过程遇客户、上司等时，应自然注视对方，点头致意，并主动让路，不可抢道而行。如有急事确需超越时，应先向客户、上司等致歉后才加快步伐超越，动作不可过猛；在路面较窄的地方与上司、客户等相遇时，应将身体正面转向上司、客户等；在前面引导宾客等时，要尽量走在宾客等的侧前方。

注意：行走时不能走“内八字”或“外八字”，不应摇头晃脑、左顾右盼、手插口袋、吹口哨、与他人搭肩搂腰等。

四、蹲姿

要拾取低处物品时，不能只弯上身，跷臀部，而应采取正确蹲姿。下蹲时两腿紧靠，左脚掌基本着地，小腿大致垂直于地面，右脚脚跟提起，脚尖着地，微微屈膝，移低身体重心，直下腰拾取物品。

五、手势

要求：优雅、含蓄、彬彬有礼。

要领：在接待、引路、向客户介绍信息时，要使用正确手势，五指并拢伸直，掌心不可凹陷（女士可稍稍压低食指）。掌心向上，以肘关节为轴。眼望目标指引方向，同时应兼顾客户是否明确所指示的方向。

注意：切记不可只用食指指指点点，而应采用掌式。

六、客户服务中应该避免的姿势

在任何一个公司或企业，客服人员在进行客户服务或接待工作时，有些动作或者行为是一定要避免的，不然会给客户留下非常不好的印象，甚至会影响整个公司的形象。表2-3列示了通常应该避免的姿势。

表2-3 通常应该避免的姿势

应该避免的姿势	可能会给客户造成的不良印象
站立时双手插兜或抱在胸前	进行客户服务的时候，这是很多客服人员喜欢做的动作，也许这是无意的，但这是对客户不尊重、不耐烦、封闭、怀疑的表示，一定要避免
说话时手指放在嘴上或搓脸挠头发	这些动作表示客服人员缺乏解决问题的信心
背靠或斜靠在物体上	背靠或斜靠在物体上，如背靠墙或背靠门，表示客服人员对工作或对客户的说话内容不感兴趣
避开客户目光	避开客户目光是指客户眼睛看着客服人员，而客服人员有意识地回避客户的目光，这表示否定客户，或者表示没有在听客户讲话，或者表示不希望和客户进行交流
说话、走路时低着头	表示客服人员精神状态不佳，或者对客户冷淡，给客户的感觉是你害羞、自卑、不专业
抠鼻子、擦鼻涕、挖耳朵	个人素质修养不好
帮客户拿物品时漫不经心、碰来碰去	表示做事没有耐心，不够尊重客户

课堂互动2-5

你有以下习惯吗?

◆挠痒或抓痒;

◆玩弄头发;

◆手指不停地敲或玩弄指甲;

◆抠鼻子、擦鼻涕、挖耳朵;

◆剔牙;

◆嚼口香糖;

◆不当的化妆或涂指甲油;

◆喜欢靠人很近说话;

◆嘴里念念有词;

◆不敢与说话者目光接触;

◆身体左右摇晃;

◆小动作很多。

七、客户服务中常见的积极的姿势

1.微笑、点头、鼓掌。

2.鞠躬。

3.竖大拇指。

4.与客户同行时做手势让客户先行。

5.与客户相遇时主动让路。

6.主动为客户打开门(如果是向外开的门，则拉开门让客户先走；如果是向内开的门，则先进去，用手撑住门，让客户不至于被门撞到)。

7.进出电梯时为客户按住电梯按钮。

8.放下手中正在做的较不重要的事情，马上为客户服务。

9.双手接过客户递过来或送给客户他所需要的东西。

10.精神饱满，表情亲切。

●项目测试

□ 简答题

1.为什么客服人员要有服务意识?

2.如何提高客服人员的同理心?

3.什么是情绪ABC理论?

4.客服人员的品格要求有哪些?

5.职场服饰佩戴原则有哪些?

6.客服人员仪态的要求有哪些?

□ 案例分析题

客服代表的服务潜能测试见表2-4。

表2-4 客服代表的服务潜能测试

我多数情况下能够控制自己的情绪	10 9 8 7 6 5 4 3 2 1	我很难控制自己的情绪
我能高兴地面对对我冷淡的人	10 9 8 7 6 5 4 3 2 1	如果别人对我不好，我当然不高兴
我喜欢大多数人并乐意与别人相处	10 9 8 7 6 5 4 3 2 1	我很难与别人相处
我乐意为别人服务	10 9 8 7 6 5 4 3 2 1	每个人都应该自力更生
即使我没错，我也不介意表示道歉	10 9 8 7 6 5 4 3 2 1	我没有错，就不应该道歉
我对自己善于与别人沟通感到自豪	10 9 8 7 6 5 4 3 2 1	我情愿以书面形式与别人交往
我善于记住别人的名字和面孔，并在与客户初次见面时努力提高这种本领	10 9 8 7 6 5 4 3 2 1	如果不会再见到某个人，为什么要用心去记住他的名字和面孔呢
我的微笑是自然流露的	10 9 8 7 6 5 4 3 2 1	不苟言笑是我的性格
我喜欢看到别人因为我而心情愉快	10 9 8 7 6 5 4 3 2 1	我没有取悦他人的天性，特别是那些我不认识的人
我常保持清洁，并喜欢装扮和修饰自己	10 9 8 7 6 5 4 3 2 1	我不喜欢"描眉画眼"，而喜欢随随便便

填写时需要注意：不要把自己作为一名客服代表来看待。填写这个测试表格的时候，一定注意自己生活当中是什么样子，就怎么填写。希望填出来之后结果很真实。填完这个表格以后把总分相加。

如果你的自我评分在80分以上，那么对客户服务工作来说你是一个优秀的人才。如果你的自我评分在50~80分之间，那么你需要进一步学习人际关系沟通技巧。如果你的自我评分在50分以下，客户服务工作对于你也许不是一种合适的职业选择。

问题：从这个服务潜能测试表中我们可以发现得分高的人具有哪些特征？

分析：在工作中优秀的客服代表所具有的特征见表2-5。

表2-5 在工作中优秀的客服代表所具有的特征

●友善 ●快速 ●高效 ●渴望让人愉快 ●有知识 ●乐观 ●勤勉 ●能理解客户要求	●提供有创造性帮助 ●为客户着想 ●泰然自若 ●欢快 ●诚实公正 ●以解决问题为导向 ●专注 ●积极

●项目实训

实训主题：了解某企业门店员工职业形象

1.内容与要求

活动内容：调查研究不同企业对门店员工职业形象的要求，了解门店员工职业形象中共性与个性特点，掌握企业门店员工职业形象培训的方法。

活动时间：1周。

活动要求：

（1）收集某知名零售企业店员职业形象要求资料。

（2）制作该企业门店客服人员职业形象培训资料，包括文字资料、PPT和视频。

2.提交成果

（1）一份企业门店员工职业形象要求文字资料。

（2）一份企业门店员工职业形象培训PPT。

（3）企业门店员工形象照片和视频资料等。

●思政园地

军工产品的“六性”

有些大学生一毕业往往会遇到一个问题：进入单位之后，发现自己居然不会工作。好像从学校到职场，中间有一道巨大的沟，就是跨不过去。那这道沟是啥呢？是协作。

军工产品的质量和性能很重要，而且它必须与军队组织和战场环境充分协同，才能发挥出它的性能。军工产品的“六性”分别是稳定性、适应性、安全性、保障性、维修性和测试性。下面我们一个个地对照着说。

1.稳定性。稳定性就是能稳定地发挥自己的性能，就是说得靠谱。靠谱就是：“凡事有交代，件件有着落，事事有回音。”不需要你有多大的能力，但是能让你的协作伙伴知道你的能力边界和行动进度，就叫靠谱。这是最简单的社会化要求。

2.适应性。一把枪，一门炮，能够在各种极端情况下，比如极寒、极热、高山、沼泽都能使用，这就叫适应性。工作中的协作对象，不仅是同事，还有供应商、资源方、用户、技术方、媒体、政府等，如果能从容应对，你的工作能力就上了一个台阶。这个能力台阶，叫职业化，就是你能把自己的职业角色和个人角色区别开来。比如你是一个客服，用户打电话暴怒地骂你。你得知道，这不是骂你的个人角色，而是在指责你公司的服务或者是产品。所以，你就用你的职业角色平和应对，而不是用个人角色觉得对方的素质怎么这么差，干脆跟他对骂。做到职业化，实际上，你就把自己的“价值输出”稳定下来了，能够以不变应万变，尽人事，听天命。

3.安全性。军火不能伤到自己人嘛，要让人放心嘛。在工作中就是让周边的人放心，不仅能稳定交付性能，更使周边的协作网络敢于把一摊子事交给你。即使没有把事干成，大家也相信你尽到了自己的努力，已经把可以尝试的方法穷尽了一遍。

4.保障性。一旦打仗，对军工产品的需求会突然放量，而且要求完成的时间很紧。军工产品的成本够不够低？原料好不好找？好不好运输……这就是保障性。在工作中就是，你有没有能力协同资源？哪个地方是关键控制点？什么时候要投入最密集的资源？哪个体验是绝对不能放过的……有了这些判断就叫有了节奏。

5.维修性。比如手枪，通常是不会使用螺丝钉的，是可以徒手拆卸的，这个就是为了好维修。那对应到职场上，所谓的维修性，就是你能够跨越时间空间，跨越组织的边界，对各种趋势进行预料，并做出预案。

6.测试性。就是这个产品是否性能完备？是好的还是坏的，一眼可知。相当于我们用手机时，时刻告诉我们电量还剩百分之多少。这是测试性。对应到工作中，这个能力就体现在，你不仅能干活，把活干成，还能让社会上所有的人能看见、能评估你干的活。

我们借用军工产品的“六性”的概念，把一个人的工作能力分成了六个方面，分别是靠谱的能力、职业化的能力、让合作者放心的能力、组织战役的能力、着眼未来协同资源的能力、吸引合作的能力。

资料来源　罗振宇.什么叫“会工作”？逻辑思维·启发俱乐部（第499期）.得到App.2018-05-06.

们用手机时，[illegible]，这是翻转[illegible]，[illegible]

[illegible]

[illegible]

资料来源：[illegible]2018-05-06.

项目三

客服代表基本功

【学习目标】

*知识目标：

1. 掌握微笑服务内涵及要求；
2. 了解察言观色的必要性，掌握察言观色的内容；
3. 掌握倾听原则与步骤；
4. 掌握理解客户需求的求证方式；
5. 熟悉常用礼貌用语和各行业一般服务用语；
6. 掌握客户喜欢的说话方式。

*技能目标：

1. 能够在服务中准确运用微笑和赞美；
2. 能够读懂客户的身体语言；
3. 善于运用倾听和复述的技巧；
4. 能够熟练运用基本服务话术。

*思政目标：

通过大量的“刻意练习”总结出一套适合自己的方法，培养从我做起、从小事做起的积极心态和坚持不懈的工作作风。

【项目框架】

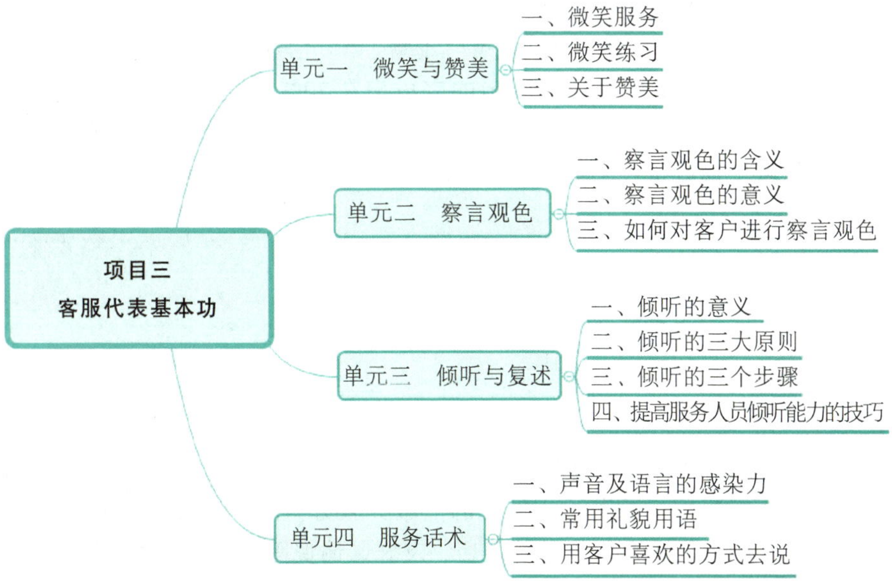

案例导入

怎样当好一名外卖骑手？

戴钦雄，2019年入职广东惠州的饿了么专送，一直保持着日均50单以上、每月约1 800单的惊人业绩。要知道，一般的骑手，日均30多单、每个月能跑上约1 000单就算不错了。那么，戴钦雄是怎么成为“跑单王”的呢？

跑单可以说是一个长期、持续的系统工程，最重要的，不是你在某一单上节约了多少时间，而是你能够在每个环节上都避免浪费时间。

首先，不要在装备上掉链子。比如，电动车骑着骑着没电了。戴钦雄给自己备了两台电动车，每台骑四五个小时之后，就换另一台，换下来的那台赶紧充电。而且，平时就要和商家搞好关系，一旦需要临时充电，可以在商家那儿充一会儿。手机也是一样，充电宝每天充满电之后随身带着。另外，要配一个透明塑料手机袋。还有就是一定要按规定，将电动车停放在有非机动车停放标志的地方。戴钦雄说，骑手爱护自己的装备，要像战士爱护自己的枪一样。

其次，就是避免出错。到商家取餐时，骑手一定不能拿了就走，花点时间仔细核对餐品，确认清楚了再走。要知道，拿错一单，就得花几十分钟折返重送，还得和顾客反复沟通解释。如果得了差评，还会一天不痛快，接下来的工作都会受影响。还有，有的骑手把餐品送到集中放外卖的桌上或者架子上后就走，顾客一旦找不到，就会打电话问骑手，一来二去又会耽误很多时间。有经验的骑手，会发消息告诉顾客，具体放在架子的几层的哪个位置，拍一张餐品的近景图，再拍一张远景图，顾客一看就知道东西的相对位置，去了就拿。

最后，怎么缩短路上的时间。戴钦雄不是惠州本地人，刚开始跑外卖的时候，他会在下班之后，额外花时间来熟悉常驻区域范围内的小区、写字楼和商户。比如，住宅小区有几个出入口，电动车让不让进、从哪个门进，保安态度是否友好；写字楼的电梯，外卖员能不能上，在高峰期能不能挤得上去；大学校园和科技园，门牌号是否规则，如果门口有园区地图，一定要用手机拍下来收藏等。

看场景 学服务

微课：微笑服务

资料来源　宋璐璐.零基础做外卖骑手［M］.北京：中华工商联合出版社，2020.

这一案例表明：“准备”这一环节的完成率在70%的程度上决定了骑手的“成绩”。外卖骑手戴钦雄的故事也印证了一句话：“复杂的事情简单做，你就是专家；简单的事情重复做，你就是行家；重复的事情用心做，你就是赢家。”

单元一　微笑与赞美

一、微笑服务

服务于一线的员工是公司形象和服务质量展示最重要的代言人。在行业竞争越来越激烈的情况下，良好、规范、人性化的“微笑服务”能彰显公司的管理服务水平。微笑是不用翻译的世界语言，传递着亲切、友好、愉悦等。其实“微笑”一下并不费劲，但它能产生无穷魅力。苏格兰有一句谚语："微笑比电便宜，比灯灿烂。"

（一）微笑的定义

轻微的笑，略带笑容，是不显著、不出声的一种笑，是双唇轻启，牙齿半露，眉梢上推，脸部肌肉平缓向上向后舒展而带来的一种效果。微笑是"世界货币"，在大多数情况下，它表示的是友好、愉悦、欢迎、甜美、满意，也可用来表示赞赏、请求、领会、乐意、同意、同情，有时也用来表示谢意、致歉、拒绝、否定等。微笑是在各种语境中被广泛使用的表情语言。

（二）微笑的种类

1.真诚的微笑：是具有人性化的、发自内心的、真情实感的自然流露。

2.信服的微笑：是带有信任感、敬服感的内心情感的面部表示，或是双方会心淡淡一笑。

3.友善的微笑：是亲近和善的、友好的、原谅的、宽恕的、诙谐的轻轻一笑。

4.喜悦的微笑：是成功或胜利后的高兴、愉悦心情的自然流露。

5.礼仪的微笑：是陌生人相见微微点头的招呼式、应酬式的笑容，是平时谦恭的、文雅的、含蓄的、深沉的或带有其他礼仪成分的浅笑。

6.职业的微笑：服务行业或其他一些临时性宣传、表演职业，保持微笑是起码的要求。无论心情好坏，无论自己有没有微笑的动因，都需要自觉地面带笑容。这是领导的要求，职业的需要，长期形成的习惯。

（三）职业微笑标准

1.面部表情标准。面部表情和蔼可亲，伴随微笑自然地露出8颗上齿，嘴角微微上翘；微笑注重"微"字，笑的幅度不宜过大；必须在员工和客户面对面3米左右"能见度"内。这也是不成文的"工业化标准"。

2.眼睛眼神标准。面对客户目光友善，眼神柔和，亲切坦然，眼睛和蔼有神，自然流露真诚。眼睛礼貌正视客户，不左顾右盼、心不在焉。

3.声音语态标准。看着客户的眼睛，对他说："有什么可以帮您的吗？"说话声音要清晰柔和、细腻圆滑；语速适中，富有甜美悦耳的感染力；语调平和；音量适中，让客户听得清楚，音量不能过大；态度诚恳，语句流畅，语气不卑不亢。

在下列情况下，面含微笑往往是不合适的：

（1）进入气氛庄严的场所时；

（2）服务对象满面哀愁时；

（3）服务对象具有某种先天的生理缺陷时；

（4）服务对象出了洋相因而感到极其尴尬时。

微笑并不是一件可以随便做的事情，它是有要求的，如果做得不好，反而会使人觉得不适，觉得虚假。微笑的要求是真诚、适度、合时宜。想要笑得好很容易，只要你是发自内心的微笑，就可以做出自然大方、亲切的微笑。请记住，内心深处的微笑才能制造明朗而富有人情味的气氛。

企业案例3-1

三米微笑原则

沃尔玛服务顾客的秘诀之一就是“三米微笑原则”。它是由沃尔玛的创始人山姆·沃尔顿先生传下来的。每当他巡店时，都会鼓励员工与他一起向顾客做出保证：“我希望你们能够保证，每当你在三米以内遇到一位顾客时，你会看着他的眼睛与他打招呼，同时询问你能为他做些什么。”

这就是我们所说的“三米微笑原则”，它是山姆先生从孩提时就得到了印证的原则。他总是雄心勃勃并喜欢竞争。在他刚进入哥伦比亚市的密苏里大学时，他就下定决心要当上校学生会主席。

他曾说过：“我很早就懂得要成为一名校园领袖的秘诀之一就是：要首先向对面走来的路人打招呼……我总是直视前方并朝每一位向我走来的人打招呼。”

“如果我认识他们，我会叫他们的名字；但如果我不认识他们，我仍然会与他们说话。不久，我就成了学校里认识同学最多的人了。他们认识了我并视我为他们的朋友。我积极参与竞选每一个社团的领导职位。”

山姆先生不仅被当时学校里的社团选为领袖，他还将其一贯奉行的原则带进了零售领域。你每天都可以从世界各地的沃尔玛员工身上看到这一原则。

资料来源　沃尔玛. 三米微笑原则［EB/OL］.［2021-05-16］. http://www.wal-martchina.com/walmart/rule/10.htm.

点评：微笑是不用翻译的世界语言。

二、微笑练习

(一) 微笑练习步骤

在实际工作当中，许多客服人员不注意修饰自己的微笑，如：拉起嘴角一端微笑，使人感到虚伪；捂着嘴笑，给人不大方的印象。其实，微笑是可以修饰、练习的，练习的步骤是：

第一步：念“一”。练习时，要使双颊肌肉用力向上抬，口里念“一”音，用力抬高嘴角两端，但注意下唇不要用力太大。

第二步：口眼结合。眼睛是心灵的窗户，是会微笑的，眼睛的微笑也是可以练习的：用一张纸遮住眼睛以下部分，对着镜子，想着使你高兴的情景，鼓动起双颊，嘴角两端做出微笑的口型。这时，你的眼睛就会露出自然的微笑，然后放松面部肌肉，嘴唇也恢复原样，但目光仍旧“含笑脉脉”。学会用眼神与客人交流，这样的微笑才会更传神更亲切。

第三步：微笑与语言结合。面带微笑练习说“早上好”“您好”“欢迎光临”等礼貌用语。

第四步：微笑与仪态相结合。按标准站姿站立，即脚后跟并拢，脚尖自然分开，双手虎口相对交叉在小腹前，右手放在左手上，面带微笑，自然亲切。

据说日本全日空的空姐上岗前要练习微笑6个月，直至练到因人而异，对小孩的笑与对老人的笑不一样、对先生的笑与对女士的笑不一样为止。

课堂互动 3-1

微笑练习

练习工具只需要一面镜子和一双一次性筷子（不宜用一次性的简易木筷，以防拉破嘴唇）。

（1）用上下各2颗前齿轻轻咬住筷子，检查嘴角的位置比筷子水平线高还是低。

（2）咬住筷子，并用手指把嘴角使劲拉到不能再上升的位置为止，保持30秒。

（3）拿下筷子，检查能够看到几颗上齿，合格线是8颗。

这3步，是让你知道笑时，嘴角上扬能达到的基本形状，要牢牢记住，使自己能够随时做出这个姿势。

（4）再一次咬住筷子，在30秒内反复说"一、一、一……"，以不断提升嘴角。

（5）拿下筷子，一边说"一……"一边用两手掌心按住左右脸蛋从下往上推按，把嘴角牢牢提起来。重复这个动作30秒。

（6）同样发"一"，但这次不用手来提升嘴角。如感到颧骨下方特别疲劳，就用手揉一下。

除了嘴角，眼睛和眉毛同样需要练习。和对方距离50厘米的时候，对方的视线最先注意到嘴角，而在50厘米之内，视线就会落在眼睛上，所以眼神的接触也相当重要。

（二）微笑的国际标准与黄金准则

1.国际标准微笑。国际标准微笑就是别人在离你3米左右时就可以看到你绝对标准迷人的微笑——表情自然，嘴角微微上翘，露出上面的6到8颗牙齿。服务人员要注意保持牙齿的干净以示对客人的尊重，还要注意不要让微笑出现和消失得太过突然。

2.微笑黄金准则。服务是一种"无形的过程"，与"有形的产品"不同，除了"标准化"还需要"人性化"，因此，在服务实践中，我们还需要用"黄金准则"来提升微笑品质。凭借优质服务享有盛誉的酒店集团丽思·卡尔顿的总经理在分享如何更好地服务客户时说过一句话：我们要以绅士淑女般的态度为绅士淑女们忠诚服务。也就是说，服务人员要明白，我们和客户是平等的，他们是到我们家做客的客人，我们是要尽地主之谊的热情的主人。

实践表明：明朗的笑容比浅笑更有感染力。服务人员先要给客户一个露出牙齿的真诚微笑，然后随着交流的进行调整自己的笑容。受客户欢迎的人具备的一个特征，就是他的微笑是温暖的、浅浅的、持续的。

三、关于赞美

适度的赞美不仅可以拉近人与人之间的距离，更能够打开一个人的心扉。从人的心理本质来看，得到别人的肯定是人心理的一种本质需求，人们希望能够得到发自内心的肯定和赞美。记住，每个人的内心都有被认可、被期望、被需要、被赏识、被喜欢、被爱的渴望！

（一）赞美的力量

赞美是人际关系的润滑剂。正如美国心理学家威廉所讲，人性最深层次的需求就是得到别人的欣赏与尊重。马克·吐温曾经说过，一句得体的称赞能让自己陶醉两个月。

赞美是一种语言上的人情投资。人情在当今社会中的作用日益凸显。人情并非单指物质上的礼尚往来，还包括情感的交流，人情在于情。只有情感上达到了共鸣，才是情感交流的前提。

赞美能帮助他人认识自己，帮助他人喜欢自己，帮助他人拥有自信，让他人学会感谢和赞美，让他爱自己，觉得自己是一个有价值的人，激发他人的奋发向上的动力。真诚地赞美让你有给予的自豪感。

（二）如何赞美客户

1.赞美中最经典的4句话：您真不简单；我很欣赏您；我很佩服您；您很特别！常用赞美客户的句子：您看起来很精神；发现您对××（如美食）很有研究；您在这方面是专家。

2.让客户感觉自己很重要。如，请您审查一下；请您指导一下；您在这方面很有经验，请传授一下您的经验；您是这方面的专家，请帮我们讲解一下；您对××很在行，请帮我们介绍一下最近的发展趋势。

3.谈论客户感兴趣的话题和事情。如，您最近在研究什么？您的项目进展如何？您喜欢什么地方？您最近去哪儿旅游了？记住客户的名字，还有兴趣爱好、各种习惯等。

当然，赞美是一种艺术，赞美不仅有“过”和“不及”，还有赞美方式的正确与否，不同的客户需要不同的赞美方式。赞美方式能否正确选用和赞美程度能否适度把握，是对客户赞美是否能够达到实效的重要衡量标准。

（三）赞美客户注意事项

1.寻找一个可以赞美的优点。赞美客户是需要理由的，我们不可能凭空制造一个点来赞美客户，而且这个点一定是我们能够赞美的点，只有这样赞美客户才更加容易被客户接受。客户的优点可以从多个方面来寻找，比如客户的事业、客户的长相、客户的举止、客户的语言、客户的家庭等。

2.赞美优点对客户而言要是一个事实。对于事实的赞美和陈述是我们对事物的基本判断，会让客户感到，你的赞美没带有任何过度的地方，这样的赞美会使客户更加容易心安理得地接受。

3.用自己的语言表达出来。对客户的赞美要通过组织语言，以一种自然而然的方式表达出来。

4.在恰当的时候真诚地表达出来。对客户的赞美要在适当的时机说出来，这个时候才会显得赞美是非常自然的。

5.把握住赞美的度。对于服务工作来说，适当地赞美客户是非常重要的，但一定要把握住赞美的度，而且不能滥用赞美；否则，不但达不到赞美的效果，还会适得其反。

情景再现3-1

客户：我不想要这么多了，买太多了也浪费，并不是所有的都适合。

客服：嗯，好的，亲真是持家有道哦。

看场景 学服务

微课：察言观色

单元二　察言观色

一、察言观色的含义

察言是指通过聆听客户的语言、语音、语气、语调，了解客户的个人特征以及内心情绪。领会客户的弦外之音是“察言”的关键所在。观色是指客服人员通过细致观察客户的表情、面容、打扮以及看似不经意的行为等身体语言等，了解对方的内心世界，从而随机应变，做出正确的反应。

沟通学者研究发现，我们在沟通时，有7%的效果来自说话内容，38%取决于声音，而有55%取决于肢体语言（面部表情、身体姿势等）。所以，在解读他人心意时，重要的不只是他说了些什么，更重要的是他怎么说。

二、察言观色的意义

无论是社会生活还是纯粹的生理活动（比如运动、饮食等），在遇到刺激的时候，第一时间产生的神经反应往往是情绪，随后才是理智取代情绪占据主导地位。如果刺激太强，理智就会退出主导位置，改由情绪来主持全身的工作。

情绪可以明显地被人感知到，并对人的身体产生影响。有的表现很明显，甚至结果很严重；有的则不容易被观察到，比如呼吸、心跳等。但可以肯定的一点是，只要有情绪，身体就一定会有变化，即使很微小的内部变化也可以被捕捉到，这就是测谎仪的研发原理。

情绪和理智，都是神经系统用来处理外部信息的功能。理智适合处理比较理性的情景，而情绪则更接近动物的本能，更适合处理比较强烈的刺激。用达尔文的进化论观点来解释，情绪更能够保证生存（安全）和繁衍（爱）的顺利进行。在应对复杂环境的过程中，情绪可以调动身体中的能量并指挥部分运动，以保证身体内部，尤其是神经系统、循环系统的平衡和稳定。

客服人员在与客户交往的过程中，客户的言谈举止、举手投足、行止坐卧、声色气韵等信息都无时无刻不泄露着其内心的世界。只要我们善于观察，掌握一些身体语言等方面的知识，对这些行为进行采集过滤、综合评价，就能看清楚隐藏在表象行为下的秘密。

【拓展阅读3-1】

微动作解读

身体语言专家提醒我们：对于一个人非语言行为的分析，不能简单地就一个表情或一个动作做出判断，而是要把这些表情、动作与各方面因素结合起来，综合判断之后再下结论。

心理学家罗伯特·罗森塔尔将身体的泄密行为总结为以下5种：一是矛盾迹象，即“言行不一”，如明明交叉双臂，却表现出自己很有兴趣。二是瞬间迹象，即真正的表情“瞬间即逝”，而刻意维持的表情一定是抱有某种目的。三是声音迹象，一个人的声音包含音质、语速、节奏等特征，这些都远比其诉说的语言更能告诉我们真相。四是身体迹象，身体行为并不完全遵从我们的大脑，因此没有得到大脑允许的信息，身体也可能会不假思索地将其表露出来。五是脸部迹象，面部的肌肉最为灵活，也最容易控制，所以成为我们需要注意观察的地方。

观察力的培养场所，更是随处可见，因为只要是有人的地方就会有交流，而有交流就必然会用到身体语言。这样每天积累一点点，积少成多，就会极大地丰富我们的经验，提高解读他人身体语言的能力。培养观察力还可以通过观看无声电影来进行。由于无声电影的特殊性，演员的表演只能依靠身体语言进行，而观众也只能通过解读演员的表情、动作来理解电影的含义。为了便于观众看懂，演员采取的动作都是日常生活中常见的，传达的内容也是非常贴近生活的。因此，观看无声电影不失为培养观察力的一个好办法。

资料来源 谢弗，卡林斯.像间谍一样观察［M］.谭永乐，译.北京：中信出版集团，2019.

三、如何对客户进行察言观色

1.观察客户的外貌特征。

通常那些明显特征能反映人们的购买习惯。例如，当一位服饰鲜艳、珠光宝气的客户走进展销大厅时，大概就能知道她可能更喜欢买那种刺激、新潮的车。当然，这一切仅仅是客服人员心底隐隐约约的一种预测。在实际工作中，客服人员还要根据其他情况灵活反应。

2.观察客户的行为举止。

例如，紧紧交叉着双臂或双腿，像要将自己安全包裹起来，这种姿势多带有自我防卫、拒绝对方的意思；手脚微开，全身放松的姿态，一般有接纳对方的意思；全身僵直站立不动的客户，多是源于内心强烈不安；垂头丧气、郁郁寡欢、肢体动作少，通常是有求于人的无助表现；身体越是直接正对着对方（面对面），越显示善意的感情。

3.观察客户的表情、言语、动作，言为心声，一个人心底的秘密会在表情、言语、动作中表露无遗。

客户表情类型与表情特征见表3-1。

表 3-1　　客户表情类型与表情特征

表情类型	表情特征
僵硬型表情	脸上肌肉麻木，面无表情，往往充满憎恶与敌意，他们试图以此种表情来掩盖自己的真实情绪
厌烦型表情	主要包括叹气、伸懒腰、打呵欠、东张西望、看时间、表情无奈等
焦虑型表情	比如手指不断敲打桌面，双手互捏，小腿抖动，坐立难安等。若厌烦型表情没有被理解，烦躁的情绪积累下去，就很可能发展为焦虑型表情
兴奋型表情	表现为瞳孔放大，面颊泛红，搓手，轻松地跳跃等
欺骗型表情	当对方喋喋不休地诉说，语意却不连贯，尤其他平时沉默寡言，此时，他多半想隐瞒什么。另外，下意识地摸下巴、摆弄衣角，或将手藏在背后，都是说谎的征兆
高傲型表情	眼睛眯起，头向后仰，俯视对方，或者双手抱胸、斜视，或者双手叉腰、歪着头等，这都表示自负，盛气凌人，对你的话不屑一顾，客服人员对此要特别警惕

单元三　倾听与复述

看场景 学服务

微课：有效倾听

倾听是拉近客服人员与客户关系的技巧。一名优秀的客服人员要善于倾听客户的声音，通过倾听，有效了解客户的喜好、需求、愿望及不满，与客户建立良好的关系，使客户真实感受到你的良好服务。

倾听能力是人对有声语言的感知和理解能力，而不仅指听力（听辨力），它往往包含着复杂的智力活动，与听者的知识水平、智力水平、生活阅历、为人修养等有着密切联系。因此，倾听能力不是天生的，是完全有赖于后天的培养和训练的。

一、倾听的意义

很多客服人员在听客户说或投诉的时候，是一边听，一边紧张地想对策，如我要证明他是错的，我要为我或我的公司进行辩解，我要澄清问题的症结所在，甚至不等客户说完就急急忙忙地打断客户的话。其实，这只能令客户的怒火越来越大，客服人员首先应该扮演好听众，而后才是演说家。倾听是客服人员拉近与客户距离的最好方法。

在服务过程中，不论客户的说话内容如何乏味，客服人员都要表现出积极的态度和真诚加入话题的热情，爱客户之所爱，憎客户之所憎，用钦佩的表情、赞叹的语气、肯定的态度、到位的提问调动客户说话的积极性，从而达到与客户沟通的目的。只有深入交谈，才能了解客户的心理、爱好、性格习惯；只有与客户的情感产生共鸣，才能降低客户的不满，有的放矢地对不同类型的客户提供不同类型的服务。

二、倾听的三大原则

（一）耐心

在提供服务时，要以诚恳、专注的态度倾听客户的陈述，给客户充分的表达时间，尤其在介绍完你的服务项目及相关知识后，要耐心地倾听客户的意见和想法。通常，客户所说的话都有一定的目的，有时候一些无关服务的话题，客服人员也许会认为无关紧要，可对客户来说意义非凡。此时，如果客服人员表现出厌烦或不专心，那么很可能会使客户生气，甚至会影响其消费的欲望。记住，客户喜欢谈话，尤其喜欢谈他们自己，不要打断客户的话头；他们谈得越多，越感到愉快，就越会对你感到满意。人人都喜欢好听众，所以要耐心听；学会克制自己，特别是当你想发表意见的时候，多让客户说话。

（二）关心

以关心的态度倾听，像是一块共鸣板，让客户能够试探你的意见和情感，不要用自己的价值观去指责或评判客户的想法，要与他们保持共同理解的态度。在与客户的谈话过程中，不要马上问许多问题，因为不停地提问，会使客户觉得在受“拷问”。让客户畅所欲言，不论是称赞、抱怨、驳斥，还是警告、责难、辱骂，都要求客服人员仔细倾听，并做出适当的反应，以表示关心和重视。记住要带着真正的兴趣听客户在说什么，客户的话是一张藏宝图，顺着它可以找到宝藏；让客户在你脑子里占据最重要的位置；始终与客户保持目光接触，观察他的面部表情，注意他的声调变化，客服人员应当学会用眼睛去“听”；如果你能用笔记录客户说的有关词语，这会帮助你更认真地听，并记住对方的话；要理解客户说的话，这是你能让客户满意的唯一方式。

（三）别一开始就假设明白他的问题

永远不要假设你知道客户要说什么，因为这样的话，你会以为你知道客户的需求，而不会认真地去听。在听完之后，问一句“您的意思是……”“我没理解错的话，您需要……”等，以印证你所听到的。

情景再现 3–2

某天中午，一位顾客走进一家餐厅，点了一份汤，过了一会儿，服务员给他端来了。

服务员刚走开，顾客说：“对不起，这汤我没法喝！”

服务员没有多问，重新给他上了一碗。

顾客还是说：“对不起，这汤我没法喝！”

服务员无奈，只好喊来了经理。

经理毕恭毕敬地说：“先生，您好，这汤是本店最拿手的，深受顾客好评，难道您……”

“我是想说，没有勺子，我怎么喝？”

不要一开始就假设你知道客户的意思，而打断他的话。倾听客户说话时，要保持耳朵的通畅，闭上嘴巴，全心全意地倾听其所讲的每一句话。只有这样，才能收到事半功倍的效果；否则，就会造成先入为主的观念，认为自己真的了解客户的需求，而不认真去听。

三、倾听的三个步骤

（一）做好准备

首先，要做好倾听客户讲话的心理准备，要有耐心；其次，要做好业务和知识上的准备，对企业的服务了如指掌；最后，要预先考虑客户可能会提什么问题，应如何回答，以免到时候无所适从。客户找你洽谈或倾诉或投诉的时候，你要做好如下准备：

1.给自己和客户都倒一杯水。

2.尽可能找一个安静的地方。

3.让双方都坐下来。

4.记得带笔和记事本。

研究表明，人的情绪高低与身体重心高度成正比。重心越高，越容易情绪高涨。因此，化解情绪的第一要义，是让对方坐下。最好放几组特别矮的沙发，“一坐陷下去，起来很费力”的那种。这样，客户不容易发火。

（二）集中注意力

听人说话是一门学问，在倾听客户谈话时，应集中注意力，避免外界的干扰，安静、专心地倾听。不要心存偏见，只听自己想听的或是以自己的价值观来判断客户的想法。当客户说话速度太快，或所讲内容与事实不符时，客服人员绝不能心不在焉，更不能流露出不耐烦的表情。一旦客户发觉你并未专心地听他谈话，那么你将失去客户的信任，从而将导致服务的失败。在倾听客户谈话时，要做好记录，记录除了防止遗忘外，还有以下好处：

1.具有核对功能。核对你听的与客户所要求的有无不同的地方。

2.日后工作中，可根据记录，检查是否完成了客户的要求。

3.可避免日后如“已经交代了”“没听到”之类的纷争。

（三）理解客户需求

客户在说话时，原则上客服人员要有耐性，不管想听不想听都不要打断对方，同时为了表示对客户谈话的注意，可以用适时发问或复述来验证你对客户谈话内容的理解，这比一味地点头称是或者面无表情地站在一边更为有效。这样做能使谈话更具体生动，又可帮助客户理出头绪。验证你所理解的与客户所要求的并无不同，要注意以下几点：

1.不清楚的地方，询问清楚为止。

2.以具体的、量化的方式，向客户确认谈话的内容。

3.要让客户把话说完，再提意见或疑问。

客服人员要会用三种“耳朵”听客户说话：听听他们说出来的，听听他们不想说出来的，听听他们想说又说不出来的。客户的内心常有意见、需要、问题、疑难等，当他们不想把真正的想法告诉你时，客服人员就要找出话题，让客户不停地说下去，这样不但可以避免因片段语言而产生误解，也可以从客户的谈话内容、声调、表情、身体的动作等中，观察、揣摩出其真正的需求。

四、提高客服人员倾听能力的技巧

倾听是指用我们的眼、耳和心去“听”对方的声音，倾听不但可以帮助自己了解客户的内心世界、处境，而且可以显示我们对客户的重视，从而使其对我们产生信赖感。当然，也只有认真倾听，才能听出客户的弦外之音，才能明了客户的深层欲望。

(一) 少说多听

"喜欢说，不喜欢听"是人的弱点之一。如果你在与客户见面时，能够掌控这一弱点，让客户畅所欲言，就会事半功倍。据说，人之所以有两只耳朵一张嘴，就是希望我们所听的是所说的两倍。这看起来似乎不难，但做起来不那么容易。

为什么呢？因为人们都希望有机会表达自己的意见和想法，好的聆听者让他们实现了这个愿望。如果你打断别人的谈话或缩短倾听时间，说话人会认为你对他的谈话不感兴趣——即使事实上你并不是这样。因此，应该表现得彬彬有礼，全神贯注。

(二) 既要听事实又要听情感

倾听的基础是听清楚别人讲什么。我们要听两个方面的内容：事实和情感。

听事实：对方说了哪些话？他讲的意图是什么？这是考核听力怎么样。这并不难，只要认真听、听清楚，我们就可以很容易地做到这一点。

听情感：这是更重要的层面——你要能听清楚别人在说这些事实的时候，他的感受是什么，需不需要给予回应。

(三) 做出反应

和说话者保持视线的接触，点头表示理解，身体保持笔直或微向前倾，在适当的地方插入评论，如"哦明白了"、"很有意思"或"真的吗"。说话人会感激你表现出来的兴趣，并感到你在认真倾听。

(四) 平和的心态

不要只听赞同你的话，或只听你感兴趣的部分，聆听的目的在于获取新的信息，要乐于倾听别人的观点和意见。如果你在聆听时始终保持平和的心态，一个初听起来乏味琐碎的话题也有可能变得有吸引力。

(五) 不要打断客户的话

随意打断客户谈话会打击客户谈话的热情和积极性，如果客户当时的情绪不佳，而你又打断了其谈话，那无疑是火上浇油。所以，当客户的谈话热情高涨时，客服人员可以给予必要的、简单的回应，如"噢""对""是吗""好的"等。除此之外，客服人员最好不要随意插话或接话，更不要不顾客户喜好另起话题。

(六) 不要急着下结论

在听别人说话的时候，让说者说完再给出你的意见。要做一个善于观察的人，留意说者说话过程中的停顿，这些停顿可能表明他已经说完了他要讲的话。另外，在他说完之前，不要随意得出结论。许多人在谈话时走神是因为他们认为自己已经知道对方发言的内容和要点了，但自作聪明是很危险的，也许说话人接下来的思路与你所预料的不一样。如果你没有认真听的话，就会错过说话人真正要表达的意思。

(七) 引导和鼓励客户开口说话

认真、有效的倾听的确可以为客服人员提供许多成功的机会，但这一切都必须建立在客户愿意表达和倾诉的基础之上，如果客户不开口说话，那么纵使倾听具有通天的作用也是枉然。所以，客服人员必须学会引导和鼓励客户开口说话。比如通过提问方式帮助客户理清思路，对对方的发言感到有疑问，直接提出来。

(八) 利用复述

以"让我们来看一看我是否理解了……"或者"我觉得我理解了……"作为开头，

也可以用自己的话重复一遍你所听到的内容，表明你已经理解了说话人所传达的信息。

复述技巧包括两个方面：一方面是复述事实；另一方面是复述情感。这与倾听的内容是相同的，因为复述就是把你所听到的内容重新叙述出来。

1. 复述事实。在餐厅吃饭，点完菜以后，客服人员会把所点的菜名复述一遍，这就是复述事实。复述事实的好处是什么呢？

（1）分清责任。客服人员通过复述，向客户进行确认，请客户验证所听到的内容。如果客户没有提出异议，那么一旦出现问题，责任就不在客服人员了。

（2）起提醒作用。复述事实还有一个好处就是可以提醒客户是不是漏了什么内容，是不是还有其他问题需要一并解决。有时候客户自己也不明白自己需要什么东西，当你重复完，可以问问客户还有没有什么要补充的，如果客户说没有了，就可以进入解决问题的阶段了。

（3）体现职业素质。复述事实还可以体现客服人员的职业素质。对事实的复述不仅要体现出客服人员的专业水准，更重要的要让客户感到对方是在为自己服务，自己是享受服务的上帝。这种感觉是很重要的，因为它在一定意义上满足了客户情感的需求。

2. 复述情感。客服人员要关注客户情感的需求，那么什么叫作复述情感呢？所谓复述情感，就是对于客户的观点不断地给予认同。“您说得有道理”“哦，我理解您的心情”“我知道您很着急”“您说得很对”……所有这些都是情感的复述。复述情感的基本方式有以下三种：

（1）随即说出自己的感觉。如：“听起来，您似乎对正在发生的事情感到很不舒服。”即使“不舒服”不是一个恰当的字眼，也要承认别人所表述的内容是打动人心的。让他知道，他的感觉是重要的，并且正在被人听取和被别人理解。

（2）对对方的立场表示你的理解。基本的做法是，即使你不同意他的观点，也要接受这些感觉的合法性：“当办公室充满紧张的气氛时，我看得出来，您不喜欢在办公室里工作。”

（3）鼓励对方进一步表露。当对方告诉你一个事实或观点时，让其告诉你更多的内容。“您可以更多地告诉我一些具体发生的事情吗？”这也是一种回应的方法。

3. 利用复述求证理解（见表3-2）。

表3-2　　求证理解步骤

第一步　使用求证语句，如： 让我证实一下 让我确信我理解了您的要求 那么，您要的是 我想证实一下	第二步　总结关键事实，如： 您想比较一下住院的好处 您想确认一下是否有床位 您的货根本就没到
第三步　询问你的理解是否正确，如： 我理解得对吗 对吗 我的理解正确吗 对不对 是不是这个意思	第四步　澄清误会（必要时），如： 是我误会了您的意思 我理解得不对，那么您的要求是 我没理解您的意思，那么您要的是

课堂互动3-2

我总听不出别人的话外音，怎么改进？

锣鼓听音，说话听声。我是单位领导的秘书，今天领导下班来办公室说：“小郭啊，你身上的什么水（香水）可要把我熏蒙了，你走到哪里我都能精准定位。”我瞬间脸红。我问了同事姐姐，我是不是香水喷多了？姐姐说闻不出来……领导是开玩笑，还是间接告诉我别喷香水？

课堂互动3-2
分析提示

单元四 服务话术

服务语言是企业与客户之间联系的纽带，是沟通的工具。在服务过程中，客服人员向客户传输服务意识离不开服务语言，而传输的效果又会直接影响服务质量和客户的满意度。良好的语言表达能力要求客服人员在简单重复的表达中显示出自己的内涵，不仅能满足客户提出的需求，还能挖掘客户未想到但可能存在的需求，从服务的深度和广度上给客户带来愉悦。

看场景 学服务

微课：服务话术

一、声音及语言的感染力

客服人员的语言能力的运用主要体现在以下几个方面：

（一）语气

语气有很强大的感染力，客服人员与客户进行沟通时，说话的语气很关键。要注意讲话的语气，要成为一个会说话的人。

1.不卑不亢。客服人员的说话语气要做到不卑不亢，不要让客户感觉你是在哀求他，那种唯唯诺诺的语气只会传达一种消极的信息给客户，同时不利于建立自身的专业形象。另外，不要让客户感觉你有种盛气凌人的架势，这样说话会给客户留下极为不好的印象，潜在的交易也很可能因此而泡汤。

例：“您看……这件事情……啊……全靠您了……”（卑微）

“你不知道我们公司啊？！”（傲慢）

2.避免不良语气。客服人员在工作岗位上与服务对象交谈的时候，务必要在语气上表现出热情、亲切、和蔼和耐心，最重要的是不要有意无意之间，使自己的语气显得急躁、生硬或者轻慢。

不同语气代表含义与举例见表3-3。

表3-3 **不同语气代表含义与举例**

语气	代表含义	举例
急躁语气	焦急、暴躁、激动，或者很不耐烦	“抓紧时间”“快点，我还有别的事”“想不想买”“挑够了没有”“快下班了”
生硬语气	勉强、生冷、僵硬，或者不够柔和	“着什么急”“喊什么”“等着”“废话”“别乱动，你赔得起它吗？”
轻慢语气	轻狂、歧视、怠慢，或者失敬于人	“你知道吗？”“听说过没有”“你见过吗？”“看清价格再说”“买得起吗？”“瞧一瞧自己”

（二）语速与节奏

语速即说话的速度，语速会在客户的大脑中形成对客服人员的不同印象：语速过快，客户会觉得客服人员不耐烦、不在意；语速过慢，客户则会觉得客服人员漫不经心。

1. 针对不同客户调整语速，并尽量与客户保持一致。不同的人说话的语速是不一样的，有些人天生语速就慢，有些人则天生语速就快。客服人员应该满足不同客户的需求，要让每一个客户都感觉和你打交道很舒服，因此语速的快慢是以客户语速的快慢来衡量的。

2. 电话沟通中语速要适当放慢。清晰跟语速有一定的关系，如果语速较慢相对就会清晰一些。这里需要强调的是，宁可语速慢一些，讲话时多费一些时间，也要保持声音的清晰。一般来说，在打电话时每分钟最好不要超过120个字。同时语速不是一成不变的，要根据客户的讲话速度做适当调整，跟客户保持在一个频率，增加自己的亲和力。

课堂互动3-3

客服人员语速测试与训练

用手机或录音笔录下你跟朋友或同事的谈话，回到家里反复聆听，看看自己的优点和弱点到底在哪里，根据找到的问题去克服它。

3. 两种例外情况。有时在特殊情况下，客服人员应当使用比客户慢一点的语速。例如，客户很着急，这可能有两种情况：一种是客户想办一件事情，希望帮助他尽快解决；另一种是客户由于自己的利益受到了损害进行投诉。在这两种情况下，客户情绪比较激动，说话的速度很快，此时客服人员应注意放慢速度，不要使用与客户一样的语速，以便稳定客户的情绪。有时候客服人员要使用比客户更快的语速，例如一个客户很着急，让客服人员帮忙做一件事情，这时候较快的语速会让客户感到你是真正站在他的立场上思考问题的。

（三）专业

客服人员了解产品、行业、竞争对手等方面的专业知识无疑是很重要的，这种专业性会通过我们的声音来传递。

提高客服人员语言专业性的主要方法：

1. 提高客服人员的产品知识和相关专业知识 。

2. 言辞上要自信，用肯定的语气。

3. 尝试一些具有积极效果的措辞。例如，我非常欣赏您的观点/这归功于您的专业知识/多独特的建议啊。

不同的措辞会给人以不同的信息，即使我们想表达同一种意思，积极的言辞与消极的言辞所传递的效果也是不同的。直接说法与委婉说法举例见表3-4。

表3-4　**直接说法与委婉说法举例**

直接说法	委婉说法
您的名字叫什么	请问，我可以知道您的名字吗
您必须……	您可以……
注意，您必须今天做完	如果您今天能完成，我会非常感激
如果您需要我的帮助，您必须……	我愿意帮助您，但首先我需要……
听着，那没有坏，所有系统都是那样工作的	那表明系统是正常工作的。让我们一起来看看到底哪儿存在问题
您没有弄明白，这次听好了	也许我说得不够清楚，请允许我再解释一遍

4.逻辑性强的语句更易建立专家形象。例如，当客户问一个专业上的问题时：“你们网络系统的可管理性是指什么？”你回答：“可管理性主要是指：第一……第二……第三……”当你有理有据地讲出1、2、3点时，你在客户心目中的专业能力和地位就会增加，信任也更容易建立起来。

（四）自信

为了保持自信，客服人员在语气上、措辞上要用肯定的，而不应该是否定的或是模糊的。例如，当客户问电脑公司的销售人员：“你们的刻录机是几倍速的？”销售人员讲：“我们的刻录机可能是4倍速吧。”可能是、应该是、也许吧等，这些都是不确定的措辞，这表明客服人员缺乏信心，也会影响客服人员的专业水平，我们要避免使用这类措辞，而应换成更为积极的措辞、更为肯定的语气。

在有些时候，要态度坚决地表示肯定，而不能有丝毫犹豫，你的一点犹豫可能会让客户对你失去信心。例如，当客户问：“你们能不能让我在星期四收到货？”如果你是可以的，这时应明确地讲：“可以，绝对可以，没问题。”这样才可以进一步强化客户的信心。对于自己实在不清楚的东西，要找到正确的答案以后，告诉客户。

二、常用礼貌用语

（一）客服人员的“十一字”

您、您好、请、谢谢、对不起、再见。

（二）客服人员的“五声”

1.欢迎声：客服人员见客人应主动打招呼，例如“欢迎光临”“欢迎”“欢迎您的到来”“光临本公司，不胜荣幸”“见到您很高兴”“王经理，欢迎光临”“李小姐，又见面了”“欢迎再次光临”等。

2.欢送声：客人离开时，客服人员和有关工作者应说“再见，欢迎您再次光临”“再见”“慢走”“走好”“一路平安”“多多保重”等。

3.问候声：在公共场所遇到客人应说“您好”“晚上好”等，标准问候语的要求是“人称+时效”，比如“王先生下午好”“张小姐早安”。客人的生日或其他纪念日应主动表示祝贺，用“祝您生日快乐”等以示问候。

4致谢声：为客人提供任何一项服务时，都需要认识到客人是上帝，对于其对公司生意的照顾，要表示衷心感谢，每完成一个步骤都应说“谢谢”“有劳您为这事费心了”。

5.道歉声：打扰客人、请客人帮忙时应说“对不起”等。

（三）常用礼貌用语口诀

与人相见说“您好”；问人姓氏说“贵姓”；问人住址说“府上”；仰慕已久说“久仰”；

长期未见说“久违”；求人帮忙说“劳驾”；向人询问说“请问”；请人协助说“费心”；

请人解答说“请教”；求人办事说“拜托”；麻烦别人说“打扰”；求人方便说“借光”；

请改文章说“斧正”；接受好意说“领情”；求人指点说“赐教”；得人帮助说

“谢谢”；

祝人健康说“保重”；向人祝贺说“恭喜”；老人年龄说“高寿”；身体不适说“欠安”；

看望别人说“拜访”；请人接受说“笑纳”；送人照片说“惠存”；欢迎购买说“惠顾”；

希望照顾说“关照”；赞人见解说“高见”；归还物品说“奉还”；请人赴约说“赏光”；

对方来信说“惠书”；自己住家说“寒舍”；需要考虑说“斟酌”；无法满足说“抱歉”；

请人谅解说“包涵”；言行不妥说“对不起”；慰问他人说“辛苦”；迎接客人说“欢迎”；

宾客来到说“光临”；等候别人说“恭候”；没能迎接说“失迎”。

（四）各行业通用文明用语

各行业通用文明用语见表3-5。

表3-5　各行业通用文明用语

1.您好，欢迎光临！	12.请您有话慢慢儿说，您的要求我们尽量满足
2.请问您需要什么服务？	13.请签名，请对号
3.请稍等一下	14.您好，我是××单位总机，请讲！
4.对不起，让您久等了	15.对不起，他不在，您需要留言吗？
5.对不起，请您排队等一会儿	16.请问您需要办理什么业务？
6.请走好，欢迎下次再来	17.由于我们的工作疏忽，给您添了麻烦，真对不起
7.请别着急，我们马上给您办理	18.欢迎您监督
8.请出示您的证件	19.谢谢您的支持和合作
9.请您用钢笔填写清楚有关事项	20.不用谢，这是我们应该做的
10.先生，这里是无烟场所，谢谢合作	
11.请多提宝贵意见	

课堂互动3-4

为什么第二名客服人员的话听了更舒服？

有一个客户打来电话进行咨询：“我家的房子在地震中遭到损坏，我想知道保险公司对此的理赔范围。”

客服人员1：“请告诉我您的保单号，我这就帮您查。”

客服人员2：“很遗憾得知您在地震中遭受损失，能否告诉我您的保单号，我好帮您查一查。”

课堂互动3-4
分析提示

三、用客户喜欢的方式去说

枯树根经过揣摩、雕刻、打磨等，再经过不断完善就成了根雕艺术品。我们的语言要让客户听得开心，也需要艺术加工。服务是交流，没有交流的服务是没有色彩的，更不会有魅力。

（一）说“我会……”以表达服务意愿

许多客户听到“我尽可能……”后，会感到很生气，因为他们不知道“尽可能”

有多大的可能。但当他们听到“我会……”后，就会平静下来，因为你表达了你的服务意愿，以及你将要采取的行动计划，他们就会满意。通过使用“我会……”这一技巧，你自己也能从中受益。当你说“我会……”，而且列出了你要采取的步骤时，你就给了自己一个好的开端，你的脑子里会明确自己所必须采取的行动。

（二）说“我理解……”以体谅对方情绪

客户需要客服人员理解并体谅他们的情况和心情，而不要进行评价或判断。这时客服人员需要使用3F法。3F是一种表示体谅理解答复的主体结构。3F即客户的感受（feel）、别人的感受（felt）、发觉（found）。这种技巧承认客户的感受，并且提供一种客户能听得进去的说明：“我理解您怎么会有这样的感受（feel），其他人也曾经有过这样的感受（felt），不过经过说明后，他们发觉（found），这种规定是为了保护他们的安全。”

（三）说“您能……吗？”以缓解紧张程度

说“您能……吗？”有助于消除人们通常听到“你必须……”时的不愉快。“你必须”这三个字会令大多数人恼火，用“您能……吗？”是一条快捷地得到你想要的东西的途径。避免责备对方“你本来应该……”所带来的不利影响。当客户听到“你本来应该……”时，几乎会不由自主地产生防范心理。“你犯了个错误”这句话也同样。保证对方清楚地知道你需要什么。“要是星期五能完成报告的话就好了。”远远不如这句话明确：“请星期五完成报告。”如果你希望周末以前得到答复，你可以说：“您能在周末以前给我答复吗？”

（四）说“你可以……”来代替说“不”

当你婉转地说“不”时，会得到别人的谅解。设想一下，如果别人对你说了下面的话，你会有何感受：“今天不行，你必须等到明天才有材料。”更婉转一点的说法是这样：“你可以明天拿到材料。” 使用这一技巧可以节省时间，否则，你还要回答大多数人紧接着就会问的问题：“你说今天不行，好，什么时候行？”

使用“你可以……”会令你的工作更容易。许多人发现说“不”十分困难，希望找到一种方法帮助自己表达同样的意思。该方法就起到了这一作用。

你会发现，在你的工作和生活中有许多时候都能运用这一技巧。明确地说，你可以在下列情况下说“你可以……”：

1.你不能完全满足客户的要求，但你的确还有别的办法。

2.尽管你可能立刻帮不上忙，但是想表达你的真诚，乐于为对方提供服务。

3.你的客户可能对自己要什么并不明确，给他提个建议通常能激发他的思路。

（五）先讲明原因以节省时间

人们天生就爱刨根问底。想一想，正在长大的孩子就总喜欢问“为什么”。当有人提供信息时，人们脑子里通常最关心的也是最想知道的就是“为什么”。基于这一实际情况，请先讲明原因。先讲明原因会更快吸引人们的注意。比如，“要想省钱……”或者“下面是问题的答案”。

使用先讲明原因这一技巧的时候：当你传达技术信息，而其他人可能不懂时；当你认为别人可能不会相助时；当别人可能不了解你或不相信你时；如果你先讲明了你的办法会给客户带来多大好处，你就会赢得更深入的合作时等。具体使用时可以这么说：“为了节约您的时间……”“为了让我更快满足您的要求……”“为了便于我接近您的要求……”

客服人员该说的与不该说的话见表3-6。

表3-6　客服人员该说的与不该说的话

客户不喜欢的语言	客户喜欢的语言
我们公司规定	√太好了
我已经尽力了	√ 没问题
你前面还有很多人呢	√ 那是我最拿手的问题
别人也有一样的问题	√ 我想我们可以解决
我可能正在打电话，要不就是不在座位上	√ 我确定有办法可以
不，不是，没有，不能等	√ 我想我帮得上忙
我们经理协调的结果是	√ 好的
我们向来都是这样做的	√ 行
那不是我处理的	√ 包在我身上
你要我怎么做嘛	√ 我理解
那是你的错	√ 我会
对不起，我们下班了	√ 您可以
可以做的，我们都已经做了	√ 您能……吗
你还要怎么样	√ 让我来想办法
你可以找经理谈，不过他的回答也是一样	√ 先别急，我们想想其他办法
又不是只有你一个	√ 我们商量一下
我们从来不	√ 我们
我没有必要忍受这些	√ 欣赏
那不是我分内的工作	√ 机会
你必须	√ 是的

情景再现3-3

总台人员在办理入住手续时让同行的客人出示证件，而客人只愿出示其中一人的身份证，总台人员这样对客人说：

1.“住店客人必须登记，这是酒店（或公安局）的规定。”

2.“为了便于各位出入房间和在酒店签单方便，同时为方便你们朋友的查询，请出示一下证件，我们帮您登记。”

点评：第一种说法以“规定”来强制客人，让人不易接受，相反会产生抵触心理。第二种说法让客人感到，登记是为了方便客人在酒店的活动，是站在客人的角度着想的，客人也就容易接受了。

●项目测试

□ 简答题

1.微笑服务的内涵及要求分别是什么？

2.察言观色的内容是什么？

3.倾听的原则与步骤分别有哪些？

4.理解客户需求的求证方式有哪些？

5.客户喜欢的说话方式有哪些？

□ 案例分析题

假如迪士尼运营医院

顾客能不能获得“好体验”，最重要的不是你做了什么，而是你说了什么。

举例来说，医院想要做到保护患者隐私，会要求护士进病房前先敲门，做检查的时候拉上窗帘、关上门等。如果这一切细节都做到了，应该算得上是“好服务”，但还算不上“好体验”。“好体验”要求，护士要一边做这些事情，一边对病人说：“我来帮您做个腹部检查，为了防止有人闯进来，我把门关上，把窗帘拉上。”就是这么一句话，就能让病人清楚地感知到，护士做这些细节不是照章办事，而是关心他的感受。再比如，晚上护士站交接班的时候会比较吵，为了不打扰病人休息，护士会把病房的门给关上。但是如果光这么做，病人没准儿心里会嘀咕：“她们把门关上做什么？是不是在背后议论我？”其实这时候，护士应该先对病人说：“先生/女士，我关上门好吗？我们在交接报告，有点吵。不过您放心，不会很长时间。”你看，只有补上这句话，你的“好服务”才能变成“好体验”，否则可能反而会成为减分项。

通过这两个例子，我们就理解了“说”的重要性。那么紧接着的第二个问题是：如何才能让一线客服人员不但会“做”，还会“说”？通常的方法是，设计一整套的客服术语。但是，如果每个客服人员和客户交流时都用同样的客服术语，诚意就不够了，会让人觉得敷衍，甚至感觉是个机器人。

更高级的“说”的方式，是有脚本、没台词。迪士尼停车场的服务员，与每位客人打招呼的方式都不完全相同，却亲切自然。他们是怎么做到呢？原来，迪士尼给停车场的服务员设计了一套脚本，见到客人后，要做到四件事情：第一，热情且夸张地打招呼；第二，透过车窗向车里的孩子打招呼；第三，注意车牌号，说一些客人所在的州或者城市有关的事情；第四，注意车子的特点，比如保险杠的贴纸、体育徽标或者特殊颜色的喷漆，对这些特点做出评论。

资料来源　李　F. 假如迪士尼运营医院［M］. 何静，译.北京：光明日报出版社，2017.

问题：为什么说更高级的“说”的方式，是有脚本、没台词？

分析：迪士尼把自己的客服人员称为“演员”，他们的工作最重要的不是完成某个任务，而是在客人的梦幻之旅当中扮演好某个角色。以角色为中心，我们就可以理解，为什么既要做动作，又要说台词；为什么不能死记硬背台词，而要以脚本为规范、结合自身特点做即兴表演。表演不是假装，而是在舞台上表达真情、创造现实的艺术。

●项目实训

实训主题：企业服务话术手册编制与顾客服务场景视频摄制

1.内容与要求

（1）收集知名企业顾客服务要求相关资料，比如企业客服人员上岗培训资料、企业服务流程、员工手册、服务制度等。

（2）提炼企业服务话术。参考收集到的资料编写企业服务话术手册。

（3）拍摄顾客服务场景视频。可以借鉴企业已有的视频，也可以由小组自编自导完成。

2.提交成果

（1）提炼一份知名企业服务话术手册。

（2）拍摄一段主题鲜明的顾客服务视频。

●思政园地

人生基本功：如何建立社会兴趣

社会兴趣（social interest）是阿德勒个体心理学术语，指促使个体认同他人、同情他人的固有潜能。这个概念也可以译成社交兴趣，或者叫社交利益、社会利益。一个人有没有社交兴趣，可以从三个点来判断：有没有合作的习惯，有没有给予的习惯，有没有对他人的思想感情和体验保持理解与同情的习惯。社会兴趣是一种非认知型技能，是一种心智上的建模，其核心就是永远要让给予大于自己的所得这个不等式。

爱因斯坦说："我每天上百次地提醒自己，我的精神生活和物质生活都依靠别人，包括生者和死者的劳动。我必须尽力以同样的分量来报偿我所领受了的和至今还要领受的东西。"

爱因斯坦的这句话说的其实就是这个不等式。

这种观念并非只是西方有，中国历史上有一个很了不起的政治家、军事家、文学家、教育家叫范仲淹。我们中学就读过他的那篇《岳阳楼记》，其中的"先天下之忧而忧，后天下之乐而乐"为我们熟知，其实此话里头也隐含着那个不等式。不过，他有一句话更加明确地表达了这个不等式。

范仲淹说："吾遇夜就寝，即自计一日饮食奉养之费及所为之事，果自奉之费与所为之事相称，则鼾鼻熟寐；或不然，则终夕不能安眠，明日必求所以称之者。"

意思就是说，他每天晚上睡觉的时候，要算一笔账，就是自己所得到的与自己所做的事情之间是否对称。如果对称的话，他就会酣然入眠，睡个安稳觉；如果发现不对称的话，他就会整晚上睡不好，老想着明天一定要让自己的所为与自己的所得能够相称。这可以说是爱因斯坦那段话的中国版。

其实，在中国有很多人曾对这个不等式进行了表达。

曾国藩说："每遇幸事，常念天之过厚于我。"意思就是说，每遇到幸运的事情，总是在想老天对他过于优待了。这句话的背后当然还是在表达这个不等式。

如果我们能在心智上有意识地建立这个不等式，那实际上是在做一件很了不起的工程——那就是建立一种确保我们今后能有一个良好的气场，或者说是能够制造热辐射的、能够让人在一瞬间就能够感知的好气场。这是人生的基本功，对于一个人来说，也是他的最重要的童子功。

资料来源　阿德勒.这样和世界相处［M］. 文韶华，译.南京：凤凰文艺出版社，2016.

项目四 客户需求沟通

【学习目标】

*知识目标：

1.理解并掌握顾客需求七层次模型，理解门店顾客需求的类别；

2.理解顾客沟通个性特征与行为模式；

3.熟悉顾客等待心理学的要点；

4.掌握接待客户的方法，掌握FAB法，进行产品与服务推介；

5.理解客户异议种类、处理流程与处理方法；

6.掌握服务性拒绝客户的方法。

*技能目标：

能够接待不同类型的客户；能够处理客户异议并促成交易。

*思政目标：

能够坚持知己知彼，勇于开拓创新和迎难而上；培养学生潜心钻研业务、乐于精耕细作的职业素养。

【项目框架】

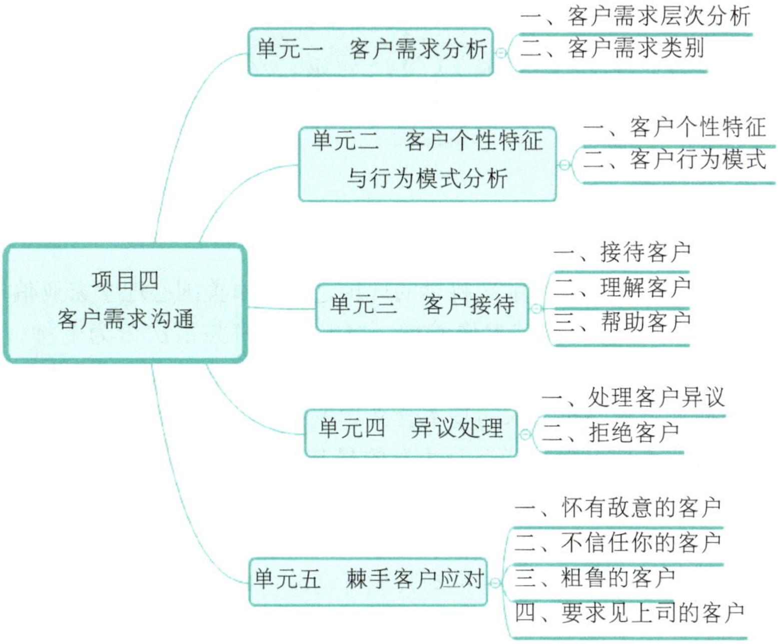

案例导入

我想有个家

有一对夫妻在讨论如何建设未来的新家。妻子提出要建一座有一个烟囱和一扇凸窗的两层楼房；而丈夫希望建一座有一个小书斋和一个储存空间很大的车库的这种比较后现代的低矮平房。他们协商很久都没有结果，对方的立场却变得越来越不可动摇。越是争论，越容易情绪化，而越是情绪化，则越强化自己的立场，协商变成争吵，伤害着夫妻的感情。老设计师也没有办法。在那位老设计师看来，夫妻双方提出的方案差距很大，少许让步和微调根本不可能在建筑风格上达成共识。这时老设计师的徒弟年轻的设计师却觉得自己可以试试，于是他问女士："太太，您为什么想要凸窗？"问先生："您为什么想要建一个车库？"……年轻的设计师正是用了这些开放式的提问，探求到了这对夫妻真实的需要。

在年轻的设计师的帮助下，夫妻俩最后获得这样一张需求清单：(1) 早晨的明亮阳光；(2) 一个可以招待朋友的宽敞空间；(3) 舒适的阅读场所；(4) 复古的装饰风格。

足够的采光、宽敞的聚会空间、舒适的阅读场所、复古的装饰风格，其实有很多方案可以同时满足他们上述的四个需求，烟囱、凸窗、书斋、车库不过是其中的一些选择。年轻的设计师设计了让他们的需求得到百分之百满足的新房子，新房子并没有拘泥于烟囱、凸窗、书斋和车库。

资料来源 编者根据相关资料整理.

这一案例说明：通过立场，了解对方藏在立场后面的需求才是解决问题的关键。找到需求，就能解开卡死沟通的锁。解开这把锁，原来的对抗才可能转为双赢。

看场景 学服务

微课：理解需求

单元一 客户需求分析

一、客户需求层次分析

(一) 马斯洛需求七层次内容

马斯洛需求层次理论是人本主义科学的理论之一，由美国心理学家亚伯拉罕·马斯洛在1970年提出。他将人类需求像阶梯一样从低到高按层次分为七种，分别是：生理的需求、安全的需求、情感与归属的需求、尊重的需求、认知的需求、审美的需求和自我实现的需求。各层次需求的基本含义如下：

1. 生理的需求。这是人类维持自身生存的最基本要求，包括对以下事物的需求：空气、水、食物、睡眠、生理平衡、性等。如果这些需求（除性以外）任何一项得不到满足，人类个人的生理机能就无法正常运转。换而言之，人类的生命就会因此受到威胁。从这个意义上说，生理需求是推动人们行动最首要的动力。

2. 安全的需求。安全的需求包括人身安全、健康保障、资源所有性、财产所有性、道德保障、工作职位保障、家庭安全等。马斯洛认为，整个有机体是一个追求安全的机体，人的感觉器官、效应器官、智能和其他能量主要是寻求安全的工具，甚至可以把科学的人生观看成满足安全需求的一部分。

3.情感与归属的需求。这一层次包括对以下事物的需求：友情、爱情、亲情等。

人人都希望得到相互的关怀和照顾。情感上的需求比生理上的需求更加细致，它和一个人的生理特性、经历、教育、宗教信仰等都有关系。

4.尊重的需求。这一层次包括对以下事物的需求：自我尊重、信心、成就、对他人尊重、被他人尊重等。人人都希望自己有稳定的社会地位，要求个人的能力和成就得到社会的承认。尊重的需求又可分为内部尊重的需求和外部尊重的需求。内部尊重是指一个人希望在各种不同情境中有实力、能胜任、充满信心、能独立自主。总之，内部尊重就是人的自尊。外部尊重是指一个人希望有地位、有威信，受到别人的尊重、信赖和高度评价。马斯洛认为，尊重的需求得到满足，能使人对自己充满信心，对社会满腔热情，体验到自己活着的用处和价值。

5.认知的需求。认知的需求又称认知与理解的需求，是指个人对自身和周围世界的探索、理解及解决疑难问题等的需求。马斯洛将其看成克服阻碍的工具，当认知的需求受挫时，会威胁其他需求的满足。

6.审美的需求。“爱美之心人皆有之”，每个人都有对周围美好事物追求以及欣赏的需求。

7.自我实现的需求。这一层次包括对以下事物的需求：道德、创造力、自觉性、公正度、接受现实能力等。这是最高层次的需求，是指人对实现个人理想、抱负，发挥个人的能力到最大限度的需求，也就是说，人必须干称职的工作，这样才会使其感到最大的快乐。马斯洛提出，为满足自我实现的需求所采取的途径是因人而异的。自我实现的需求使人努力挖掘自己的潜能，使自己越来越成为自己所期望的人物。

（二）马斯洛需求层次理论内容

需求的七个层次又可以分为两类，前四个层次需要从外界获得满足，是自身缺失的，被称为缺失性或匮乏性需求，而后三个层次强调自我成长，实现自我人生价值，被称为成长性或生长性需求。同时在这七个层次中，生理的需求属于最低层次，也是最强有力的需求，而自我实现的需求属于最高层次的需求。

马斯洛认为：

1.需求的层次越低、越基础，对人的影响就越大。基本的需求得到满足，更高层次的需求才能出现。自我实现的需求是最高层次的需求，在此阶段人类寻求潜能的充分发展，已经超越了人类的基本需求。

2.人的需求按重要性和层次排成一定的次序，从基本的（衣食住行）到复杂的（自我实现）。

3.基本需求实际上并非固定不变，大多数人的基本需求似乎是按照这种顺序排列的，但也有例外，如对一些人来说，自尊比爱情更重要。

4.现实社会中，绝大部分正常成员的基本需求只有部分得到满足，也有部分得不到满足。例如，一般人可能在生理的需求方面满足了85%，在安全的需求方面满足了70%，在爱情方面满足了50%，在自尊方面满足了40%，在自我实现的需求方面满足了10%。

5.在同一时期，个体可能存在多种需求，因为人的行为往往是受多种需求支配的。每一个时期总有一种需求占支配地位。

【拓展阅读4-1】

你的AI朋友已上线

人需要归属与爱。人有多需要陪伴？一组数据可能会让人惊讶：以老人为维度，“孤独指数”迅猛增长。国家统计局数据显示，截至2019年年末，我国60岁及以上老年人口近2.54亿人，占总人口的18.1%。有预测显示，预计到2030年老年人口将达3.71亿人，到2050年将达4.83亿人，超过总人口的1/3。其中，“空巢老人”成为经济社会转型的自然产物，截至2019年年末，独居和空巢老人近1.2亿人。

以年轻人为维度，“孤独指数”也很高。民政部数据显示，2018年中国单身成年人口高达2.4亿人，其中超过7 700万成年人是独居状态。有预测显示，到2021年这个数字将上升到9 200万人。“一人独居,两眼惺忪，三餐外卖，四季网购，五谷不分”大概是这部分“空巢青年”的生活常态。

精明的商人为此发明了一种经济分类——“孤独经济”。肉眼可见，这是一个巨大的市场，在“孤独经济”时代，在人工智能已经成为应用大趋势的时代红利中，2014年6月，日本软银集团带来的Pepper（派博）首次公开亮相，当时主打的标签就是“情感机器人”。在阿尔法狗战胜李世石的“高光时刻”到来之前，人工智能已经展示出它“感知”的能力——Pepper能跟着人走，陪人说话，能看懂人的表情，也能交互回应，充满“治愈性”。

在国内，小度机器人、小爱同学、天猫精灵等与国外的微软小冰、苹果Siri等形成对标，由于这些大公司出品的机器人“智商”和“情商”相对较高，从一开始都打着“懂你”的标签。来自中国电子学会的数据显示，过去5年间，全球机器人市场保持约12.3%的高速增长，2019年全球机器人市场规模约为294.1亿美元，其中中国机器人市场规模约为86.8亿美元。

资料来源 复旦大学管理学院.你的AI朋友已上线［J］.管理视野，2021（1）.

（三）消费升级带来的需求变化

消费升级就是消费观念升级引发的消费需求由低层次往高层次的升级，由此引发消费群体和消费结构的升级，引发产品和服务朝着“品质、品位、品格”的方向升级。

1.产品需求变化。产品需求是消费者的基本需求，包括产品的功能、性能、质量以及价格等。随着社会的发展与进步，消费者对产品的品质、品位、品格方面提出了更高的要求。在消费升级时代，消费者更喜欢购买有品质的产品，更喜欢有品格的品牌，更享受有品位的体验。品质代表了更高端、健康及便捷；品位代表更具个性化、定制化、科技化；品格代表消费的社群共享、价值认同和情怀连接。

2.服务需求变化。消费者不满足仅仅了解产品，还开始关注产品的售后服务，如送货上门、安装、调试、培训及维修、退货等服务。随着互联网时代的到来，消费者对服务提出了更高的要求，如在送货上门方面，从原来的能够送货上门到快速送货上门再到根据消费者要求的时间送货上门，所谓的即想即得等。消费者不再满足于好的产品和服务，还希望得到精确、及时的技术支持以及优秀的解决方案。

3.体验需求变化。由于技术水平的提高，产品质量、性能等物质指标差异化程度越来越小，情感在购买决策中的权重越来越大，由高情感的需求产生感性消费的需求。在体验经济时代，消费者的每一个电话、每一个e-mail、每一次技术交流、每一次考察、每一顿晚餐等，对其而言，都是一种体验，并希望这种体验的感觉是愉快的、富有成效的。

4.关系需求变化。消费者在购买了称心如意的产品、享受了舒适的服务、得到了愉快的体验的基础上，还希望能结交朋友、扩大社会关系网，其价值在于：获得了社会的信任、尊重、认同，有一种情感上的满足感；可以与朋友共同分享和交换信息、知识、资源、思想、快乐等。

5.成功需求的变化。最高层面的需求是消费者对于“成功”的渴望。消费者购买一个产品，表面上看，他的需求是这个产品，实际更深层的需求是，他要用这个产品解决某个问题或达到某个目标，即所谓的成功。但通常情况下，消费者并不十分清楚或不能清晰地表述自己的问题或目标，因此谁能帮助消费者真正解决问题或达到目标，满足消费者的需求，谁才能赢得消费者。消费者需求不断升级，要求客服人员的服务意识和服务水平也随之升级。

二、客户需求类别

在对客户的真实需求进行预测的过程中，客服人员通常需要在以下方面加以注意：

（一）客户对信息的需求

客户对信息的需求实际上就是客户在使用产品或服务之前需要的信息帮助。比方说，客户在订购计算机之前，希望了解计算机的配置、性能、品牌、价格以及适合他某种特殊需求的计算机功能等，这些都属于客户的基本信息需求。满足客户的这种信息需求，要求企业客服人员做好准备，而这种准备就要求企业不断增强客服人员的服务意识，培养客服人员观察能力和分析能力，因为只有悉心观察、认真分析才能把客户潜在的信息需求准确预测出来；另外，企业必须通过培训等手段不断充实客服人员的专业知识，因为只有具备了很高的专业度，才有可能为客户提供满足其信息需求的服务。

（二）客户对环境的需求

对于上面提到的基本信息的了解只是客户具体需求的其中一种。服务性企业或者非服务性企业的客服人员，除了要对客户的信息需求进行及时准确的预测之外，还要对客户的环境需求进行有效预测。

客户的环境需求究竟是什么呢？很简单，客户的环境需求是指客户对于企业提供产品和服务品质之外的大环境的要求。比如，当客户到银行办理存取款业务时，需要填写一些单据，这时他就可能需要一把椅子和一支笔；在夏季，还希望营业厅里开着空调；如果需要等候很长时间，那么他一定希望有一些图书、杂志可以供自己打发时间等。对于客户的某些环境需求，很多关注客户需求的企业都已经提前预测到了，或者在客户的建议下，一些企业也通过一些措施尽可能地满足了客户的这些环境需求。

（三）客户对情感的需求

人都是有感情的动物，客户在消费的过程中必不可少地带有或多或少的感情色彩，甚至有些客户的消费活动就是为了满足自己的某种情感需求。虽然大多数企业都认识到了这一点，不过对于企业来说，客户的情感需求有些难以预测。尽管预测客户的情感需求是一件十分不容易做到的事情，但是对于想要从客户身上赢得巨额利润的企业来说，绝对有义务也完全有必要对客户内心深处的情感需求进行理解并想办法加以满足。

客户需求类别见表4-1。

表4-1　**客户需求类别**

客户需求	满足需求的行动
客户对信息的需求	熟悉你的产品与服务 用直白的语言而不是技术术语 用他们能够完全理解的方式解释 让客户完全知道所发生的一切 对客户下一步该如何做提出详细的建议 为客户提供解决方案 保证兑现对客户的承诺
客户对环境的需求	保持环境干净、整洁而且令来客感到舒服 保持环境有效率 保持环境井井有条
客户对情感的需求	对待客户要诚实公平 与客户打交道时进行目光交流并微笑 看见客户时要感到愉快 对客户与你联系、向你提出问题等表示感谢 分享客户对重大事件、成就和痛苦的感受 倾听 让客户知道你重视他们 称呼客户的名字 让客户知道你为他们所做的额外或特别的付出

课堂互动4-1
分析提示

事实上，客户的情感需求通常无外乎是被赞赏、被同情、被尊重等，与客户进行直接接触的客服人员只要用心去理解并认真体验客户的这些情感，就会从客户的言谈举止中预测到客户在情感方面的真实需求，客服人员也就可以因此而采取赞赏、安慰、支持等方式来满足客户的这些情感需求。

课堂互动4-1

"白条"是京东金融推出的互联网消费金融产品，为用户提供"先消费、后付款"的支付服务，目前覆盖的消费场景包括京东商城、京东到家、全球购、产品众筹以及租房、旅游、装修、教育、购车等。

问题：京东白条满足客户什么需求？

除了以上几种基本需求之外，客户还会对客服人员的工作态度、提供优质服务的速度等方面提出要求。更值得企业管理人员注意的是，客户的需求往往不是单一的，客户的需求常常以几种基本需求的综合形式出现，如到餐厅就餐的客户通常既会对餐厅的各种情况产生基本的信息需求，又会产生希望餐厅更加干净整洁的环境需求等；当然了，客户的需求也不是一成不变的，由于种种主客观因素的变化，客户的需求常常会发生一些微妙变化。

预测并满足客户一定范围之内的合理需求其实就是客服人员的工作范畴，这也是企业赢得客户满意和信赖的关键。如果企业对客户的种种需求不加以关注，不认真预测并想办法满足客户的种种需求，那么企业就不能提供满足客户需求的服务。

（四）客户需求预测的方法

1. 观察法。观察法就是对客户行为等的直接观察。观察法直接有效，可以获取相当丰富的信息。正如上文所述，通常那些明显特征能反映人们的购买习惯。例如，当一位服饰鲜艳、珠光宝气的客户走进展销大厅时，大概就能知道她可能更喜欢买那种刺激、新潮的车。当然，这一切仅仅是客服人员心底隐隐约约的一种预测。在实际工作中，客服人员还要根据其他情况灵活反应。

2. 体验法。体验法就是客服人员以客户的角度体验自己的服务，这是一种非常简单有效的方法，但是在现实工作中这种方法往往容易被人们忽略，许多管理者常常因为繁杂的事务而忘记了作为一名客户的滋味。同样很多客服人员可能工作了一辈子但从未想过站在客户的立场上去感受客户。

那么，如何像一位客户那样去感受公司的服务呢？你可以打一个咨询电话，可以试着要求某项服务或者发发牢骚。留心记住你每一次的经历，以便以后进行必要的改进。

3. 交谈法。向客户恰当地提问，聆听他们的回答，可以了解许多非常有价值的信息。

和客户在一起的时候，可以尝试问下面的问题：

（1）哪些事情我们下次应该有所改进？

（2）您希望我们哪些方面再改进？

（3）给您留下最美好印象的是什么？

课堂互动 4-2

社交消费时代到来了

如果在一个聚会上，有两位女士跟你聊天。其中一位女士拿着爱马仕的包包，时不时引用热播剧的故事情节，发表对阶层社会、职场博弈的独到看法；而另一位女士尽管谈吐不俗，话语中夹杂着《哈佛商业评论》里的观点，但她拿的包包看上去很普通。你能不能立刻对这两位女士社会地位的高低做出判断。

你可能觉得，第一位女士经济状况会更好，也许是哪个大公司的公关总监；第二位女士更富有知识品位，可能是大学老师或者媒体记者，但并不是很有钱。实际上，第二位女士社会地位显然更高，而且很大概率是更加有钱。在欧美国家，知识是很昂贵的，只有社会地位高的人，才有相匹配的知识品位。而且，发达国家的奢侈品消费者主要是中产阶层，上流社会的消费文化更倾向“天然质朴”。

日本作家三浦展专门写了一本书叫《第四消费时代》，告诉人们仅仅从消费文化的角度，就可以准确判断一个人属于哪一个社会阶层。三浦展按照消费习惯的变迁，将日本分成四个消费时代：

第一消费时代主要是第二次世界大战以前，是面向精英阶层的消费时代。

第二消费时代是第二次世界大战后到20世纪70年代石油危机前，随着标准化生产带来的产能爆发，消费从精英阶层走向大众阶层，围绕家庭而展开的消费崛起，更追求“高性价比”。

第三消费时代距离我们很近，是通过消费来彰显自己个性的时代，人们掉进了品牌化、差异化、多元化的消费黑洞，满大街的商品徽标让人们变成了行走的广告牌，这个时代人们更追求“身份和归属”。

第四消费时代是“回归自然、重视共享的消费时代”，人们更注重简约和环保，重视消费过后的结果。优衣库转型后的崛起和无印良品的盛行，昭示着日本迈进了第四消费时代。

资料来源　李檬．不是消费降级了，是社交消费时代到来了［EB/OL］．［2021-06-01］．https：//36kr.com/p/5152570．节选．

问题：中国当下处于什么样的消费时代？

课堂互动4-2
分析提示

单元二　客户个性特征与行为模式分析

客户需求沟通不仅需要了解客户的消费阶层现状和发展变化趋势，还要对客户的个性特征和行为模式进行适当的分析，依据客户的个性特征和行为模式进行有针对性的沟通，以满足客户的需求。

一、客户个性特征

个性也可称为性格或人格，著名心理咨询专家郝滨先生认为：“个性可界定为个体思想、情绪、价值观、信念、感知、行为与态度之总称，它是不断进化和改变的，是人从降生开始，生活中所经历的一切总和。”简单地说，个性就是个体独有的并与其他个体区别开来的整体特性，即具有一定倾向性的、稳定的、本质的心理特征的总和，是一个人共性中所凸显出的部分。我们将人的性格特征按照行事的节奏与社交能力（与人打交道的能力），分为四种类型，并分别用四种动物来表示。

（一）老鹰型客户

1.行为特征。老鹰型的人做事爽快，决策果断，以事实和任务为中心。通常给人的印象是他们不善于与人打交道，常常会被认为是强权派人物，喜欢支配人和下命令。他们的时间观念很强，讲求高效率，喜欢直入主题，不愿意花时间同你闲聊，讨厌自己的时间被浪费。

老鹰型客户说话很快，音量也会比较大，讲话时音调变化不大，可能面无表情。

2.需求特征。老鹰型客户追求的是高效地完成某个工作，再加上他们时间观念很强，所以他们考虑的是他们的时间要花得值；同时，权力、地位、威信和声望都对他们产生极大的影响；他们需要掌控大局，他们往往是领袖级人物或想象自己是领袖级人物；对他们来讲，浪费时间和被别人指派做工作，都将是难以接受的。

3.处理方法。由于时间对他们来讲很重要，所以你要直入主题。例如，开场白尽可能短，讲话的速度应稍快些（同他差不多），以显示出你尊重他的时间，同时表明你的时间是宝贵的；希望你是一个有竞争力的、行业内的专家，这样可以更吸引他。举例来讲，他们会提出些问题，甚至是质问你，如果你不能很好地回答，那么你对其的吸引力就大大降低。

在与他们探讨需求的时候，尽可能地使用可以刺激他们需求的话语和词汇，如高效、时间、领先、竞争优势、变革、权力、地位、威信、声望和掌握大局等。

情景再现4-1

王女士是某一塑胶公司的副总，性格泼辣，做事积极主动。她主动联系我企业，并对我企业产品与服务进行了评估，正考虑购买。

客服：王总，我看您对这块也蛮认同的，这样吧，针对您刚提的几个问题，我先给您做套详细的方案，您看您还有什么问题要了解的我都通过这个方案给您展现出来，明天早上8点我带这套方案去给您看一下，并当场详细演示!您那里具体地址是?

分析：对于老鹰型客户，就是要直截了当，表明目的，少说废话。通过电话初步解决客户疑虑，再做个简单明了的方案，充分准备客户可能会问到的问题的答案。

（二）孔雀型客户

1.行为特征。孔雀型的人基本上做事爽快，决策果断。但与老鹰型的人不同的是，他们与人沟通的能力特别强，通常以人为中心，而不是以任务为中心。如果一群人坐在一起，孔雀型的人很容易成为交谈的核心，他们很健谈，通常具有丰富的面部表情。他们喜欢在一种友好的环境下与人交流，社会关系对他们来讲很重要。直接的印象可能会觉得其平易近人、朴实、容易交往。孔雀型的人做决策时往往不关注细节，凭感觉做决策，做决策也很快。他们往往讲话很快；音量也会比较大；讲话时音调富有变化，抑扬顿挫；同时，他们会表现得很热情，对你很友好，经常会听到对方爽朗的笑声。

2.需求特征。孔雀型客户追求的是能被他人认可，希望不辜负他人对他们的期望。他们渴望能成为他人关注的对象，他们希望能吸引他人。同时，对他们来讲，得到别人的喜欢是很重要的。

对他们来讲，与认识的每一个人建立关系是重要的。他们期望能树立自己的影响力，而失去影响力对他们来讲是可怕的。由于他们往往不会关注细节，所以他们希望过程尽可能简单。同时他们喜欢有新意的东西，那些习以为常、没有创意、重复枯燥的事情往往让他们倒胃口。

3.处理方法。因为孔雀型客户看重关系，对人热情，所以客服人员向其传递一种你也很看重关系、也很热情的信息对吸引他们就显得很重要。在沟通中，不像与老鹰型客户那样直接可进入主题，你与孔雀型客户可以先闲聊一会儿，这对建立融洽关系是有帮助的。

由于孔雀型客户乐于助人，也很健谈，所以通过有效的提问，客服人员可以从他们那里获取很多有价值的信息。比如，客服人员可以用一种富于弹性、充满激情的语气讲："陈总，太感谢您了，我就知道您肯定可以帮到我。我想请教一下，您如何看待……"

在沟通中，要将注意力完全放在他们身上，并让他们注意到这一点，并显示很看重他们、他们很重要。

在与他们探讨时，尽可能地使用可以刺激他们需求的话语和词汇，如上级认可、关系、影响力、容易、变化等。

情景再现4-2

李总，网络负责人，23岁。在用QQ进行沟通的过程中，喜欢开玩笑，健谈，讲话较随便。

客服：李总，这么年轻就当经理，小陈很佩服啊!明天下午您在办公室吗，想跟您见个面，当面向您取经，您看可以吗?

分析：在与孔雀型客户沟通中，要注意培养感情，适当表达仰慕，使客户有成就感。

（三）鸽子型客户

1.行为特征。鸽子型的人友好、镇静，属于特别好的人。他们做起事情来显得不急不躁，属于肯支持人的那种人。他们做决策一般会较慢，需要5次左右的接触。鸽子型的人往往讲话不快，音量也不大，音调会有些变化，但不像孔雀型的人那么明显。他们从容面对客服人员所提出的问题，反应不是很快，他们是很好的倾听者。他们会配合你的销售工作，只要能更好地引导他们。

2.需求特征。鸽子型的人需要与人建立信任的关系。不喜欢冒险，喜欢按程序做事情。往往比较单纯，个人关系、感情、信任、合作对他们很重要。他们喜欢团体活动，希望能参与一些团体，而在这些团体中发挥作用将是他们的梦想。

鸽子型的人做事情以稳妥为重，即使要改革，也是稳中求进，甚至有时会抵制改革。他们往往会多疑，害怕失去现有的东西，安全感不强，他们不希望与别人发生冲突，在冲突面前可能会退步，所以在遇到压力时，会趋于附和。

3.处理方法。同鸽子型客户沟通，客服人员要显得镇静，不可着急，讲话速度要慢，音量不要太高，相对要控制好声音，并尽可能地显示出友好和平易近人，表现得有礼貌。

由于鸽子型的客户平时行事速度较慢，建立关系也需要一定的时间，所以不可以在沟通中显得过于热情，以免引起对方怀疑。客服人员要尽可能地找到与对方共同的兴趣、爱好，并通过这些与客户建立起一定的关系。在涉及客服人员自己事情的时候，要坦率、真诚，积极倾听，表现出与对方建立信任关系的兴趣。与对方的关系要花时间来建立，不可强迫对方做他们不愿意做的事情。

与对方打交道时经常可以采用的词汇有我保证、关系、合作、参与、相互信任、有效等。

情景再现4-3

客户：自己创业不久，经营情况尚可，性格属于鸽子型，沟通过3~5次，之后客户一直说忙，之后联系又说贵。

客服：王总，咱们聊了这么多次了，我看您还是想把这块做起来，对吧？价格好说，咱们先了解清楚再做决定。您今天在吗？我这边过去跟您详谈一下，您看没问题吧！

分析：与鸽子型客户沟通时要保持温和、耐心的说话方式，用恒心和关心打消客户的疑虑与犹豫，记得经常保持联系。

（四）猫头鹰型客户

1.行为特征。猫头鹰型的人很难看得懂，他们不太容易向对方表示友好，平时也不太爱讲话，做事动作也缓慢。对很多人来讲，猫头鹰型的人显得有些孤僻。他们做决策很慢，需要7次左右的接触。他们在沟通中往往讲话不快，音量不大，音调变化也不大，并不太配合你的工作，对你说的内容，可能经常会“嗯，嗯”，让人无从下手。讲起话来，一般面部毫无表情。如果客服人员表现得很热情的话，他们往往会觉得不适应，而且往往不喜欢讲话，对事情也不主动表达看法，让人觉得难以理解。

2.需求特征。猫头鹰型的人需要在一种他们可以控制的环境中工作，对于那些习以为常、毫无创新的做事方法感到很自在。由于他们不太喜欢与人打交道，所以他们更喜欢通过大量的事实、数据来做判断，以确保他们做的是正确的事情。猫头鹰型的人最大的需求就是准确、有条理，做事有个圆满结果，以避免出差错，避免使他们的名声遭到损害。他们工作认真，讨厌不细致、马虎的工作态度。

3.处理方法。客服人员对待他们要认真、不可马虎，凡事要仔细考虑，注意一些平时不太注意的细节。在沟通中，不可与他们谈论太多与目的无关的东西，不要显得过于热情，要直入主题。他们如果愿意与你沟通的话，客服人员要提供更多的事实和数据，以供他们做判断，而且提供的资料越细越好；要经常问他们：“还有什么需要我提供的？”和与孔雀型的人打交道不同，你不可以让对方感到有什么意外（孔雀型的人喜欢变化和刺激）。举例来讲，如果原先与对方探讨的计划出现问题，你要改变计划，一定要先与其商量，以让其有所准备。在沟通中，要表现得一丝不苟、有条不紊，给对方留下事事有计划的印象。

对于他们，客服人员经常要用的词汇是准确、绝对正确、不会出现意外、认真对待、细节、详细计划、让数据和事实说话等。

情景再现4-4

客户吴总在本行业做了十几年，对行业、产品了解得很专业，并已经对相关产品进行了多家比较。

客服：吴总，我们的产品与服务您都了解了，收费您都清楚了吧？（解决还不明白的）您今天上午有时间吗？就您上次提出的问题，我们这边为您量身定做了一套方案，希望跟您确定一下一些细节问题，请问我怎么过去呢？

分析：与猫头鹰型客户沟通讲话尽可能用1、2、3有条理地表述，简单明了，做好准备方案。

二、客户行为模式

神经语言学对人们看待世界的方式进行了细致分析后发现：人们通过视、听、味、嗅、触这五种外感官收集外界的资料，然后，大脑会使用三种内感官对这些资料加以运用和处理。这三种内感官分别是内视觉、内听觉、内感觉。视觉型的人看世界，听觉型的人听世界，感觉型的人感受世界。

在三种方法当中，每个人都有一种能让自己乐在其中、感到舒畅的方法。当我们和与自己具有相同“优先采用方法”的人在一起时，会感到有共同语言，也比较乐意接受其意见或建议。故此能“解读”客户，找出客户的“优先采用方法”，在与客户沟通时加以运用会非常有效。

（一）视觉型

惯用内视觉的人因为他处理事情都先用双眼去看，而眼睛的学习能力快，可以在同一时间里接收多项信息，日子久了，他运用视觉的能力熟练了，他的行为模式便会有以下的特征：头多向上昂、行动快捷、手的动作多而且大部分在胸部以上；喜欢事物多变化、多线条、节奏快；说话简短轻快、响亮；说话一开始便入主题，两三句便说完，在乎事情的重点，不在乎细节。

视觉型的人爱用的词有看见、看来、展示、想象、模糊、清晰等。他们爱望向上方，因为他们在看自己脑海中的图像。

接待视觉型的客户除了多用视觉型的词外，要多用图画、图表、相片、样板；多用颜色，色彩鲜明更能吸引他；少用文字，避免冗长文章；说话应简短扼要，保持轻快的节奏；送花、送贺卡会触动他的视觉使他开心；给他指示或解释时，多做示范，少说道理；讨论事情时，问他：“您看怎么样?”“仔细看看有什么遗漏的?”

（二）听觉型

惯用内听觉的人因为他处理事情都先用双耳接收和运用文字，日子久了，他运用听觉的能力熟练了，他的行为模式便会有以下的特征：说话内容详尽，或者会有重复的情况出现；在乎事情的细节；多说话，而且往往不能停口；重视环境之宁静，难以忍受噪声，注重文字之优美、发音正确等；说话声音悦耳，有高低、快慢，往往善于歌唱，喜欢找聆听者，本人亦是良好的聆听者。

听觉型的人爱用的词有听到、听来、声音、请问等。他们的眼睛多数水平望向两边，并且容易被外来声音影响而分神。

接待听觉型的客户要把规则、做法写清楚、齐全，复杂的内容分点写出；经常重复他说过的话；多用押韵的口号、顺口的词语；多用不同的语气、声调音量等去表示你的意思；保持宁静的环境，配上柔和的音乐；多与他倾谈，当他说话时，点头表现出你是在用心聆听；多引用规则、指示及权威人士说过的话，讨论事情时，可问他：“指示/规则是怎样说的?”“说了这么多，想想还有什么可以补充的?”

（三）感觉型

惯用内感觉的人因为他处理事情都是用他内心的感觉去领航，日子久了，他运用感觉的能力熟练了，他的行为模式便会有以下的特征：注重人与人之间的关系，喜欢别人的关怀，注重感受、情感、心境；头常向下做思考状，行动稳重、手势缓慢，手的动作多在胸部以下；说话低沉而慢，使人有深思熟虑的感觉；说话多提及感受、经验。

感觉型的人爱用的词有感到、捉住、抓紧、溜走、赶上等。他们大都经常望向右下方，接触自己的内在感觉。

接待感觉型的客户要尽量安排多与他见面倾谈；说话的语调应较为缓慢、低沉；多询问他的感受；让他接触实物样板，以及与有关的人直接接触；多提及过去的经验及心得；强调对人的注重及关怀，强调人的价值；他喜欢亲自动手做时的感觉；他不在乎看起来或听起来怎样，而在乎事情给他的感觉；他注重荣誉、名声，谨慎、踏实、持久、有力量；讨论事情的时候，不妨多问他："您觉得怎么样?""感觉会顺利吗?""还有什么担心的地方?"

课堂互动 4-3

在视觉、听觉、感觉三种类型中你会把自己归在哪一种类型中？进行下面的测验，看看你跟这世界如何沟通。其规则是：每个问题只能选一个答案，把答案的字母圈出来。

1.假如海边度假村只剩三个房间，我会选择：

a.有海景但很吵的；b.听得到潮声但没有海景的；c.舒适但很吵又没有海景的。

2.当我碰到问题，我会：

a.寻找替代方案；b.拿出来讨论；c.重新安排细节。

3.搭车时，我希望里头：

a.看来气派；b.很安静，或者有很大声的音乐；c.感觉舒适或安全。

4.当我跟人家描述刚去过的演唱会之类的，我会先：

a.形容看起来如何；b.告诉人家听起来怎样；c.传达当时的感受。

5.闲暇时，我最喜欢：

a.看电视或电影；b.看书或听音乐；c.从事肢体劳动类活动（手工/园艺）或是运动。

6.别人如果想说服我：

a.我要看到证据；b.我得先说服自己；c.我相信自己的直觉。

7.通常我说话、思考速度：

a.很快；b.一般；c.很慢。

8.平常我呼吸大概是用：

a.胸式呼吸；b.胸式呼吸和腹式呼吸；c.腹式呼吸。

9.如果到一个陌生都市找路，我：

a.看地图；b.问路；c.凭自己直觉。

10.挑衣服时，哪一点对我最重要：

a.我看来很完美；b.能表现我的个性；c.穿起来舒服。

11.选餐厅时，我最重视：

a.它的装潢；b.我能听到自己说话；c.感觉舒服自在。

总计：

a共有　个

b共有　个

c共有　个

a.是视觉型；b.是听觉型；c.是感觉型。哪个选项愈多，哪个方面的倾向就愈强。做了这个测验，你会明白自己这三种类型的倾向，不过，结果会受某些变数影响，包括你事前已知测验目的何在。

找几位朋友试试，看结果怎样，据以印证你观察人们知觉偏好的能力。

（四）与客户保持同步

让客户喜欢你、信赖你的关键是与客户保持“同步”，就是动作、语调和措辞等尽可能更像对方。这里说的是在接触客户的最初时间里并不是让你完全、永久地做出改变，也不是原封不动地复制对方的动作、语调和措辞等，你所做的一切是为了与对方保持同步，使之感觉自在。

1.保持身体语言同步。保持身体语言同步的方法为复制，意思是和对方做相同的事情，模仿对方的姿势、手势，如他动左手，你也动左手，模仿眼光的接触，如对方怎么看你，你也怎么看他，对方看你多久，你也看他多久，让对方觉得更舒服。记住，你的动作必须微妙而礼貌。

在通过模仿保持同步时，需要注意的身体语言主要有躯体姿势、歪头和点头、呼吸节奏、其他全身动作。初次见面时，不要过早模仿他人，等上数分钟，再进行模仿，这是比较明智的做法。

2.语音、语调和措辞等的一致性。对不同接收模式的客户，你要使用不同的语速、语调等来说话。换句话说，你要用对方的频率来和他沟通。以感觉型的人为例，如果你想和他沟通或说服他去做某件事，却用视觉型的人的飞快语速跟他描述，恐怕收效不大。你得和他一样，说话不急不慢，用与他同样的说话速度和音调，他才能听得真切；否则你说得再好，他也是有听没有懂。再以视觉型的人为例，若以感觉型的人的说话方式对他说话，慢吞吞而且不时停顿地说出你的想法，可能会把他惹急。所以，对不同的人要用不同的方式来说话，对方说话时常停顿，你也要和他一样时常停顿。若能做到这点，对你提高沟通能力和建立亲和力将有莫大的帮助。

3.信念或价值观同步。同步的过程是一个收集信息的过程，在与对方沟通和同步的过程中，你能够更加清晰地判断对方的思维模式和行为习惯，对方的感知方式，对方的信念和价值观等，这些都为你在后面的沟通中如何更好地“引领”提供依据。

【拓展阅读4-2】

3A法则：如何让人更喜欢你

第一个A，appreciation，可以理解成“赏识”。什么是赏识？我们先介绍一下这个概念。“赏识”其实是看待这个世界的积极视域。教育上的例子可以非常有效地帮助我们理解什么是“积极视域”。我们设想家长和孩子走在大街上，突然在路边看到了一个乞丐。大部分家长如果用这个乞丐来教育孩子，通常会说：“你真得给我好好念书，如果你书念不好，我跟你说，你未来就在这讨饭。”这就是一个非常典型的消极视域。而我们在教育的时候如果展开积极视域，应该怎么说？我们可以跟孩子说：“你应该好好念书，因为你未来如果成功了，便可以帮助他们。”哈佛大学的教授丹尼尔·夏皮罗说，在对话的过程中，也许除了对方与我们相冲撞的立场，所有其他的部分我们都可以称赞和感谢对方。比方说，我们可以称赞对方的想法，可以认同他的逻辑，可以同情他的感受，可以称赞对方的行为，感谢他为解决问题已经付出的时间，并且做出的努力。

第二个A，autonomy，可以理解成“授权性的话语习惯”。什么叫授权性的话语习惯呢？如果我们把沟通或者是对话的过程想象成在开一辆汽车，你当然是开车的人，所以你会把握方向盘。要有一种意识，就是让对方的手始终能触摸方向盘，让他对话语的现场，也能多多少少施加某种控制。比方说，小王刚刚讲完话，某一位领导来做总结，他说：“小王刚才讲的概括一下，无非就是三点……”注意，“无非”这两个字就非常刺耳。如果换成这样的表达会怎么样呢？“小王刚才讲得非常好，内容非常清晰，把近期阶段的工作给我们都做了非常系统的总结。”这首先表达了赏识，然后接着说：“我下面把他的内容给大家再做一个简单的梳理，当然如果我讲的有什么遗漏，小王你稍后可以给大家做补充。”这样，对方在整个话语场中就获得了一种对话语局势的继续掌控，这会让对方感觉更好。

第三个A，affiliation，可以理解成“相似、顺应”。我们更喜欢跟自己相似的人，如果你能跟你的沟通对象保持某种程度的顺应与雷同，对方将更喜欢你。心理学家曾经做过一个有趣的实验：在一个颇受欢迎的餐厅当中，请服务员和客人们使用两种不同的互动方式。第一种互动方式，客人所点的每一个菜，服务员都必须精准地重复。比如客人说“我要一瓶啤酒、一份炸薯条”，这个时候服务员必须非常小心地精准重复“先生/女士，您要一瓶啤酒、一份炸薯条”。第二种互动方式，叫同义转述，在上例中，服务员只说“先生/女士，您要点的是生啤和薯条”。实验结果发现，逐字地精准重复对方的话，这组服务员收到的小费居然是另外一组的两倍以上。

资料来源　卡波兹.让你的客户每天都增长［M］.马斐儿，译.北京：中信出版集团，2019.

单元三　客户接待

看场景　学服务

微课：客户接待

一、接待客户

（一）迎接客户

客户服务对于企业一线客服人员来说就是完成一个服务接触的过程，这个过程一般分为四个主要步骤：接待客户、理解客户、帮助客户、留住客户。在这个过程当中，每一个阶段都有一些非常重要的技巧可以帮助客服人员做到以客户为中心。

如果初次接触客户时你在三四秒钟内给人留下得体的印象，就会让人感到你是真诚的，你是令人感到安全、值得依赖的，那么进一步接触并且建立和谐关系就水到渠成了。

我们把见面的最初几秒钟称为“打招呼”。在“打招呼”阶段，缺乏热情和过度热情都是不可取的，那么我们要如何来打破这个局面呢？其实我们只要掌握一些小技巧，注意一些方面就可以很好地解决这一困境。如果是商店一线客服人员，在接待客户过程中需要做到以下几点：

1.站好迎接客户时的位置。不要站在离门口过近的地方，较佳的位置是站在入口3米左右的地方，这样不会给客户造成心理压力；不要站在主通道上，较佳的位置是站在辅道上，这样不会给客户一种进店看产品不方便的感觉；不要站在客户看不到的地方，不然你突然出来会吓客户一大跳。

2.不要急于介绍产品和服务。过于热情的表现有两个：

一是主动迎上去并热情地为客户介绍产品。其实客户刚进入一个新的环境，难免会有一些戒备心理，如果你过于热情难免会让客户有些不适应，给接下来的沟通造成不便，因此在看到有客户进店打招呼时，往前移动两三步然后原地徘徊即可，千万不要快步前迎。

二是跟得过紧。现在的消费者越来越独立，在购买商品时更需要一个相对自主的空间和自由，能自主做购买决定。一般的做法是，可在距离客户3米左右的地方做一些整理工作，同时要自然地扫视客户动态，发现客户有需求时再接近客户，并为其讲解产品。

3.展示自己专业而友善的形象。不要问一些压力过大的问题，不要问客户买不买、要不要、喜不喜欢等这些容易导致客户保持沉默或者选择否定性回答的问题；不要只顾自己喋喋不休地说个不停，不考虑客户的反应，只顾自己机械式地介绍产品。观察客户以找出线索展开话题，说话的内容和方式应该配合客户的个性与情绪，让客户知道你会以他喜欢的方式去帮助他，如赞赏客户的品位、认同客户是专家等。

【拓展阅读4-3】

在线接待客户需要知道哪些细节?

1.及时回复将得到良好印象。尽可能快速回复咨询，首次响应时间在6秒内为最佳，可以通过设置快速回复提前把常用的句子保存起来，这样在忙乱的时候可以快速地回复客户。比如欢迎词、不讲价的解释、“请稍等”等，可以给我们节约大量的时间。在日常回复中，发现哪些问题是客户问得比较多的，也可以把回答内容保存起来，达到事半功倍的效果。

2.过于简单生硬的用语将影响服务体验。

场景一：

A：老板，在吗，请问Y产品还有货不?

B：亲，这款没货了。不好意思哦。

(总字数比客户少，生硬拒绝，态度不够积极)

场景二：

A：老板，在吗，请问Y产品还有货不?

B：不好意思喔，Y产品现在没货了，不过我们有另外一款产品Z和亲选的这款功效一样，口碑也非常不错。亲，可以先看下这款产品的样式和评价再做决定。

A：嗯，那好，你发链接给我看看。

B：好的。您稍等，我马上发给您!

(总字数比客户多，不直接否定，积极引导)

3.标准化的客服礼貌用语是必需的。客户来了，先来一句：“欢迎光临，请多多关照。”或者“欢迎光临，请问有什么可以为您效劳的吗?”诚心致意地“说”出来，会让人有一种十分亲切的感觉，并且可以先培养一下感情，这样客户心理抵抗力就会减弱或者消失。

4.搭配恰当的旺旺表情效果会更好。多用些旺旺表情，也能收到很好的效果。无论旺旺的哪一种表情都会将自己的情感信号传达给对方。比如说“欢迎光临”“感谢您的惠顾”等，都应该加上一个微笑表情，加与不加微笑表情给人的感受是完全不同的。不要让冰冷的字体语言遮住你迷人的微笑。

如果我们遇到没有合适语言来回复客户留言的时候，或者与其用“呵呵”“哈哈”等语气词，不妨使用一下旺旺的表情。一个生动的表情能让客户直接体会到你的心情。

资料来源　编者根据相关资料编写.

（二）别让客户等待得太久

1.客户等待心理。对等待心理的实验主义研究最早可以追溯到1955年。大卫·迈斯特尔在1984年对排队心理做了比较全面的总结和研究，他提出了被广泛认可和采用的等待心理8条原则，另外，在此基础上M.戴维斯及J.海尼克在1994年、P.琼斯及E.佩皮亚特在1996年分别对客户排队等待心理理论又做出了补充：

（1）无所事事的等待比有事可干的等待感觉要长。

（2）过程前、过程后等待的时间比过程中等待的时间感觉要长。

（3）焦虑使等待看起来比实际时间更长。

（4）不确定的等待比已知的、有限的等待感觉时间更长。

（5）没有说明理由的等待比说明了理由的等待感觉时间更长。

（6）不公平的等待比平等的等待感觉时间要长。

（7）服务的价值越高，人们愿意等待的时间就越长。

（8）单个人等待比许多人一起等待感觉时间要长。

（9）令人身体不舒适的等待比舒适的等待感觉时间要长。

（10）不熟悉的等待比熟悉的等待感觉时间要长。

2.缩短等待时间。优秀的公司会从很多方面进行努力，力求缩短客户的等待时间。

（1）制止任何无用的闲聊。客户在排队等待，办事人员却在闲聊，这是绝对不能容忍的。

（2）放下手头的任何事情，去服务正在等待的客户，这体现了客户的绝对优先权。例如，酒店经理路过大堂，恰好来了一大群客户，经理便不忙着回办公室处理事务，而是帮着接待客户。

（3）临时增加服务台，例如，春节或黄金周期间增加售票网点等。

（4）需要时，可以抽调内勤和文案人员协助接待工作，以减少客户的等待时间。

尽量缩短客户等待的时间，不仅是一个具体的服务问题，还是一个观念的问题。

只有真正懂得了客户的重要性，才能摆正客户与企业的关系，从而树立客户至上的观念，也才能从各方面做出努力，缩短客户等待的时间。

3.告知等待时间。客服人员应积极与客户进行沟通，并尽可能准确告知他们需要等待的时间。为了克服客户在等待中所面临的焦虑，客服人员可以提前告知他们需要等待的时间长度，如果他们认为等待的时间过长，就会选择离开；如果他们决定留下来，则在所告知的时间长度内一般会耐心等待。必胜客比萨连锁店，会准确告知顾客等待的时间，并关注等待之中的顾客，隔一段时间就为顾客送上一杯饮料以表示他们没有被忘记。

企业案例 4-1

喜茶：发行社交货币的新秀

喜茶的标志性现象是排队。微信公众号创业达人分析了这一现象：喜茶单店经常每天有将近2 000杯的出杯量，以营业时间12小时来算，平均每分钟要出3杯，高峰期则更多。在喜茶深圳海岸城店，有媒体人做过统计，一个工作日下午，从开始排队到拿到饮品，用了27分钟，流程如下：

1.在店员引导下排队（店员会细心地引导排队者避开旁边门店及行人过道）。

2.设置分流节点，排到一定位置店员会递送菜单，排队者可预点单。

3.在收银台点单付款后，拿到一张小票与一个圆盘状叫号器。

4.叫号器闪烁发声，至取餐处取食。

27分钟似乎并不是很长，但考虑奶茶并不复杂的制作流程，以及星巴克、瑞幸咖啡、麦当劳平均几分钟的等待时间，喜茶门口总是排起的长队成为一个现象级的口碑营销方式。“吃那些总是满座的店”的消费思维，使得更多人加入排队大军。

真正的质疑，出现在喜茶挥师沪上的2017年，也是所谓“新茶饮运动”的第二年。众所周知，上海在引领消费文化上的影响力远大于其他城市。喜茶进入上海被认为是真正意义上全国扩张的开始。自此，喜茶的排队现象也进入公众视野并成为焦点话题。一部分原因是喜茶在江浙沪扩张时，排队现象越来越严重。媒体是这么报道的：“在上海买杯奶茶要排4小时，等叫号等到怀疑人生的喜茶，5月28日在杭州来福士一楼正式开张。开业当天现场照片刷爆了朋友圈，据说10:30正式营业，早上7:00就有人排队。这个从广东起家的奶茶品牌，因为在上海爆红，震惊了全国吃货。在上海人民广场的喜茶门店，号称要排三四个小时。”有媒体信誓旦旦地说找到了所谓排队的“黄牛”，也有人说在58同城上找到了“招聘排队人”的广告，但这些说法最终都没有被坐实。

资料来源　林军，胡喆.沸腾新十年：移动互联网丛林［M］.北京：电子工业出版社，2021.

点评：喜茶是不是请人排队这个问题已经不重要了，公众对喜茶的追逐，实际上是出于年轻人的社交渴望，喜茶通过帮助年轻人自我表达和发行社交货币来完成口碑传播。

4.充实等待时间。现在越来越多的企业注意到等待时间是影响客户满意度的一个重要指标。于是它们会在客户等待服务时，通过一些服务充实其等待时间，来抵消一定量的延迟负面影响，因为这样可以将客户的注意力从等待本身转移出去。例如，银行为等待叫号的客户准备了报纸、刊物还有电视等用来打发时间；饭店会让客户在等待的过程先点好菜。

根据客户等待心理之一——客户一个人等待比许多人等待感觉时间要长，企业可以设立专门的等待区或体验区，在专门等待区或体验区中提供各种设施用以帮助客户打发等待时间。企业的客服人员也可以在业务高峰期指引客户去产品体验区体验其相关的产品业务，或者可以向客户介绍其相关的新产品。

二、理解客户

理解客户的需求与期望是比较困难的，客服人员要全身心地注意客户在说什么、做什么等，通过倾听、提问、复述等来理解客户的需求与期望。下面主要介绍提问。

客服人员通过有针对性地提出一些问题，然后帮助客户做出相应的判断，这样可以提升理解客户需求的效率。优秀的客服人员能够通过几个问题迅速地找到客户的核心问题在哪里。

情景再现4-5

场景一：

客："我想今天得到那个小配件。"

服："对不起，星期二我们就会有这个小配件了。"

客："但是我今天就需要它。"

服："对不起，我们的库存已经没货了。"

客："我今天就要它。"

服："我很愿意在星期二为您找一个。"

场景二：

客："我想今天得到那个小配件。"

服："对不起，星期二我们才会有这个小配件，您觉得星期二来得及吗？"

客："星期二太迟了，那台设备得停工几天。"

服："真对不起，我们的库存已经没货了，但我可以打电话问一下其他的维修处，麻烦您等一下好吗？"

客："没问题。"

服："真不好意思，别的地方也没有了。我去申请一下，安排一个工程师跟您去检查一下那台设备，看看有没有别的解决办法，您认为可以吗？"

客："也好，麻烦您了。"

分析：场景一和场景二的区别就是场景二中的客服人员能够利用适当的提问来引导客户，通过提问可以进一步地了解客户的真实需要，只有这样才能帮助客户解决问题，客户才会感到满意。

（一）开放式提问

所谓开放式提问，就是不限制客户回答问题的答案，而完全让客户根据自己的喜好，围绕谈话主题自由发挥。进行开放式提问既可以令客户感到自然并畅所欲言，又有助于客服人员根据客户谈话了解更有效的客户信息。在感到不受约束时，客户通常会感到放松和愉快，这显然有助于双方的进一步沟通与合作。这种提问方式是为了了解一些事实。比如客服人员在被动服务的时候，他会问的第一个问题都是："有什么我能够帮助您的吗？"这就是一个典型的开放式的问题。开放式的问题可以帮助客服人员去了解客户的问题出在哪里。一般来讲，在服务一开始的时候，客服人员使用的都是开放式的提问。

开放式提问的缺点是：需要更多的时间；要求客户多说话；客户可能会忘掉这次谈话的主要目的。

（二）封闭式提问

封闭式提问限定了客户的答案，客户只能在有限的答案中进行选择，客户通常只能回答"是"、"不是"、"对"、"错"、"有"或者"没有"等简短的答案，封闭式提问可以让客服人员很快明确要点，确定客户的想法，明确客户的需求，同时是取得协议的必需步骤。但是封闭式提问不仅会让客户感到很被动，还会产生被审问的感觉，而且有时客服人员需要问很多的问题。封闭式问题的使用完全是为了帮助客户进行判断，如果一名客服人员能够正确、大量地使用封闭式的问题进行提问，说明这个客服人员的职业素质非常高。通常在客户服务中会较多地使用封闭式提问，每当在"封闭式问题"后得到一个负面的答案时再重问一个"开放式问题"。

（三）过渡语

过渡语能够让谈话保持通畅，避免出现你说得过多或目标客户说得过少的情况。

情景再现4-6

某一电脑公司的客服人员尽力与目标客户建立良好关系，而客户起初的态度显得有些生硬，一副不愿交谈的样子，这让该客服人员感到灰心丧气。

客服人员："您是怎么进入这个行业的？"

客户："我一直对电脑很感兴趣。"

此时的客服人员不得不又问一个开放式的问题。

客服人员："您最喜欢电脑行业的哪一点呢？"

客户："它总是处于变化之中。"

这个简短的回答使客服人员不得不再想一个更开放式的问题，来引起这个沉默寡言的客户的兴趣。问题在于，即便客服人员不断地提出绝好的开放式问题，但是对话始终还是生硬的。

对那些言语简短的目标客户，最好使用"过渡语"让他们继续说下去。有效的过渡语有：

（1）您的意思是说……

（2）比如说……

（3）然后呢……

（4）所以……

（5）后来您……

（6）您指的是……

情景再现 4–7

客服人员："您是怎么进入这个行业的？"

客户："我一直对电脑很感兴趣。"

客服人员："您的意思是说……"

客户："我是说为大中型企业建立网络系统。"

客服人员："您指的是……"

客户："我指的是我为企业设计软件，让企业员工的工作更加便捷，提高了企业的整体效率。"

客服人员："比如说……"

客户："比如说，昨天，我为一家遇到会计问题的大公司安装了一套系统。他们打电话给我……"

分析：在这种情况下，客服人员不但成功地激发起客户交谈的兴趣，获得了有关客户的大量有用信息，而且没有半点儿调查的味道。

注意：使用过渡语要做到身体前倾、摊开手掌，并延长过渡语最后一个字的发音，这时过渡语就变成了一个问题；否则，过渡语听上去就是肯定的陈述句。说完过渡语后，一定要闭上嘴巴，保持沉默。使用过渡语后，有时会出现长时间的沉默，似乎没有尽头。这时，一定要耐心地等待目标客户的回答。

（四）提问注意事项

1. 要尽可能地站在客户的立场上提问，不要仅围绕着自己的销售目的与客户沟通。

2. 对于某些敏感性问题尽可能回避，如果这些问题的答案确实对你很重要，那么不妨在提问之前换一种方式进行试探，等到确认客户不会产生反感时再进行询问。

3. 初次与客户接触时，最好先从客户感兴趣的话题入手，不要直截了当地询问客户是否愿意购买，一定要注意循序渐进。

4. 提问时的态度一定要足够礼貌和自信，不要鲁莽，也不要畏首畏尾。选择问题时，一定要给客户留下足够的回答空间，在客户回答问题时尽量避免中途打断。

5. 提出的问题必须通俗易懂，不要让客户感到摸不着头脑。

三、帮助客户

所谓客户服务，其根本在于帮助客户解决问题，因此帮助客户这个阶段是整个客户服务过程当中最关键的一个阶段，也是最难的一个阶段。许多客服人员认为："其实服务很简单，就是倾听和微笑。"可是仅仅会倾听和微笑是不够的，客服人员必须想方设法地帮助客户解决问题、满足客户需求，达到企业和客户的共赢。在这个阶段，客服人员需要掌握一些必要的技巧。

看场景 学服务

微课：推介商品

（一）专业地介绍产品或服务

客户只有在清楚地了解产品或服务的功能、特性后，才有可能购买它，客户对产品或服务认识程度跟客服人员的介绍水平有很大关系。客服人员专业地介绍产品或服务需要做好以下几个方面：

1.熟悉产品或服务并发自内心地喜欢它。只有自己对产品或服务了如指掌，才能在介绍时流利地向客户展示。只有喜欢自己的产品或服务，在讲解时才能让它具有生命力，讲解才会更具说服力和煽动力。自己都不了解自己的产品或服务，还要一厢情愿地向客户兜售自己的产品或服务，实在是很荒唐的事。

2.运用FAB法引导客户。

（1）FAB法。FAB法是一种有效针对不同客户发现不同的产品利益来满足客户需求的方法，它将产品的特征转化为即将带给客户的某种利益，充分展示了产品最能满足和吸引客户的那一方面，所以又称它为利益销售法。FAB对应的是三个英文单词是feature、advantage和benefit，即特点、优点、利益。运用FAB法，当我们要卖一件服饰时就可以这样说：这件米白色衬衣与荷叶裙（特点），是今年的独家款式（优点），让您穿出去与众不同，能吸引大家的目光（利益）。

情景再现4-8

客服人员：“这台电脑的外壳采用飞行器用碳纤维，可以抵御2 000度的高温，一般笔记本电脑的塑料外壳在摄氏50度的温度下就会变形，而且这种材质比塑料耐磨度好10倍左右，因此您使用5年之后，这台电脑的外壳既不会因为高温而变形，也不会像塑料外壳笔记本电脑那样掉色。”

“您再试试键盘。”客服人员继续说，“手感不错吧。普通电脑的按键下面只是一片橡胶，如果手指敲在按键的边缘，完全不知道自己是不是按下去了，而且老化之后按键就不再弹起，严重的还要花钱更换一个全新的键盘。我们这台电脑键盘的86个按键下面都采用4根银质弹簧设计，很好地解决了这个问题，银质弹簧使用上百万次仍然保持弹性，而且无论从哪个角度按下去都有最佳的手感。”

客户点点头，轻轻敲着键盘说道：“难怪你们的电脑卖这么贵。”

请分析这台电脑的特点、优势和利益。

分析：飞行器用碳纤维是产品特点，能耐2 000度高温，并且比塑料耐磨10倍左右——这两点是优势，不会变形和掉色是利益。

4根银质弹簧设计是特点，银质弹簧使用上百万次仍然保持弹性是优势，无论从哪个角度按下去都有最佳的手感是利益。

（2）总结特点注意事项。

①客户的记忆储存有限，最多一般只能同时吸收6个概念，因此不能同时说太多的特点；

②尽量少说专业术语，要用客户听得懂的话说；

③不要过于热情把产品说得十全十美；

④语气肯定，不能模棱两可。

（3）传递利益注意事项。

①利益永远是客户最关心的事，所以要提到所有对客户有用的利益；

②客户已知的利益也要说出来；

③要有针对性地强调某种利益。

课堂互动 4-4

请指出以下产品的FAB：

1.小姐，这个背包的面料跟一般的不同，它用的是特别的防泼水面料（　　），防水性特别好，而且耐磨，不容易被划破（　　）。您登山时，就不用担心携带的物品被损坏或丢失，所以非常方便和安全（　　）。

2.先生，这种是专门用于运动时穿的袜子，您看，袜跟是特别加大的设计（　　），这样袜子就不容易滑落（　　）。即使是剧烈的运动，也很贴脚，运动时很方便的（　　）。

3.这款马甲是双面设计，两种颜色，一面是比较亮丽的颜色，另一面是比较沉稳的颜色（　　）。一件马甲可以当成两件穿，可以和大多数颜色的衣服配套（　　），穿出不同效果，很合算（　　）。

4.这款鞋子是拱形设计（　　），在运动中可以起减震作用（　　），所以长时间穿着，都会保持很舒服，并且可以起到保护脚的作用（　　）。

资料来源　某品牌产品内部培训资料.

3.利用产品演示。在产品演示之前，必须做好演示的准备。在每一次产品演示前都得先确定：想演示什么？怎么演示？以什么顺序演示？怎样才能给客户留下深刻的印象？

产品演示必须能吸引客户的注意力。尽量多演示，少说话!

如果可能的话，利用一些能引人注意的辅助资料来充实自己的论证内容。因为大多数的客户都不是专业的，也不太了解企业的产品。要想打动客户，必须通过产品演示让客户知道怎样使用和操作，而且让他相信购买以后能给他带来的好处。

总之，产品演示对促成客户购买非常关键。恰当的演示不仅能使客户更快地掌握产品的性能和使用方法，而且能促使正在犹豫的客户早下决心。但是，如果产品演示含糊不清或夸大其词，那就会弄巧成拙，只能收到相反的效果。

4.充分而恰当的资料展示。心理学的研究显示，人类视觉、听觉提供的信息所占比重分别为60%、20%。服务具有无形性，如何将无形变为直观、可见、好懂和易接受的事物，是需要客服人员用心琢磨和设计的，充分而恰当的资料展示被证明是传递信息的有效途径。资料展示包括以下几个方面：

（1）公司产品与服务的资料展示；

（2）相关剪贴、简报资料展示；

（3）客户举例（某某客户的情况，忌提真名）；

（4）公司介绍及服务特色展示；

（5）客服人员介绍和特色展示（个人简历、资格证书、工作证书及荣誉证书等）。

展示资料技巧：资料摆在客户的正前方；每份资料配一段话；在重要处用彩色笔画线，并用笔指引（尽量不要用手指）；要熟练地一边说话一边翻资料。要使客户参与到你的介绍中，引导客户投入自己的情绪，使客户感受、体验你的产品和服务。

（二）提供信息与选择

客服人员可以给客户提供更多信息和解决方案，供他选择。就像谈判一样，可以提供一号方案、二号方案，一个不行还可以提供另一个。

1.客户需要更多的信息和选择。客户的需求实际上有表面的需求和内在的需求两个层次。比如客户想买一把扇子，他的表面需求就是一把扇子，但是从内在需求的角度看，他实际上是想得到凉爽的风或者说驱散暑气。从前者讲，你只能卖给他一把扇子；而从后者讲，你可以卖给他电扇或者空调。因此，从内在需求的角度来看，满足客户需求的解决方案可以有很多。

客户首先需要得到尊重和认可，不管需求能不能被满足，客服人员只要表现出一种很积极的愿望，给客户一种已经尽力的感觉，就能获得客户的同情。从这个角度讲，客户需要更多的信息和选择。如果客服人员能有四五个方案供客户选择，就算这四五个方案客户都不喜欢，他也会觉得客服人员已经尽力了，甚至会看在这个人的面子上选择一个方案。

2.更多信息和选择等于增值服务。如果我们能够提供更多的信息和选择，这些信息和选择就有可能变成增值服务。客户不满意，你可以加送一张卡或者其他小礼品，他就会有一种得到增值服务的感觉。因为有些客户提出自己的期望值时，他自己非常清楚这个期望值是难以被实现的，这只是他口头上的期望值，他往往还会在心里给自己设定一个低于口头期望值的底线期望值。客服人员只要能够提供超出甚至等于其底线期望值的服务，客户实际上就得到了满意的服务或者增值的服务。

情景再现 4–9

客户在餐厅吃完饭后，把服务员叫过来买单，客户问能不能打折。

甲服务员告诉客户：“对不起，我们这里不能打折。”

客户：“我老在你们这里吃饭，怎么不能打折呢？你去帮我问一下。”

服务员去了一会儿再回来跟他说：“真对不起，不能打折。”

没办法，客户把账付了，但是心里觉得很不舒服。

换一个场景：

乙服务员问了主管回来说：“我帮您问过了，确实不能打折，但我可以送您一张优惠卡，您下次再来的时候我们给您一个优惠，这样可以吗？”

客户很高兴地付账离开了。

分析：不能打折，但给客户优惠卡就是增值服务。

看场景 学服务

微课：异议处理

单元四　异议处理

一、处理客户异议

当你全力给客户介绍完产品后，客户却很有礼貌地说：“谢谢你，你讲得很好，你们的产品也很好，但我现在不想要。”这一刻，你的感受是什么样的？是愤怒？是气恼？觉得客户在浪费你的时间？

有效果比对错更重要，把客户的异议作为成交的前奏。成功在望，而在收到客户的异议时，客服人员所要做的，就是迅速处理客户异议，争取最后的成功。

（一）客户异议的含义

异议是客户在购买过程中产生的不明白的、不认同的、怀疑的和反对的意见。异议处理是销售的鬼门关，闯得过去就海阔天高，闯不过去就前功尽弃。客户流失往往产生在异议这道难关上。实际上，并不是客户的异议离奇古怪，而是客服人员准备不足。

（二）异议的分类

1.沉默型异议。

表现特征：客户在产品介绍的整个过程中，一直非常沉默，甚至有些冷漠的态度。

应对方法：要多问客户一些开放式的问题，引导他多谈谈自己的想法。当他开口说话的时候，他就会将注意力集中在你的产品上。要鼓励客户多说话，多问他对产品的看法和意见。

2.借口型异议。

表现特征：客户会告诉你："你的价格太贵了""好吧，我再考虑考虑""我回家商量一下"等。

应对方法：通过友好的态度对客户说："您提出的这些问题，我知道非常重要，待会儿，我们可以专门讨论。现在我想先用几分钟的时间来介绍一下我们产品的特色是什么，为什么您应该购买我们的产品，而不是购买其他品牌的产品。"使用类似的话语，将客户的这些借口型异议先搁置一旁，转移他们的注意力到其他感兴趣的项目上，在多数情况下这些借口自然就会消失。

3.批评型异议。

表现特征：客户会以负面的方式批评你的产品或公司，如说你的产品质量不好，服务不好。

应对方法：首先你要看看客户对于这种批评型的异议是真的关心还是随口提一提。假如是真的关心你应该告诉他："我不知道您是从哪里听来的这些消息，我也能够理解您对这些事情的担心……"接下来再介绍目前产品的质量和服务都进行了改善提高，并且获得了某某认证。假如是随口提一下，也需要解决客户的问题，打消客户疑虑，坚定客户信心，让客户认为买我们的产品物超所值。

4.问题型异议。

表现特征：客户会提出各式各样的问题来考验你，有时提出的问题会让你无法回答。

应对方法：首先要对客户的问题表示认可及欢迎，你可以说："我非常高兴您能提出这样的问题来，这也表示您对我们的产品真的很感兴趣。"接下来你就可以开始回答客户的问题，在处理问题型异议时，你对产品必须有充分的知识储备。

5.主观型异议。

表现特征：客户对你个人有所不满，对你的态度不是非常友善。

应对方法：通常表示你与客户亲和力建立得太差了，你要做的是赶快重新建立亲和力，少说话，多发问，多请教，让客户多谈谈自己的看法。

6.价格异议。

表现特征：不论你的产品价格多么具有竞争力，客户都认为太贵了。

应对方法：第一，不要在一开始介绍产品的时候就告诉客户价格，而应在最后的时刻再谈产品的价格；

第二，做产品介绍时永远把客户注意力放在他能获得哪些利益上；

第三，将价格分解，不要直接告诉客户产品值多少钱，应该把产品价格分开来解说；

第四，将产品与一些更贵的东西比较。

（三）处理异议的技巧

在某些情况下，客户表面的异议并不能称为真正的异议，所以当客户提出异议后，首先要分清楚并了解这些异议。弄清原因，耐心倾听，一般在处理异议时有以下技巧：

1.了解客户产生异议的真正原因。比如，当客户说产品价格太贵时，我们要确定他所谓的太贵是什么含义，是承受不起，还是与竞争对手相比太贵？

2.当客户提出异议时要耐心倾听。对于客户提出的异议，无论你已经听过多少遍，仍然要耐心地倾听，让客户说完他的异议。倾听时不要打断客户，当他完全说完之后，你再耐心地回答。

3.确认客户的异议，以问题代替回答。每当客户提出一个异议时，比如说“太贵了”。你可以反问他：“请问，您觉得我们的产品太贵了吗？”当客户回答是的时候，你进一步问：“请问您为什么认为我们的产品太贵了呢？”当客户回答时，你要耐心仔细地推敲他背后的真正意义，同时加以解除。

4.每当客户提出异议的时候，你一定要对客户的异议表示同意或赞同。使用合一架构法，来作为你的开场白。不论客户提出任何异议，你首先要说：“我非常能够理解您所说的这些事情和您的考虑，您所说的这些问题也是非常重要的，我想我们应该好好研究这些问题，把这些问题记录下来，反馈到公司，好好解决，给您满意的答复。”如果能够当场解决的，就及时解除客户的异议。

情景再现4-10

潜在客户：“你这个皮包的设计和颜色都非常棒，令人耳目一新，可惜啊这个皮料品质不是最好的。”

销售人员：“某某先生，您真的眼力特别好，这个皮料啊，的确不是最好的，若选最好的皮料的话，这个价格可能就要比现在这个价格高出好几倍了。”

分析：当客户提出他的一种反对或异议的意见时，有事实根据的，你应该承认，并且欣然接受，强力地否认事实是不理智的行动。千万不要去否认，你要给客户一个补偿，让他感到心理的平衡，也就是让他产生一种感觉，这种感觉是产品的价值与销售价格是一致的，让客户做出“自己”的选择。

（四）处理异议的方法

在了解了客户的异议后，针对异议需要采取不同的方法进行处理，比较常用的有以下几种：

1.正面处理法。直接告诉客户他们错了。当然很少有客户愿意听人说自己错了，所以必须小心。如果异议产生于对产品的错误理解，则可以这样处理：

“先生，对不起！我刚才没表达清楚，实际是这样……”

用正面、直接的方法提供证据也是最有效的。

情景再现4-11

客户说：“我希望你们所提供的颜色能够让客户有更多选择。”

销售人员说：“我们已经选了五种最容易被客户接受的颜色了，不然更多颜色的产品会增加我们的库存负担，变相增加产品价格。”

分析：减少库存负担就是一种能给客户带来的实际利益。

2.间接否定法。我们开始要附和客户的异议，然后采用合一架构法委婉地说“不”。

举例：比如客户拿我们的产品与竞争对手的对比价格时，而我们的价格又不占优势。这时我们最好的做法就使用一个问题反问他：“先生，我们在购买产品时确实要考虑价格的因素，但是当您在考虑价格的同时，会注意产品的质量才是非常重要的，您说是吗？所以等一下，您就会明白我们的产品一点都不贵，而且是绝对的物超所值。”

通过间接否定，客服人员不直接说客户错了，而是先和客户的观点保持一致，以削弱对方的戒备，然后纠正异议。

3.抢先法。我们要善于总结异议，事先将异议提出来，针对这些异议组织一套完整的讲解方案，并且给客户讲明。

4.异议转化法。当客户提出一个异议后，我们就顺着他的话说：“这也是您要买我们产品的原因。”将客户的异议转换成他购买这一产品的原因。

情景再现4-12

促成订单的语言技巧练习：

例1：

“请问您要那部浅灰色的车还是银白色的车呢？”或说：“请问是星期二还是星期三送到您府上？”

例2：

“这种产品只剩最后一个了，短期内不再进货，您不买就没有了。”或说：“今天是优惠价的截止日，请把握良机，明天您就买不到这种折扣价了。”

例3：

客户问：“你们有银白色电冰箱吗？”这时，推销员不可回答没有，而应该反问道：“抱歉！我们有白色、棕色、粉红色的，在这几种颜色里，您比较喜欢哪一种呢？”

分析：例1是一种“二选其一”的问话技巧，只要客户选中一个，其实就是你帮他拿主意，下决心购买了。

例2是利用人们常对越是得不到、买不到的东西，就越想得到它、买到它的心理。客服人员可以利用这种“怕买不到”的心理，来促成订单。

例3是一种反问式的回答，就是当客户问到某种产品，不巧正好没有时，就得运用反问来促成订单。

当尽了一切努力，客户仍然摇头说不时，我们可以做下面的努力维系客户，保持良好的态度，谢谢客户给我们这次机会进行介绍。站在客户的立场上，了解客户这一次拒绝购买，不代表拒绝我们或下一次购买。我们还可以继续和客户保持联系，这次的产品不适合他，不代表下一次新推出的产品不适合他。从客户的拒绝中获得经验，并对客户表示衷心的感谢，可以在此后寄张感谢卡给客户，并不断将新产品、新信息传递到客户。

二、拒绝客户

不论喜欢与否，客服人员有时必须要对客户说“不”（不管你想说还是不想说）。许多客服人员都知道服务就是给客户所需，并且尽可能及时，因此客服人员在不能满足客户所需时，常常感到无助，经常不能够采取一些技巧对这种困境予以圆满解决。

（一）需要拒绝的情况

客服人员不可能对每一个客户的要求都说“是”。不论喜欢与否，需要客服人员对客户说“不”的情况是存在的，包括：

1.法律法规。客服人员必须遵守法律法规。例如，如果你是药店营业员，客户要求你卖处方药，而没有医生处方单，按规定这是不允许的。

2.企业规定和章程。这是一类强制性约束，不是作为法律法规要求，而是作为规章制度的一部分。例如，如果你是客服人员，当新客户要求商品打7折，而企业规定对于新客户最多只能打9折，你不可能给他打7折。

3.缺货。无论什么原因，客户想要的商品临时短缺。例如，作为客服人员，你的一个客户打来电话要求今天下午4：00时给他送货，而这时，商品存货恰恰卖完。

4.不合理的要求。有时，客户提出根本不可能被满足的要求。例如，你是一名医生，患者要求用一种治疗方法，但是这种方法对客户健康是有严重危害的或者是不利于治疗的。

企业案例 4-2

买家15年共退货37次，竟被亚马逊封杀？

一位亚马逊客户15年间退货37次，平台封杀了他的账号，并冻结了他的礼品卡。

该客户名叫Greg Nelson，是一名计算机程序员，从亚马逊平台购买过340多件产品，在被封杀前自称是亚马逊的“忠实客户”。

Nelson称，他从未退过没有任何问题的产品。

“自2002年开始我就是亚马逊的忠实粉丝了，我理解它想维护好卖家业务，但这次的做法真的太过分了。”他说，“如果有什么证据显示我滥用了平台的退货政策，那我可以接受这个惩罚，但我没看到任何证据。当然，亚马逊可以选择拒绝服务谁，但它不能理所当然地扣掉我礼品卡里的余额，和其他已付过款的产品。”

当他抗议禁令时，Nelson说亚马逊拒绝重新考虑他的案子。

亚马逊礼品卡政策允许平台关闭客户账号，而不需把卡内余额转给客户。

《消费者契约条例》要求所有电商卖家都必须接受14天内退货。

但是，如果买家过分利用这一退货政策，亚马逊似乎会采取制裁措施。平台没有透露消费者退货多少次会被封杀账号。

资料来源　雨果网. 买家15年共退货37次，竟被亚马逊封杀？[EB/OL]. [2021-05-10]. http：//www.cifnews.com/article/20336. 节选.

点评：亚马逊封杀频繁退货用户，是拒绝不受欢迎客户的一种做法。

（二）拒绝客户并不一定是坏事

客户可能最终没有买到想要买的东西，却可能得到了优质的客户服务。设想，医生没有按照患者要求的治疗方法进行治疗，因为这种方法对客户健康是有严重危害的或者是不利于治疗的。医生向客户道歉，并且详细地向其解释原因，还对治疗方案进行调整，又适应客户的要求，又符合健康的要求，并送给客户一些疾病治疗方面的书，客户是会高兴地离开的。

这个例子充分说明，虽然医生不得不对客户说"不"，但他知道，当他不能提供客户想要的东西时，他的工作是尽可能多地去满足客户其他的需要：

（1）通过道歉，显示了对客户的失望心情的理解。

（2）给客户解释原因，对客户的第一种需求提供了另一种选择。

（3）通过向客户提供了一种补救性主动服务，表达歉意。

【拓展阅读4-4】

亚马逊：如何处理客户差评？

1. 冷静判断差评的责任归属，到底是自身出问题还是客户恶意差评。

2. 差评后面都有一个RESOLVE按钮，点击RESOLVE按钮了解解决差评的具体方案。注意，只有当买家的评价为1星或2星时，RESOLVE按钮才可用。

3. 产品出现差评，一定要做记录，把一个月所产生的差评的产品列出来，分析总结，原因出在哪里，做出有针对性的解决方案。

4. 遇到差评，除了常规的邮件沟通，最好能够电话沟通，提升处理差评的效率。

5. 公司根据自身产品，提前做好预案，如遇到什么样的差评该如何处理？业务员可以索赔的额度是多少？最好每一个差评都有主管审查，有对应的差评监督机制。

6. 建立差评修改奖励机制，每解决一个差评，给予业务员一定的奖励。比如，产品质量的差评，处理完毕奖励50元。物流的差评，处理完毕奖励30元。通过这些激励手段来促进业务员改善管理评级。

7. 可以通过软件来提升解决差评的效率。

8. 亚马逊鼓励卖家和买家协商移除差评。因此，及时与买家沟通情况，了解买家给差评的具体原因。

9. 经过详细的沟通后，如果买家还是不愿意删除差评，卖家可以采取退还部分费用给买家作为补偿，请他及时删掉差评（差评对账户影响特别大，尤其是新手卖家）。

10. 如果责任在于买家的无理差评或者恶意差评，沟通无果，不愿意删除。卖家可以到Help/Contact Seller Support，然后提供运单号、发货等信息让亚马逊帮助删除。

资料来源　雨果网. 亚马逊：如何处理客户差评？[EB/OL]. [2021-05-26]. http：//www.cifnews.com/Article/11640.

（三）拒绝客户的方法

假如拒绝客户是工作中的一个事实，而且你早晚要把坏消息告诉客户，你的选择不是应不应该说“不”，而是应如何说。有两种说“不”的方法：

1.生硬拒绝。认为其工作是矗立在客户与其所需东西之间的一道砖墙的客服人员，才会把令人不愉快的“拒绝”情形转变成激烈的争吵。这种说“不”的方式没有移情作用或愿意帮忙的表示，会激怒客户。这种拒绝性的“不”的基本态度是“没门”“没有任何办法”。

当被问到客服人员是否还有其他简便的方法来处理所遇到的问题时，其回答是“没有”时，客户马上会感到的是一个生硬的“不”。接着当客户请求得到下一步该如何做的建议时，客服人员又说：“我不知道!”最后，当客户提出一些可能的选择时，客服人员又把它们全部逐一“枪毙”。这就是所谓的生硬的拒绝。

事实上，通过对客户和客服人员的观察，我们发现，拒绝性“不”方式，要比服务性“不”方式花更多的时间和精力。

没有什么比这更能令客户发疯了。当客户想从客服人员那里得到想要的东西时，客服人员把客户当成了麻烦，对寻找办法解决客户问题不感兴趣，一些服务语言反映出“我不关心”和生硬拒绝的态度，其语言表达是“我们中心没有规定”“这不是我们的工作”“没人让我这样做”“我不知道”等，随着这些反应的身体语言是白眼、低着头、目光游离、心烦意乱等。

2.服务性拒绝。虽然生硬拒绝对客户显然行不通，但还是不建议客服人员使“不”听起来像“是”，有些客服人员不愿诚实面对现实，想通过歪曲事实使客户高兴。这样做使客户不现实地期待他们想要的东西。最后，当他们发现被误导时，将会更加不安。当客服人员真正要说的是“不”而却使客户以为在说“是”时，这不是问题的解决办法，也不是让客户愉快地、理解性地接受“不”的解决办法。不管客服人员是说“是”还是说“不”，受到客户欢迎的关键，是要问自己这样一个问题：“这个客户需要什么以及怎样才能尽我的能力为他办到?”试试这样的表达：

（1）“我所能做的是……”这句短语是告诉客户，客服人员会想尽一切使问题得到解决的办法帮助他们。虽然提供的可选择的行动不是客户想要的，但是它会产生可行性的解决办法，有助于减少客户沮丧的心理感觉。

情景再现4-13

一个客户把电话打到客服中心来，要买客服中心出售的商品，因为暂时缺货，所以不得不拒绝。

客服人员表示因此给客户带来不便，并对他的失望表示道歉。

客服人员说：“我所能做的是把您订购的商品填入订货单中，当有货时，我们的业务代表会给您送去，您要给我您的电话号码，以便我能填写订单，在货到的时候尽快给您送过去。”

（2）“您能做的是……”第二句短语告诉客户，客户自己已经控制了一些情况的结果，把客户看作参与解决问题的搭档，为客户做可能性的建议，可能会暂时解决一些问题，或采取的行动会防止将来再次发生这种情况。

情景再现4-14

客户："我想知道我的退款什么时候可以拿到。"

客服人员："我对此一无所知，这不是我分内的事，你得去财务部查一查。"（生硬拒绝）

客服人员："您能做的是去财务处查一下，财务处在三楼。"（服务性拒绝）

（四）拒绝客户的注意事项

1.首先要做到自己无过错、无责任。由于企业的原因给客户造成了损失，客户当然有权提出自己的补偿要求，只要这个要求不违法。企业毕竟要靠客户的认可来盈利，所以应该通过科学的服务管理来提升自己的服务水平，完善自己的服务标准，事先做到自己无过错、无责任，才有资格去评价客户的优劣。

2.慎重选择拒绝标准。现实社会当中，多数客户都是善意的，都愿意通过沟通将服务进行下去，都承认服务中对方的价值并清楚自己应得到的价值，企业暂无能力为客户提供服务只是个别情况。企业拒绝服务的对象不能是通常意义上抱怨的客户、情绪激动的客户、对公司不满的客户，而是那些会对企业造成巨大威胁或巨大资源浪费的人。

3.在尊重的基础上委婉拒绝。暂无服务能力的客户名单不可以直接告诉客户。若直接告诉了客户就叫挑拨是非、激化矛盾，所以这应该是公司内部的高度机密。对客户回绝应该采用足够尊重的方式，避免客户直接外部投诉或情绪激动。

4.不能对外宣传的客户名单。企业不是服务的警察，也不是服务的法官，拒绝为某些客户服务不是为了净化社会环境，也不是为了给某些人贴上不道德的标签。以前的服务经历是企业与客户之间的秘密，企业把这种事情宣传出去会侵权甚至犯法。企业只是一个营利机构，没有资格也没有必要对客户做整体性的盖棺定论。

单元五　棘手客户应对

在客户服务过程中，客服人员经常会遇到一些棘手却不得不面对的客户，如有抵触情绪的、粗鲁的、怒气冲冲的、满腹牢骚的和盛气凌人的客户，在应对时，客服人员一定要保持冷静并提供专业的服务。

一、怀有敌意的客户

客户怀有敌意，或许是因为他觉得以前受了委屈或听闻别人在贵公司受到不平等待遇等。面对持负面观点的客户，不管他的看法是否正确，处理时可使用以下技巧：

（一）积极聆听

积极聆听能向客户证明你很专心，以及你相信客户本身和他所说的话都很重要。积极聆听的形式是这样的：先改变措辞来重述客户的说话重点，然后加以确认。例如："嗯，您是说您很确定这件产品少了部分零件，而您想要全额退款是吗？"

（二）有人这么认为（中立模式）

中立模式是认知客户所言，但既不同意，也不反对。由于这是个不常见、新奇或出乎意料的反应，因此这个技巧会中断情绪的流动，让客户停下来思考。这让客服人员有空档使用其他技巧。其具体形式是这样的："的确有人认为……"（以直接、冷静的方式复述客户所言）注意绝对要用中立、没有情绪的方式来复述客户所言。

（三）保证尽力

一方面，当客户觉得你没有尽力时，他就会生气；另一方面，若客户觉得你已经尽你所能，甚至做了超出职责范围的努力，就算他得不到想要的，也不会把你当作箭靶。保证尽力的做法是告诉客户你会尽全力满足其需求。例如："我看得出来您赶时间，我会尽量在几分钟内帮您办好。"

要注意的是，保证尽力不同于保证结果。就算你还不知道是否能满足客户所愿，也可以先向客户保证你会尽力。

（四）重新聚焦

让会话重新聚焦到原本的问题或议题上。假设有位愤怒的客户抱怨某一产品。他先谈论问题，没多久就开始批评公司或你个人。这样继续下去不会帮助客户解决他的问题，此时你要重新聚焦。例如："我明白您对此产品的问题非常生气。让我们回到我们能协助您的层面。我能给您几个可能有用的建议。"你的用意是让客户把注意力转移到较有建设性的事情上。

情景再现 4-15

状况发生于某政府部门办公室。客户无法选择到其他地方办理，而他明显持有负面观点。

客户："是这样的。我需要办理建筑物许可证。我不希望你们像平常一样耍弄人或者搬出层层官僚主义关卡。我没有那么多时间。"

客服人员："听起来您是想要尽快办妥这些许可文件，是不是？"（积极聆听）

客户："没错。你要知道，没有人喜欢和你们打交道。不但费时费力，而且你们搞砸的概率是一半以上。"

客服人员："的确有些人对整个过程感到不顺。（中立模式）让我看看我是否能让您惊喜。既然您想要尽快办妥，我们这就着手办理。（保证尽力）我知道您以前办过，所以您应该准备好申请许可证的所有资料，是吗？（重新聚焦）"

资料来源　编者根据相关资料整理.

课堂互动 4-5
分析提示

分析：在这个案例中，客服人员并不急于辩护，而把整个状况视为能够扭转乾坤、转变客户负面态度的挑战。记住绝对不要急着辩护、争论或以负面方式回应。客服人员最初的回应是对客户表示关心，让对方知道他已听进了客户的意见，但不继续鼓励客户怒气冲冲地辱骂政府。他的做法是聆听回应而不中圈套去和客户争论，企图扭转他对政府的看法。

记住，只要客户在生气或正准备生气的情况下，就要承认客户有此情绪的原因，但这不一定表示同意对方的观点。

课堂互动 4-5

假设你是公司客户经理，拜访某一客户时，发现此客户对你极有敌意。你除了用以上学到的技巧外，还应该如何做？

二、不信任你的客户

不信任你的客户将会是难缠的客户。有些专业领域比较容易引起较多怀疑，这主要是因为客户缺乏资讯来确定你究竟是在服务他，还是以自我为重。面对这样的客户，客服人员需要使用技巧来让客户信任你。

（一）说明理由或行动

我们很容易以为客户会了解你为何这么做或这么说，这是错误的观念。客户并不熟悉公司的服务、政策或流程，至少，他不会比客服人员清楚。要向客户说明客服人员为其所做的事情及其原因。客户想要知道整个情况，如果他们不了解，很可能会感到沮丧甚至害怕。例如："我现在要（说明行动）把您的资料输入电脑，下次您再来的时候，事情会进行得比较快。"

（二）承认客户需求

当客户眼见你尽你所能地了解他的需求（就算你做不到）时，他也很有可能对你持正面观点。承认客户需求包括：重述客户对你所言，例如"我了解您想让您的钱花得更值得"；或者回应你对客户的观察，例如"我看得出来您在赶时间……"

（三）正反意见

若你能提供某事物的正反两面，如产品的优缺点等，便能让客户觉得你很可靠或值得相信。例如，在介绍某一产品时，与其只描述它的优点或它的缺点，还不如同时介绍其他所有相关产品的优缺点。为客户说明各项选择方案时也是如此。要记住，当你只提出单方面观点时，客户会纳闷你为什么要提出这个明显不平衡的看法，因此会质问或怀疑你的动机。

（四）专业推荐

客户不一定都知道其需求，也可能对下一步该怎么做感到困惑。客服人员的任务之一，是在产品选择或满足需求的有效做法上，提供专业建议或推荐。在提供建议或推荐之前，最好先询问客户是否想听你的意见。重点是，当你提供建议或推荐时，要说明你为什么认为这个产品或行动是客户的最佳选择。这就是提供正反意见兼具的平衡推荐。

情景再现4-16

汽车技工正在说明客户轿车的问题。技工发现客户可能不大相信他所说的话，于是采取行动建立信心。

技工："我们除了检查您所说的问题之外，还做了45点检查，这是一般汽车检查的一部分。我们还要讨论其他您可能想要处理的事情。"（说明理由或行动）

客户："好的。"（语带怀疑）

技工："您提到刹车有问题，于是我们一开始就检查这个部分。我们发现刹车皮前端已磨损90%。我们还注意到您的车子有轻微的漏油问题。"（说明理由或行动）

客户：手摸摸下巴，摇摇头。

技工："我想您应该不会想花太多钱，因为这辆车的车龄已经有点老，（承认客户需求）因此基于……（说明安全理由）我建议先更换刹车皮。（专业推荐）至于漏油，老实说，可能不值得修理。修理漏油的唯一好处大概只是省那一点点油钱吧。至于坏处，要修理漏油就得更换汽缸床垫片，这是一大笔开销。（正反意见）不管怎样，老旧的汽车多半都会有漏油的问题。所以，我建议我们今天只更换刹车皮，并密切注意漏油情况，如果漏油问题恶化，我们再讨论下一步。（专业推荐）”

资料来源　编者根据相关资料整理.

分析：技工的用意是让自己站在客户的立场来想问题，而不是只想赚钱。首先，他说明找出刹车问题，又找出漏油问题的过程。接着，他提出这些需求，向客户证明他了解其考量和需要。这段互动最重要的部分是从客户的观点提出正反意见。技工说明不值得修理漏油的原因，显示他是站在客户立场，但不下定论，让客户自行决定是否要修理。最后，我们看到技工提出了他个人的专业意见。

记住，如果想让客户信任你，适时提出正反意见是很重要的。

【拓展阅读4–5】

客户对客服人员信任与不信任的表现见表4–2：

表4–2　客户对客服人员信任与不信任的表现

客户不信任你的表现	客户信任你的表现
拒绝沟通	愿意倾听
拿同类产品打压比较	主动提问
不赞同你的讲解	寻求解决方案
担心产品效果	接受你的建议
敷衍了事	委托于你
拖单	愿意签单
	对未来的服务充满希望与向往

资料来源　编者根据相关资料整理.

三、粗鲁的客户

大部分客户都把自己的行为控制在可接受的范围内，但还是有些客户会在生气时辱骂或吼叫甚至“动手动脚”。当客户变得愤怒与粗暴时，很多客服人员也会变得具有防卫性，最后客服人员终会后悔其所做的不合规范的事，所以不要被客户的愤怒与粗暴搅乱了思绪。我们可以使用以下方法和技巧来阻止对方的不当行为，让他平静聆听，并正面回应我们。

（一）同理心陈述

同理心陈述主要用于客户感到沮丧、泄气，或者可能会变得灰心或愤怒的情况。这种技巧的用意在于向客户证明你了解他的心境，或是他为何会有这种感受。客服人员不需要认同客户生气的原因，只需要承认客户在生气。以下举几个例子：

（1）我能联系那里。

（2）我理解您说的话。

（3）我知道要填这些表格很令人沮丧。

（4）您发现这个产品没有效，一定非常泄气。

要让同理心陈述产生效果，关键在于明确、具体、清楚地说出是哪一种情绪（如愤怒、灰心、沮丧），并指出情绪来源。

（二）设限

如客户的行为毫无建设性，客服人员就得加以设限。客户可能会提高音量、咒骂或一再来电找麻烦。为协助客户（也让你不发疯），你需要鼓励客户停止不适当或破坏性的行为。设限分为许多部分。

设限过程始于“如果……我就要……”的陈述。在这句话中，要尽量清楚说明你希望对方停止什么样的行为。同时要表明，如果他再不停止，会有什么样的后果。例如：“如果你不停止咒骂，我就要结束这段对话。”在这句话中，行为是“咒骂”，后果是“结束这段对话”。但这样还不够，下一步是提供一段选择陈述。例如：“要不要继续，决定权在你。”

此步骤的用意是让客户了解由他自己决定是要停止咒骂（并继续会话），还是要继续咒骂（并结束对话）。用这种方式让其变成客户自己的选择，后果才不会像是客服人员对客户所为，也比较不像是惩罚。

整个设限过程，客服人员都得冷静处理并执行，才比较不像是针对个人。在使用限制终止互动之前，你应该先说明公司在结束互动或拒绝再度服务方面的政策和立场。另外，要记住设定和执行限制应该是最后手段：已用尽所有技巧，都无法促使客户做出有建设的行为后，再考虑使用本技巧。

情景再现4–17

客户想在某一问题上寻求协助，在电话中对客服人员滔滔不绝已有两三分钟，并且开始污言秽语咒骂客服人员。

客户：“你是蠢蛋吗？我已经受够你们这些人了，我也受够你了。”

客服人员：“先生，我知道您很沮丧，（同理心陈述）但如果您继续叫骂，我就要挂电话了。（设限）是否要继续，由您决定。（提供选择）”

客户：“我只是想要拿到我××的支票。这个要求很过分吗？”

客服人员：“关于这件事，我一定能够帮您，（表示尽力）但我需要您保证不再向我吼叫辱骂。这样可以吗？（提供选择）”

客户：“嗯，好，（不情愿的口气）让我们继续吧！”

客服人员：“好的。我需要问您几个问题。”

资料来源　编者根据相关资料整理.

分析：请留意，客服人员最初的回应就是一句同理心陈述，用来软化稍后提出的限制所造成的冲击。她设定明确清楚的限制，让客户知道，如果他再不停止吼叫辱骂，她就会挂电话。重要的是，设限时一定要尽量明确，并且避免笼统的意见，例如“如果您不冷静下来……”或“如果您一直这样不客气……”要具体描述不当行为。

特别留意设限所使用的陈述——“是否要继续，由您决定。”要让客户知道会话是否继续是由他来控制的，而且客服人员不会惩罚他或对他怎么样。

最后，客服人员可以通过问“这样可以吗？”来强调她很关心客户的要求，并一起合作完成。

记住，设限既非威胁，也不是警告，可以使用平淡、不带感情的语调，就像“如果雨天不带雨伞就会被淋湿”一样的语调。

（三）提供选择

就是提出所有可能适合客户的服务或行动，供客户选择。当提供选择时，通常会询问客户他想选择哪一个方案，而提供其他方案的做法会显示你对客户的关心。

（四）复述重点

本技巧主要用于客户不肯配合你解决其问题时。其用意在于传达以下信息：若不处理我想要解决的这个问题，我们之间的对话也没有必要继续下去了。其做法是，用不同的措辞重复相同信息，直到客户开始合作为止。例如："这里有好几个选择（念出这些选择）……您比较喜欢哪一种？"如果客户不理会，就换个措辞重复这段信息："您可以选择（第一方案）……或（第二方案）……您偏好哪一个？"同样的信息可以重复四到五次，直到客户做出选择为止。

面对太生气而无法专心解决问题的客户时，可使用该技巧来表达同理心。

面对粗鲁的客户，客服人员要尽量做到以下两点：

第一，客服人员要保持专业化。客服人员不能由于客户行为不得体而采取同样的回应，要保持冷静、自信，控制好局面。

第二，客服人员不要诉诸报复行为。客服人员的报复行为只会惹怒这类客户，特别是客服人员当着其他人的面使其难堪的时候。客服人员要记住这类客户仍然是你的客户，如果其他人觉察到你的行为不得体，那你失去的不仅是这类客户。

四、要求见上司的客户

沮丧的客户常有的要求，就是与你的上司对话。客户要求见你的上司，可能是想要让你害怕或觉得层级较高的人能把事情处理好。有时候，不沮丧的客户也会要求见你的上司，因为他们相信职权较大的人能够更快速、更有效率地为他们办好事情。面对这类客户可以使用的技巧是：

（一）探索问题

探索问题指使用一连串问题来协助客户理清其需求、了解其所面临的现况。探索问题很简单，每次只涵盖一个层面，因此不会让客户不知所措。探索问题鼓励客户理清或补充他之前的回答。例如："您今天来的目的是什么？"另一种做法是循序渐进，先说："我看到您在比较本店的电视。您有没有兴趣多了解一下这些产品？"如果客户点头，客服人员可以继续探索，问道："您有没有特别感兴趣的电视尺寸？"互动可以如此进行下去，客服人员根据客户对前一个问题的答案，一步步提出简单的问题。

本技巧除了是获得客户资讯的重要手段之外，由于是根据客户的回答来提出问题的，因此也能表现出客服人员一直在专心聆听。

（二）保证尽力

同本单元"一、怀有敌意的客户"的相关内容。

（三）不要落入圈套

面对愤怒的客户时，有个很简单却是很重要的技巧，就是不要落入圈套。也就是说，不要回应客户的羞辱、意见、讽刺或其他气话和辱骂。一般来说，客服人员可以间接回应（利用同理心陈述），但不要针锋相对。原因是，如果客服人员一在意就会花时间争执这些意见，这要比忽略对方的愤怒言辞或以同理心陈述来回应浪费更多宝贵的时间。不上当是个重要战术，需要某些程度的自律。时刻提醒自己，没必要让客户坏了你的心情。

（四）转介给主管

有时候，由于客服人员缺乏职权与资讯，而无法进一步协助客户。当客户与主管或其他高层人士交谈时所表现的行为要比和低层员工交谈时文明得多。

无论是因为缺乏职权与资讯，还是因为觉得客户面对主管时态度会比较好，所使用的技巧都是一样的。首先，询问或对话确认客户是否想要和主管交谈。然后，与主管联络，向他说明情况。通常客服人员要向主管提供这名客户的姓名、问题以及客户的心态。这个步骤能确保主管有所准备，并让主管能够控制他与客户的互动。

有一点非常重要，客服人员和主管对转介客户的事一定要心态一致。有些主管不希望客服人员把客户转介给他们，有些主管在某些情况下愿意，也有主管丝毫不在意。客服人员平常就需要知道主管对这种事的想法，千万不要有生气的客户在等待的时候，才询问主管是否介意把客户转介给他以及他希望如何处理整件事。

情景再现 4–18

客户要求立刻见主管。

客户：我想和你的主管谈一谈。

客服人员：我很乐意帮您安排与我的××主管见面。（保证尽力）不过，有没有什么我可以先帮忙的地方呢？（探索问题）也许能为您省去不少时间。

客户：不。（绷着脸）我不想跟你谈。我已经厌倦和那些什么都不懂的人谈话了。

客服人员：好的。请先让我看看她现在有没有空，不过，如果我能先告诉她您想与她谈论什么问题，可能会比较好。（不落入圈套）

客户：就告诉她我想跟她谈谈这里差劲的服务品质。

客服人员：好的，请稍等。您可以先坐一下，我一两分钟后回来。（客服人员走进主管办公室）

客服人员：××主管，有位客户要求与您谈论“差劲的服务品质”。您现在有空吗？（转介给主管）

主管：当然可以，让我去带她来我的办公室。（客服人员与主管一同走向客户）

主管：嗨，我是××。我知道您想和我谈谈这里的服务问题。若您愿意，请跟我来，让我们在不被打扰的情况下好好聊一聊。（示意客户跟随）

资料来源 编者根据相关资料整理.

分析：由于客户要求马上见主管，客服人员并不知道她的动机为何，因此客服人员的第一步就是要找出“为什么”，然后了解是否能先提供协助。客服人员问了两个探索问题，同时向客户保证会尽力安排她和主管见面。

客服人员很快便发现客户并不愿意提供任何额外资讯。请留意，当客户说“我已经厌倦和那些什么都不懂的人谈话了”时，客服人员要懂得拒绝落入圈套，根本不要理会这句讽刺性的攻击。对话的第二、三部分展现转介给主管的技巧。在第二部分，客服人员简短地向主管说明情况。在第三部分，客服人员和主管一起走向客户。此时，最重要的是主管立刻取得会话主控权：她先自我介绍，而不让客服人员来介绍。在自我介绍中，主管说：“我知道您想和我谈谈这里的服务问题。”为什么需要这么说呢？这是为了让客户知道，客服人员已经告知她客户想见她的原因，而且她已经准备好讨论这个问题。

记住，客服人员应该知道主管觉得什么时候适合转介客户给他、什么时候不适合。如果你不清楚主管的想法，请先问他。

●项目测试

□ 简答题

1.简述马斯洛需求层次理论的内容。

2.客户个性特征类别和行为模式有哪些？

3.如何与客户保持同步？

4.客服人员如何做才能理解客户的需求？

5.用FAB法介绍商品与服务时应注意的事项有哪些？

6.什么是服务性拒绝，如何做？

7.客服人员如何看待客户等待，可以采取哪些措施来处理客户等待问题？

8.如何与不信任你的客户沟通？

□ 案例分析题

另类健身房，很开脑洞

麦肯锡《中国消费者报告2021》指出，新冠肺炎疫情之后线上健身用户增长了23%。另据灼识咨询的报告，中国线上健身市场在2021年达到3 701亿元，预计5年之后将增长到9 000亿元，复合年增长率将近20%。不过，如果大家都线上健身了，线下健身房的日子就不太好过了。健身房需要不断“拉新”，获客成本又是一个大头。那么，对线下健身房来说，怎样面对这个挑战？

下面介绍了几种另类健身房，很开脑洞。

第一类，把健身房变成一个女性社交俱乐部。这是日本的一家健身房，叫Curves，中文名字叫可丽姿。这是一个规模很大的连锁店，在日本有将近2 000家店。这家健身房最特别的地方就在于，只服务中老年女性客户，而且健身房里的教练和员工全部是女性。首先，这种安排能够专门针对女性的健身体验做优化。比如，健身器材按女性的身材比例做了专门设计。训练室里特意没有安装镜子，避免女性看到自己的赘肉，影响心情。这些贴心的设计能让会员们在身心上彻底放松。更厉害的是，可丽姿以健身为切入点来做女性社交。比如，健身器材不是摆成一排，而是围成一个圈，这样，每个用户都可以看到其他人，可以边锻炼边聊天。而且，它为会员打造了超级闺蜜社群。每个月都会组织护肤、情感等主题的分享，以及插花、品酒等线下活动。靠着超强的社群黏性，可丽姿每年的会员流失率只有3%。

第二类，主打游戏的健身房。这是国内的一家健身房，它把所有健身器材都做成了游戏装置。比如，有一个健身器材类似于“打地鼠”，由很多灯泡一样的按钮组成。只要灯一亮，你就必须跑过去用身体把它按灭。健身房还引入了VR游戏设备。会员们戴上VR眼镜以后，就是在丛林里划船，还要及时地躲避水中的鳄鱼。更有意思的是，这家健身房设置了升级打怪的进阶系统。新会员进入后会佩戴一个手环，只能进入“新手村”区域锻炼，手环自动记录锻炼的数据并且将其转换成积分。会员只有达到了一定分数才能解锁某个新健身区域。健身房还模仿了游戏里的排行榜机制，把健身数据排前10人的昵称和数据显示在LED屏幕上，激发会员们的挑战欲。

第三类，可以叫蹦迪健身房。比如有一家火遍北美的健身房，叫SoulCycle，只靠动感单车一个健身项目，开了几百家店，拥有30多万名会员。进入这家健身房，你可能认为走错了片场，到了一家迪厅。这里有特意调暗的灯光，很嗨很大声的音乐。这家健身房的教练除了有教练的基本功，还需要有堪比夜店DJ的情绪调动能力。劲爆的音乐一响起，教练会配合音乐节奏大喊“嘿嘿嘿”，并且用手比画着节奏，带动会员们使劲地蹬车、唱歌、舞动手臂，尽情地释放情绪。很多人说，自己不是来锻炼的，而是来减压的。你看，健身房，也可以是健“心”房。

资料来源 高臻臻. 认知差：如何变身干掉“隔壁同行”，让自己变成另外一种新物种［EB/OL］.［2021-06-02］. https://mp.weixin.qq.com/s/Gi3vX-YictdrNStt4x0y6g. 节选.

问题：另类健身房成功的原因是什么？

分析：就像高臻臻说的，通过差异化定位运营，满足不同客户的不同需求，“让自己变成另外一个新物种”，隔壁同行根本没法跟你竞争。

●项目实训

实训主题：摄制客户服务微电影

1.内容与要求

（1）剧本内容如下：

场景一：

客户：这台冰箱看起来不错，外表设计挺吸引人，就是太贵了。

客服人员：您的眼光真不错，一下子就看上了这台冰箱。价格是稍微贵了一些，但是这款是最新推出的节能环保冰箱，很省电的。

客户：哦！不知质量有没有保证？

客服人员：您放心好了！我们的产品率先通过了国家相关质量认证，喏，您看！(指着冰箱上的认证标志）产品刚面世，我们的销售量就非常大，用户也给了我们很高的评价。(拿出销售记录）

客户：我想知道你们的售后服务怎么样？我家那台旧冰箱整天轰隆隆的，吵死人了，那家公司派人来修理过，不过经常不准时，害得我每次都等很久。

客服人员：我能理解您的感受。我们公司产品质量有保证，就算哪天冰箱出了什么问题，您只要打个电话，我们立即派人上门为您免费服务。

客户：那太好了！我就要这台！

提示：客服人员首先要肯定客户，拉近与客户的距离。在陈述产品的性能与优点、激发客户的兴趣与购买欲望、消除客户的心理疑虑的过程中，要做到自信、从容和诚恳。在肯定客户的感受、强调自己售后服务的完善、促使客户下定决心购买的过程中，要注意语气自然，不要让客户感到催促。

场景二：

客户：这台洗衣机看起来不错，就是价格太贵了。

客服人员：哦，您是拿我们的报价与什么相比呢？

客户：反正你的价格高了。我上次在一家商场看到的价格就没有你的高。

客服人员：居家过日子，谁都希望节省一点。我能理解您的感受，不过您先听一听我给您做的比较，相信您就不会觉得我们的价格高了。(在仔细比较过相关产品的性能、价位和售后服务后，客户已经有点动心了)

客户：这洗衣机是不错，不过我现在不买。

客服人员：迟买不如早买。价格已经很便宜了，机身也很轻巧，又有音乐提醒，让家务变得轻松愉快。如果您买一台回家，我敢肯定您的太太一定会非常高兴的。

客户：好吧，我就要这台了。

提示：客服人员询问客户异议的理由，然后肯定了客户的感受，并主动给客户做关于性能、价位和售后服务的比较，打消了客户的疑虑，在此过程要注意语气语调的使用。在客户提出现在不买时客服人员趁机进一步说明洗衣机的优势，说出早买早受益的道理及太太会很高兴，促使客户下定决心购买。在此过程要把握说话时机，语气自然，不要让客户感到催促。

场景三：

有人到某化妆品专柜买一美白产品，该营业员让她浏览了专柜内的产品。

客户说："那两个化妆品的价格都是怎样的？"

营业员拿出那两个化妆品，指着其中那个小瓶子说："这一瓶是120元。"然后指着那个稍大一点的瓶子说："这一瓶是80元。"

客户说："这一款为什么这么贵呢？"

营业员说："小姐，您先试一下这两款产品，比较一下。"营业员在客户两只手上分别涂上这两种化妆品。过了一会，营业员问客户："小姐，您有什么感觉？"

营业员看着客户对自己的手沉思，就说："较便宜的这款美白产品，虽然看起来很白，但是这只是表面上的美白，而且涂在脸上感觉也不怎么舒服。但较贵的这款就不同了，虽然它现在看起来并不十分白，但是皮肤感觉很细腻、润滑，这就是这款产品的特点，它不仅能深层美白，还具有保湿的功效。我们虽然不能很快看到这款产品的效果，但是从长远来说它起到的改善皮肤的功效是那款（较便宜）产品所不能达到的。所以，为了您的皮肤着想和与您的气质搭配，我建议您购买这款产品。那款产品适合卖给喜欢便宜的客户。"

客户听了营业员的解说之后，心想：这两款价格差异并不是很大，为了保护和美化我的脸，还是买这款较贵的比较合算。

提示：这个场景有很多辅助动作和心理活动，有一定的难度。通过观察客户的动作揣摩客户心理，语气不急不躁，表达有根有据。

(2) 分小组分配相应剧本，小组内演员和工作人员进行合理分工；小组准备相关道具；排练；提交成果；课堂上演示，并选出优秀作品；对优秀作品团队进行颁奖，并选出优秀演员。

2.提交成果

一部以客户服务为主题的微电影。

思政园地

中国消费力崛起

2019年是中国改革开放的第四十一个年头。经过四十余年的积淀和成长，中国的消费市场发生了巨大变化，不断呈现出新的气象，并且不断寻求消费升级的路径。在互联网技术带来的虚拟-实体双线结构下，消费具有更加明显而强烈的时空属性。在日常生活中，或者在特殊的时间节点或者空间场合，消费都有着其特定的意义。这意味着不仅要满足人民日益增长的物质生活需求，更要增加人民对美好的想象和诠释，注重强调消费的人文关怀和价值共生。

若要总结近年来中国消费的趋势和新气象，主要有以下几点：

第一，精致安心的生活方式。居民消费水平随着国民经济的快速发展得到了稳步的提升，在物质生活需求已经得到基本满足的情况下，中国消费者的消费更是一种增量消费，为了塑造一种生活方式，更愿意为了生活方式而付费。消费者从“大众”升级为“精众”，讲求精致生活和品质消费。

第二，精细随心的消费选择。随着消费场景的日趋多元化，场景间的边界日渐模糊，购物选择日益碎片化，消费路径日益丰富。网购和移动支付进一步普及，线上线下资源进一步整合汇集，消费者会随着心境和情绪的变化随时随地随机地完成购买，并且实现分享，进行二次或多次传播。

第三，精良放心的消费品质。生产力的释放让居民消费的选择增多，中国消费者更加注重消费品质，消费结构优化趋势显著。2016年，中国居民恩格尔系数为30.1%，接近联合国划分的20%～30%的富足标准。中国消费者从最初“只要买得到”到现在的精挑细选、追求品质，消费者愿为更高品质的商品支付更多溢价，如有机食品、全球优质商品等。

第四，精妙匠心的产品设计。消费意向越发多元，消费者对于产品的要求越向着个性化、定制化的方向演进，更加富有设计感，既追求产品本身的功能诉求，又追求匠心独运的产品设计，甚至将具有强烈个性标签和特征的元素融于设计本身，强化了所有权和归属感，也让设计本身成为消费者对个人生活特性的表达和对生活态度的彰显。

第五，精准走心的传播诉求。消费附属的生活情绪和个人情感变得越来越重要，更加强调消费行为的仪式感和体验感。而品牌与媒介在传播策略上相比于产品本身，更加注重情感的共鸣、时代精神的彰显、人文价值的体现。越来越多的人会愿意为情绪付费，比如：为开心而花钱，为释放压力舒缓情绪而花钱等。

资料来源　董俊祺.中国消费市场四十年（1979—2019）[M]. 北京：社会科学文献出版社，2021.

项目五

客户满意度调查

【学习目标】

＊知识目标：

1.了解期望值与满意度之间的关系；

2.影响客户期望值的因素；

3.明确客户期望值管理的方法和技巧；

4.掌握客户满意度的内容和衡量指标；

5.掌握检验客户满意度的方法；

6.创新客户服务的内容和方法。

＊技能目标：

1.能够设计客户满意度调查问卷；

2.能够设计神秘顾客调查表；

3.能够实施神秘顾客调查；

4.能够追踪顾客服务创新内容与方式。

＊思政目标：

让学生深刻体会客服工作是一项日常性、精细性、长期性工作，贵在从点滴做起，常抓不懈，久久为功。

【项目框架】

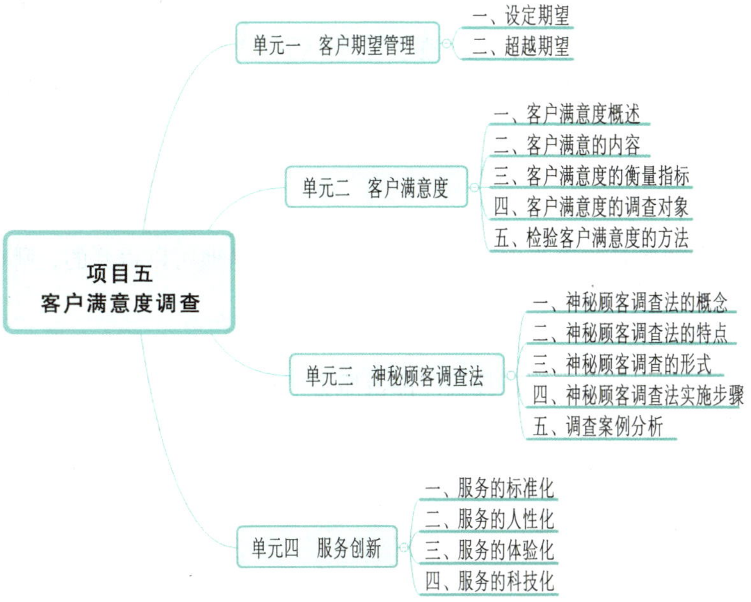

案例导入

最快29分钟，鲜到鲜得

“29分钟鲜到鲜得”，这是叮咚买菜打出的口号。手机App下单，免配送费，最快29分钟送达，极大地解决了都市白领阶层由于下班晚遭遇的买菜难题。为保障食材新鲜，叮咚买菜下足了功夫。比如，活鱼、活虾等水产品配送时，叮咚买菜要求配送员用打氧箱来确保鲜活。叮咚买菜的前置仓一般选址在离社区1公里左右的地方，距离近，就可以保证订单响应速度。2018年，叮咚买菜的营业额超过8亿元，产品差评率持续低于0.8%。

叮咚买菜的策略是在价格优势、品质优势、时效优势方面都达到一个较高的水平，其设定的“直接对手”是传统的超市、菜市场，而这些地方的菜品很难保持较高且均匀的水平。为了做好源头品控，叮咚买菜一开始就采取尽可能对接产业链上游的策略。发展到后来，其生鲜直供产地达到350个，直供供应商超500家。叮咚买菜中生鲜商品种类已超1 600种，来源涵盖全球20多个国家和地区，商品大类包括蔬菜、水果、水产、肉禽等。叮咚买菜一直受到欢迎的主要原因是，它的生鲜价格相对于其他平台有明显优势，而且各种优惠不断。当然，极度追求平民化、高性价比，给叮咚买菜带来的另一个影响就是平均客单价始终较低，在60元左右。

资料来源　林军，胡喆．沸腾新十年：移动互联网丛林［M］．北京：电子工业出版社，2021.

这一案例表明：市场的竞争主要表现在对顾客的全面争夺上，而是否拥有顾客取决于企业与顾客的关系，取决于顾客对企业产品和服务的满意程度。顾客满意程度越高，企业竞争力越强，市场占有率就越高，企业效益就越好，这是不言而喻的。

单元一　客户期望管理

要想使客户对企业提供的客户服务感到满意，那么企业首先应该了解客户真正需要什么、客户希望企业提供的产品或服务能够达到怎样的要求等。真正的客户服务，并非一味满足客户的需求，而是合理管理客户的期望值，并提供双方都能接受的服务。

一、设定期望

设定客户期望值意味着你要告诉你的客户，哪些是他可以得到的，哪些是他不可以得到的。

（一）客户期望的含义

所谓客户期望，是指客户在接受产品及服务之前对产品及服务的一种预期，这种预期不仅包括对结果的预期，还包括对产品及服务过程的预期。一般来说，客户期望是一种满意期望，即理想的、称心如意的、渴望的期望。所有的企业都希望自己提供的产品及服务能让客户满意，并且使客户愿意再次购买。

（二）客户期望值、满意度和忠诚度之间关系

客户期望值是指客户对企业提供何种产品及服务的心理预期，即客户心目中的产品及服务应达到和可达到的水平。客户满意度是指客户通过对产品及服务的可感知效果（或结果）与其期望值相比较后，所形成的愉悦或失望的感觉状态。如果可感知效果低于期望值，客户就会感到不满意；如果可感知效果与期望值相匹配，客户就会感到满意；如果可感知效果超过期望值，客户就会感到高度满意或欣喜。简而言之，客户满意度就是客户的需求得到一定满足后的心理愉悦程度。期望值、满意度与忠诚度之间的关系如图5-1所示。

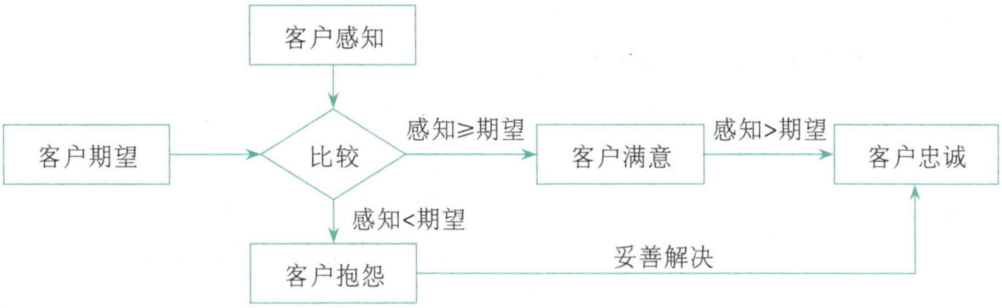

图5-1　期望值、满意度与忠诚度之间的关系

（三）三种不同水平的期望值

由于种种主客观因素的存在，不同客户或者相同客户在不同情况下对企业提供服务的期望值是不同的。按照期望水平的高低划分，客户的服务期望可以分为理想服务、宽容服务和合格服务三大类。理想服务是指客户心目中向往和渴望追求的较高水平的服务；宽容服务是指客户心目中正常水平的、使人放心的服务；合格服务是指客户能够接受的，但是要求较一般甚至较低水平的服务（如图5-2所示）。

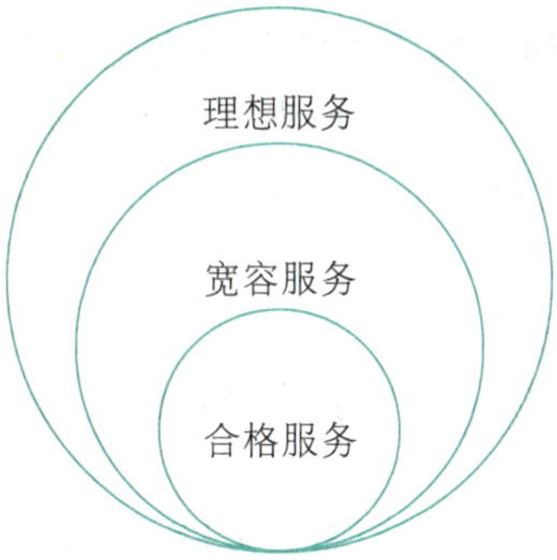

图5-2　服务期望值划分

其中，理想服务的期望值比较高，宽容服务的期望值次之，而合格服务的期望值最低。

当你来到一个已经客满的宾馆时，前台服务员殷勤地对你说：“对不起，这里已客满，我为您查询附近的酒店有没有空房。”——这种服务可以把它算作合格服务。如果服务员请你坐到大堂沙发上等候查询结果，并为你送上一杯热咖啡，加上一份最新的报纸——这种服务可以把它算作宽容服务。当服务员以上工作都做了，并派人陪你聊天，从中问出你的相关资料，出车把你送到别的酒店，以后每到你的生日或纪念日，会为你送去一张小小的贺卡——这种服务可以把它算作理想服务。

（四）期望值设定

一个企业弄清楚客户对服务水准的期望值很重要，这样才不会在客户认为不必要的地方浪费时间、精力与金钱，同时最大限度地让客户满意。

为了保证两者的关联性，就要有一种科学的方法把客户的期望值转换为企业可以内控的指标，具体可以分为四个步骤来完成这种转换：

第一步：收集客户的反馈。

真实、客观、全面地收集客户的反馈，是进行客户期望值转换的前提。企业要利用各种可以收集的渠道，如客户抱怨、表扬、满意度调查结果、业务监控等来收集客户对企业运营的反馈。

第二步：将客户的反馈转换为期望值。

我们不可能也没有理由要求客户清晰、直接地提出对企业的期望，而是要从客户的反馈里分析出客户对企业的期望，这是一个诉求转化的过程。

例如，现在乘飞机出行，只要提前登录互联网相关网页，输入自己的乘机信息，就可以自选座位，并且打印出登机牌。这个过程使得我们节省了到机场排队、取票的时间，只要在规定的时间内完成安检就可以了。而这个网上打印登机牌的功能肯定不会是客户直接明确提出来的，更大的可能是客户抱怨机场值机手续太烦琐、等待时间太长等，而服务提供者通过这些客户的声音，将其转换为期望诉求，最终演化为一种功能或产品。

第三步：转换为质量关键点。

对于由诉求转换而成的期望值，要把它转化成一项可控的关键指标，纳入企业的运营管理体系中，这样才算完成了从虚到实的管控。

例如，客户抱怨电话难以接入，客户的期望值就是快速、简单地接入。从全环节流程分析，影响接入便捷度的关键点可能包括交互语音应答软件系统设置的简单易用、服务接入速度快等，把这些期望转换为关键指标就有可能包括接到人工的平均交互语音应答软件系统的按键次数、用户等待的时长、服务水平等，把客户的期望值通过可量化的指标管理起来。

第四步：保证质量关键点的因素。

当知道了全环节的质量关键点后，就要分析保证这些关键点达成的支持因素有哪些，从内部运营方面进行管理。

例如，我们要达到某个服务水平的质量关键点，就要知道，必须有合理的预测与排班、控制缺勤、提高管理员工效率、缩短平均处理时长等才可能实现。

通过这四个步骤，将客户的一句期望，一步一步抽丝剥茧地分析下来，找到可以量化的指标，纳入运营管理体系中，环环相扣，这样就能保证这些数据是真实反映客户需求的。完成了这些指标后，客户的期望也就理所当然地实现了。

二、超越期望

（一）影响客户期望值的因素

1. 客户自身因素。客户自身的经历和需求层次等因素是影响其对企业服务期望值的主要因素。比如有一位客户，以前出差经常住的是四星或五星级宾馆，假如现在入住一家两星级宾馆，他就会按以前的经历来评价这家宾馆，把这家宾馆与四星或五星级宾馆相比较，那么就会觉得现在入住的这家宾馆很差。不同的客户所处的需求层次是不同的，有的所处的需求层次较低，有的所处的需求层次较高，不同的需求层次影响客户对事物的判断。

2. 环境因素。有的环境因素可以提高客户对服务的期望值，而有的环境因素则可以降低客户对服务的期望值。如客户在环境幽雅的饭店吃饭时，对客服人员的服务水平和饭菜的质量的期望值就会提高。

3. 企业的客户关系。实践表明，通常那些不了解企业实际服务水平的新客户对企业的服务期望值相对较低，而那些曾经享受过企业提供的服务并且对企业的服务感到满意的客户，往往会不自觉地抬高自己对企业的服务期望值。如果老客户发现企业提供的最新服务低于过去自己享受的服务水平，就会产生不满意的想法。

4. 广告宣传因素。广告宣传的目的是吸引客户，但是企业的广告宣传往往会在无形之中提高客户的期望值。如果企业自身的产品或服务与广告宣传有差距的话，客户会感觉非常不满。所以，如何给予客户一个现实的、合理的期望值，是满足客户期望的一个重要技巧。

5. 竞争对手的因素。竞争对手的服务品质往往会影响到客户对这个行业的服务期望值。也就是说，如果竞争对手提供了某项服务，而你的企业没有，那么客户就会认为你的服务不好；同样，如果你的竞争对手的服务水平不如你的企业，客户就会用你的服务水平来衡量整个行业的服务水平，所以一家企业在专注于本企业的服务水平的同时，要密切注意竞争对手的做法。

因此，要提高客户的满意度，企业一方面要不断提高自身的产品质量和服务水平；另一方面要从影响客户期望值的因素出发，将客户期望值调整在一定的范围之内。

情景再现 5-1

有一家照相馆，经常接到一些旧照片的翻拍和扩大的活儿。旧照片大都褪色了，年头稍久的图像也模糊不清了，每当接待这些客户的时候，照相馆老板总是先和客户说明："这照片太差了，翻拍和扩大的效果可能不太好，我们尽力帮您处理一下。"一听这话，很多客户都会着急："那怎么办？你这儿要是弄不好，干脆我到别家去了。"这时，照相馆老板就会拿出一个效果一般的作品："您看这张翻拍和扩大出来的照片吧！您的照片比这张照片的原始图片稍差一点，不过差不太多，您看看这个的效果，再拿主意。"一看照相馆老板拿出的照片，本来打退堂鼓的客户顿时眼前一亮。虽然照相馆老板认为效果一般，但那是他站在专业的角度看，在客户眼里，陈旧照片经过精心处理，几乎和新的一样。等到客户来取照片时，照相馆老板把效果最好的作品拿出来，画面干净清晰，人物栩栩如生……客户十分满意，还会主动向其他人推荐。时间一长，翻拍和扩大旧照片业务成了照相馆的"招牌"，很多客户慕名而来，照相馆老板的生意自然也越来越红火。

资料来源　编者根据相关资料编写.

问题：老板为何要事先向客户说明"可能会影响效果"呢？

分析：其中涉及客户满意度和客户期望值的问题。客户满意度=客户实际感觉/期望值。也就是说，如果照相馆老板不提前说明客户所提供照片存在的瑕疵，那么翻拍修复之后客户会觉得是正常的，实际感觉与期望值相当，当然就不会有特别的满意度；而老板提前说明了照片的瑕疵可能会影响实际效果，客户的期望值就会大大降低，而当照片翻拍和扩大之后，那些瑕疵并没有影响整体效果，客户的实际感觉会大大高于期望值，这时客户满意度就会进入一个惊喜区间，由此所带来的效果自然是不言而喻的。

（二）服务上多走一步

企业如何在激烈的竞争中取胜，让客户满意，进而使客户对企业忠诚，能不能比别人多走一步就显得非常重要。

1. 与竞争对手的服务品质做一个对比，然后多走一步，即企业的服务品质要比竞争对手的服务品质更高。

企业案例 5-1

海底捞将卫生间服务做到极致

海底捞的卫生间虽然是其所在商业项目的共用卫生间，但海底捞有着自己的一套服务标准，有专门的清洁人员不断打扫，以保证卫生间内的卫生。卫生间配有纸巾、香薰、梳妆台，梳妆台上有漱口水、梳子、润肤乳、棉签、牙签、啫喱水等物品，并确保物品的及时更换，更是方便有需求的顾客及时使用。尤其是海底捞女卫生间里面的提醒，特殊日子有需要请找阿姨。在第一时间内，及时解决女性消费者在特殊情况下的窘迫遭遇，可谓服务细节的最大化体现。

对海底捞而言，最大的特色就是跳出了传统的餐饮经营思维，不但将产品口味做精，更是在有无限发挥空间的服务上面下大功夫，做到极致，使消费者感动，感觉被尊重，进而促进下一次的消费。

相较于购物中心内的其他卫生间，海底捞的卫生间则是以更优质的服务取胜。

资料来源 编者根据相关资料编写.

点评：对比竞争者实施差异化服务是海底捞的经营策略之一。海底捞的差异化服务就是在满足基础服务之上的个性需求满足，海底捞极致的服务、懂得尊重人的理念就是品牌的与众不同之处，也是最受消费者喜爱的利器。

课堂互动 5-1
分析提示

2. 与客户的希望服务水准做一个对比，然后多走一步，即企业的服务品质要比客户所希望达到的程度还要多一点儿。

课堂互动 5-1

满意是构建出来的

民间流行的谚语有时候能反映时代特点。社会进步的大趋势是个人主义越来越强，人人都想着自我实现，而自我实现的思路也在变。以前人们比较相信自我奋斗，遇到困境首先想着提高自己，有句话叫“性格决定命运”；现在大家更加注意“命运”“运气”“历史的行程”之类的客观因素，有句话叫“选择大于努力”。请你分析一下到底是“性格决定命运”，还是“选择大于努力”呢？

如果你从事的工作怎么做都不顺心，到底是此工作不适合你，还是你需要改变呢？

单元二 客户满意度

客户满意度调查是当前市场竞争的一个焦点。满意度调查不仅可以用来衡量企业产品或服务的质量，更为重要的是，它可以从客户的角度分析对企业产品或服务不满意的原因，以提高企业的竞争力。

一、客户满意度概述

（一）客户满意度概念

客户满意度其实是一个相对的概念，是指客户满意的程度，是客户期望值与最终获得值之间的匹配程度，用公式来表示为：

客户满意度= 实际产品÷理想产品

“理想产品”是客户心中预期的产品，客户认为自己支付了一定数量的货币，应该购买到具有一定功能、特性和达到一定质量标准的产品。而“实际产品”是客户得到产品后，在实际使用过程中对其功能、特性及质量的体验和判断。

（二）客户满意度的三种状态

“实际产品”<“理想产品”，客户就会产生不满意甚至抱怨；

“实际产品”=“理想产品”，客户的期望得到验证，就会感到满意；

“实际产品”>“理想产品”，客户不仅会感到满意，而且会产生惊喜、兴奋。

（三）客户满意度的特性

1. 主观性。客户满意度是建立在其对产品和服务的体验上的，感受的对象是客观的，而结论是主观的。客户满意度与客户的自身条件如知识和经验、收入状况、生活习惯、价值观念等有关，还与媒体宣传等有关。

2. 层次性。具有不同层次需求的人对产品和服务的评价标准不同，因而不同地区、不同阶层的人或一个人在不同条件下对某个产品或某项服务的评价也不尽相同。

3. 相对性。客户对产品和服务的技术指标与成本等经济指标通常不熟悉，他们习惯于把购买的产品和服务与同类其他产品和服务，或与以前的消费经验进行比较，由此得到的满意或不满意是相对的。

4. 阶段性。任何产品都具有生命周期，服务也有时间性，客户对产品和服务的满意程度来自过程的使用体验，是在过去多次购买和提供的服务中逐渐形成的，因而呈现出阶段性。

二、客户满意的内容

客户的满意是指客户接受有形产品和无形服务后感到需求被满足的状态。客户满意的内容包括以下几个方面：

（一）理念满意

这是企业经营理念带给客户的满意状态。它应包括经营宗旨满意、经营方针满意、经营哲学满意等方面，要求企业的质量观、服务观、客户观等经营理念必须体现以客户为中心的思想。企业经营理念的设置必须体现“客户第一”的精神。

企业案例 5-2

天虹商场企业文化

企业使命：致力于创造与分享生活之美。

创造：创造价值，这份价值就是让生活更加美好。劳动、创新，让世界在改变。

分享：利他思想、集体主义、开放精神；分享能 1+1>2；让 1 变成千万甚至无穷大；静态变为动态；短期变为长远。

生活：零售行业贴近生活脉搏，与生活息息相关；包括物质生活、精神生活。

美：真善才美，内外兼修才美，无私利他才美，分享就是美。

资料来源　编者根据天虹官网（http：//www.rainbow.cn）相关资料整理.

（二）行为满意

它是企业全部的运行状态带给客户的满意度。行为满意系统包括行为机制满意、行为规则满意、行为模式满意三个方面的内容。

（三）视听满意

这是企业可视性和可听性外在形象带给企业内外客户的满意状态。视听满意系统强调各个视听要素从不同侧面带给客户的满意。视听满意系统应包括企业名称满意、标志满意、标准色满意、标准字满意和应用系统满意等内容。

（四）产品满意

这是企业产品带给客户的满意状态。其内容有产品质量满意，产品功能、设计、包装和产品价格满意等。

（五）服务满意

这是企业服务带给客户的满意状态。服务满意系统包括绩效满意、系统满意、完整性满意、方便性满意、氛围满意等。

三、客户满意度的衡量指标

（一）美誉度

美誉度指一个企业获得公众信任、好感、接纳和欢迎的程度，是评价企业声誉好坏的社会指标，侧重于“质”的评价，即社会影响的美丑、好坏。只要客户愿意向他人推荐企业及其产品或者服务，客户一般都是满意的。

（二）指名购买率

指名购买率是指针对某一特定品牌的产品或服务时放弃其他选择、非此不买，也指在其销售量中由客户自己主动选择购买的部分所占的比例。指名购买率可以衡量某一特定品牌被其客户认同的程度。指名购买率高证明客户的满意度非常高。

（三）投诉率

投诉率越高，客户越不满意。但没有投诉并不能证明客户都满意，因为只有 5% 的不满意客户会投诉，另外 95% 中的大部分会默默地转向其他企业。

（四）购买额

购买额指客户购买某企业产品或服务的金额，购买金额越高，证明客户满意度越高。

（五）对价格的敏感度

对价格的敏感度指当某企业的产品或服务涨价时客户的承受力。客户愿意接受证明满意；如果客户因此而转移或叛离，证明客户的满意度不够高。

四、客户满意度的调查对象

由于不同的客户在事前对企业的期待是不同的，有的客户容易满意，有的客户却不容易满意，因此在测试客户满意度时，仅调查少数人的意见是不够的，必须以多数人为对象，然后将结果平均化。

（一）现实客户

现实客户即已经体验过本企业产品或服务的现实（既有）客户。由于大多数的企业不是因为吸引客户过少而失败，而是由于未能提供让客户满意的产品或服务造成客户流失与业绩减退，因此调查并提高现实客户满意度非常重要。

（二）使用者和购买者

客户满意度是以产品或服务的最终使用者还是以实际购买者为测试对象，这需要预先明确。由于产品或服务性质的不同，这两者经常存在差异。

通常的理解是合二为一，以购买者为测试对象，这是惯常的做法。

（三）中间商

有些企业并不直接与消费者见面，而需要经过一定的中间环节，如零售商。这时，客户对产品或服务的满意度，与批发商、零售商这样的中间商有很大关系，调查中就不可忽略对中间商的调查。

（四）内部客户

客户满意度的测试不仅要包括传统的外部客户的调查，还要包括企业内部客户的调查。许多企业没有“内部客户”的观念，各部门之间隔阂很严重。各部门员工对外部客户的需求很重视，却忽视了上下线其他部门这样的“内部客户”，彼此互不合作甚至互相拆台的事情时有发生。

因而，企业的内部客户满意度是客户满意度调查中不能忽视的一个方面，内部客户也是重要的调查对象。

五、检验客户满意度的方法

（一）投诉和建议制度

一个以客户为中心的组织应为其客户投诉和提建议提供方便。比如：许多饭店和旅馆都备有不同表格，请客人诉说他们的喜忧。医院可以在走廊上设建议箱，向病人提供评议卡，出钱雇一位病人去收集其他病人的意见。有些客户导向的公司，诸如宝洁公司、通用电气公司、惠尔浦公司等，开设了400电话的“客户热线”和网络客户反馈系统等，为客户提要求、谈建议、发牢骚敞开了大门。

（二）佯装购物者（神秘顾客）

收集客户满意度情况的另一个有效途径是花钱雇一些人，装扮成客户，报告他们在购买公司产品及其竞争产品的过程中所发现的优点和缺点。这些佯装购物者甚至可以故意提出一些问题，以测试公司的客服人员能否恰当处理。例如，一个佯装购物者可以对餐馆的食品表示不满意，以测试餐馆相关人员如何处理这些抱怨。公司不仅应该雇用佯装购物者，经理们还应经常走出他们的办公室，进入他们不熟悉的公司以及竞争者的实际销售环境，以亲身体验作为“客户”所受到的待遇。经理们也可以采用另一种方法来做这件事，他们可以打电话给自己的公司，提出各种不同的问题和抱怨，看他们的客服人员如何处理这样的电话。

【拓展阅读5-1】

某餐厅神秘顾客访问工具

1.问卷：用于记录检查结果、指导检查要点的工具。

2.笔：用来记录的工具。

3.路线表：内容包括餐厅名称、详细地址、餐厅编号、访问日期、访问时间及各餐厅间的行走路线等。

4.身份证明文件：包括身份证、访问员证及介绍信，用以在必要时候证明访问员身份。

备注：

a.出示身份证明文件的时机：当神秘顾客身份被识破，并遭到餐厅相关员工羁绊责难时。

b.在出示身份证明文件的同时必须把此事立即汇报给项目组，不能私下处理事件。

c.访问员证：有神秘顾客照片，公司盖章、联系人电话及名称。

d.介绍信：简要介绍此次目的，加盖访问部专用章，标明有效日期、联系人及电话。

5.录音设备：录音笔或mp3，用以记录整个访问过程，需确保录音设备在访问过程中运作正常。

6.拍照手机：能拍摄图片的手机，要求拍摄图像清晰，用以拍摄特定场景。

资料来源　编者根据相关资料编写.

（三）客户满意调查

仅仅靠一个投诉和建议制度，公司无法全面了解客户的满意和不满意。一些研究表明，客户在每4次购买中会有1次不满意，而只有5%以下的不满意客户会抱怨。大多数客户会少买或转向其他供应商，而不是抱怨。结果，公司就失去了客户。所以，公司不能以抱怨水平来衡量客户满意度。敏感的公司通过定期调查，直接测定客户状况。它们在现有的客户中随机抽取样本，向其发送问卷或打电话询问，以了解客户对公司业绩各方面的印象。它们还可以向买主征求其对竞争公司业绩的看法。

在收集有关客户满意度的信息时，询问一些其他问题以了解客户再购买的意图，将是十分有用的。一般而言，客户越是满意，再购买的可能性越高。衡量客户是否愿意向其他人推荐本公司及其产品也是很有用的。好的口头评语意味着公司创造了较高的客户满意度。

（四）分析流失的客户

对于那些已停止购买或已转向另一个供应商的客户，公司应该与他们接触一下，以了解发生这种情况的原因。当国际商用机器公司流失一个客户时，该公司会尽一切努力去了解其在什么地方做错了——是价格定得太高、服务不周到，还是产品不可靠等。公司不仅要和那些流失的客户谈话，而且必须控制客户流失率，如果流失率不断提高，无疑表明该公司在使其客户满意方面不尽如人意。

单元三　神秘顾客调查法

20世纪八九十年代，神秘顾客调查法在欧美商界得到广泛应用。英国一家机构抽样调查统计结果显示，在被调查的商业性公司中88%的公司应用神秘顾客调查法对本公司、竞争对手或两者同时进行过调查。可见神秘顾客调查法不仅是一种调查方法，更是一种服务诊断和评估的有效工具。

看场景　学服务

微课：神秘顾客

一、神秘顾客调查法的概念

神秘顾客调查法20世纪70年代由美国零售行业“模拟购物”的调查方式发展而来，是一种检视现场服务质量的调查方式，即由神秘顾客依据事前拟好的所要检查和评价的服务问题，到服务现场进行真实的服务体验活动，通过观察、申办服务活动和提出测试性问题等，获取现场服务的有关信息，包括服务环境，以及客服人员的仪态、服务表现、业务素质、应急能力等。

作为神秘顾客的调查员必须事先经过严格培训，具备较高的综合素质和理解能力、良好的心理状态和端正的工作态度、敏锐的观察分辨能力和良好的记忆力以及一定的工作总结能力。常聘请独立的第三方人员，如市场研究公司的研究人员或经验丰富的专业人士担当神秘顾客。

神秘顾客调查法最早是由肯德基、诺基亚、摩托罗拉、飞利浦等一批跨国公司，引进国内为其连锁分部进行管理服务的。

二、神秘顾客调查法的特点

神秘顾客调查法与顾客满意度调查法都是为调查顾客满意状况、进行顾客服务质量管理的方法（见表5-1）。

由表5-1可知，神秘顾客调查法的优点在于调研真实客观，对企业的执行力进行科学评估，能够观察详尽的服务细节而不仅是服务结果，适用于过程复杂、顾客自身难以评价的服务过程或现场服务质量的调查。当然，神秘顾客调查法也存在一定的局限性，即该方法无法探究服务现场各种问题发生的原因，并且受到神秘顾客自身的能力水平限制，这时需要用其他方法进行分析和管理。

表5-1　神秘顾客调查法与顾客满意度调查法的比较

项目	神秘顾客调查法	顾客满意度调查法
研究目标	检测顾客不满意的原因	检测顾客不满意的方面
研究方法	以暗访为主	以问卷调查为主
研究内容	服务的整个过程	服务的最后结果
研究依据	既定的服务标准	顾客的期望和感知
研究范围	某个时间点上顾客的满意状况	某一时间段内顾客的满意状况
研究结果	识别服务流程的薄弱环节	识别改进服务质量的方向

三、神秘顾客调查的形式

（一）神秘顾客拨打神秘电话

在这种调查方法中，神秘顾客给被调查的客服人员拨打电话，与其进行一番照本宣科式的谈话，并根据电话内容评估该客服人员的服务水平。

（二）神秘顾客现场采购

在这种调查方法中，神秘顾客在被调查地点（或者购买点）进行实际的购买活动，然后把购买过程的感受记录下来，并根据实际印象对被调查地点（或者购买点）的服务进行评估。

（三）神秘顾客造访某个企业

在这种调查方法中，神秘顾客用事先准备好的手稿或者方案与被调查企业的客服人员进行谈话，然后把感受服务的过程记录下来，并根据印象对其服务进行评估。实际上，这种方法并不包括真正的购买行为。

（四）神秘顾客与被调查者进行技术或者有关产品等方面的交流

在这种调查方法中，神秘顾客会就某一个重大购买事件与被调查者进行技术或者有关产品等方面的充分交流，然后把感受服务的过程记录下来，并根据印象对其服务进行评估。

四、神秘顾客调查法实施步骤

（一）确定调查目标

首先要明确企业所要解决的问题，即识别服务流程的薄弱环节，从而为提高服务质量以及提升顾客满意度找到解决方法，以此来确定调查目标。

（二）安排调查前期准备工作

准备工作包括选择和培训神秘顾客、制订访问计划以及拟定访问内容。企业一般会聘请专业的第三方公司进行调查，以保证调查结果的真实准确。选择神秘顾客的原则是神秘顾客与真实顾客的特征越接近越好，以避免神秘顾客因性别、年龄、外貌等差异带来的调查偏差，同时对其进行服务质量知识、相关业务常识、心理学常识、暗访调查的技巧等培训。此外，对整个调查要有一个完整的计划，包括门店的选择、调查的时间安排、进度计划、质量控制、团队管理、各种应对预案等；对于调查的内容，要提前列出明细，使神秘顾客熟记于心。

（三）开展调查

在正式调查前首先挑选一家门店进行预调查，对调查计划的可行性进行验证，以提出修改或补充的内容；经过验证补正后，神秘顾客必须严格按照计划开展正式的神秘顾客调查。

（四）整理分析调查结果，生成调查报告

神秘顾客调查结束后，神秘顾客要记录详细的调查过程，包括各种行为模式、突发事件等；对调查结果要进行保存和整理，并通过定性和定量两种方法对资料进行分析，必要时可针对发现的问题进行顾客满意度测评，以弥补神秘顾客调查法无法探究问题产生原因的局限性；最终撰写调查报告，为企业服务管理工作的开展提供借鉴。

五、调查案例分析

（一）A品牌概况

A公司是一家服装加工和销售企业，产品远销美国、日本、西欧等30多个国家和地区。截至目前，A品牌已在全国16个城市的19家百货商店开设专柜，A品牌店铺一般处于中高档商圈，面积一般为20～50平方米。由于大部分销售专柜尚处于起步阶段，所以实现目标销售额需要不断努力。

（二）A品牌终端神秘顾客设计

为了了解并掌握A品牌19家百货商店专柜的销售服务情况，在2019年5月至7月，受A公司委托，本项目组调查人员（两人一组）以神秘顾客身份进入店铺进行服装浏览、挑选、多次试穿、购买等（每次约30分钟），对终端店员（导购员）进行销售服务质量评估，了解导购员的服务现状及存在的问题；同时现场调查卖场服装经营要素对顾客购买决策的影响并了解售后及相关服务信息，由此探索A品牌在店铺终端服务方面的改进重点及方向。神秘顾客评估A品牌店铺销售服务的内容主要包括迎接顾客、正式销售（分为货品推荐、顾客试衣、成交）、告别顾客、卖场氛围4个方面，赋值分配见表5-2。

表5-2　神秘顾客评估A品牌店铺销售服务的内容赋值分配

项目	迎接顾客	正式销售			告别顾客	卖场氛围	总计
		货品推荐	顾客试衣	成交			
问项数	9	6	13	8	3	11	50
赋值	18	12	26	16	6	22	100

注：打分良好=2；及格=1；无法确定=NA。

总分=［各项赋值分数合计/（100-NA项数）］×100

神秘顾客调查方案的主要内容如下：

1.迎接顾客。神秘顾客进入店铺后，观察导购员是否及时表示欢迎，并主动向顾客介绍当前促销活动；导购员是否着规定工作服装、佩戴铭牌、鞋服整洁、妆容合适；是否表现自信、姿态规范，给予顾客充分的时间和空间浏览货品；顾客较多时是否仍能兼顾应对；是否熟悉品牌及公司的情况，并能准确扼要地向顾客介绍；导购员之间是否存在非工作话题的闲聊等现象。

2.货品推荐。神秘顾客在浏览货品、进行询问时，导购员是否能及时捕捉神秘顾客的试穿意图并迅速跟进、进入服务状态；是否主动用开放式的问题挖掘顾客需求，并结合顾客类型推荐货品，简略介绍服装相关知识（如特性、款式、面料、搭配及设计风格等）；是否鼓励顾客试穿；货品推荐过程语言表达是否灵活自然，措辞语调是否恰当亲切等。

3.顾客试衣。神秘顾客试穿前，导购员是否为其解开服装的纽扣、拉链等，带领其至试衣间门口，打开门（帘）；神秘顾客进入试衣间后，是否在门外等候，并主动询问尺码是否合适、是否需要更换等；神秘顾客走出试衣间后，是否协助其拉上拉链、挽好裤脚、扶正衣领等，并对试穿效果提供客观评价；当顾客对推荐试穿的服装不满意时，是否委婉询问原因并鼓励顾客试穿一套以上或搭配成套的货品（搭配方案合理）；如果缺码，是否及时联系调货，或尝试留下顾客电话，有货后联系；如果顾客反复试衣，态度是否始终如一，无流露不满；如果试衣间忙，是否能很好协调各批次顾客试衣等。

4.成交。神秘顾客试穿满意后，导购员是否在恰当的时候提出成交，或在合适时机介绍促销内容以促进成交；是否推荐与顾客所购货品可搭配的其他衣服、饰品或附件；是否与顾客一起确认尺寸，检查质量（如纽扣没有松脱、走线等），并主动告知衣物的洗涤维护等注意事项；是否礼貌询问顾客的付款方式（现金／刷卡等），并鼓励购买额度达到一定标准的顾客申办VIP卡，并介绍VIP规则等。

5.告别顾客。无论顾客有无购买，顾客离去时导购员是否礼貌告别，语调自然亲切；当顾客提出与销售无关的合理要求时（如问路），回答及态度是否自然等。

6.卖场氛围。神秘顾客在整个服务体验过程中，应同时注意观察卖场的陈列是否整齐；试衣间设备、照明条件是否良好，试衣镜数量及位置是否适宜；店铺配套设施（POS收银机、POP广告、挂烫机等）是否整洁完好；店铺地址卡、意见卡等是否放置于顾客容易看到的地方；多名导购员配合沟通是否良好等。

根据以上内容，神秘顾客对服务做出综合评价。

（三）A品牌神秘顾客评估结果分析

依据神秘顾客的调查情况，对A品牌19家百货商店专柜的销售服务情况进行分析和评估，结果见表5-3。

由A品牌店铺在迎接顾客、正式销售、告别顾客、卖场氛围4个方面的平均分可知：

1.迎接顾客方面平均得分为13分，占该项总分（18分）的72.2%，说明基本能够做到礼貌待客。

2.正式销售方面得分相对较低（27分），仅占该项总分（54分）的50%，说明导购员在货品推荐、顾客试衣及成交方面的服务技巧相对薄弱，有待进一步提高。

3.告别顾客方面得分（5分）较高（该项总分6分），说明导购员在售卖结束后态度无反差，普遍较为亲切自然。

4.在卖场氛围调查中，得分为14分，占该项总分（22分）的63.6%。其中，“店铺地址卡、意见卡等是否放置于顾客容易看到的地方”这一问项得分最低，可见该方

表 5-3　　调查结果统计表　　单位：分

地区	城市	迎接顾客	正式销售				告别顾客	卖场氛围	NA	总分
			货品推荐	顾客试衣	成交	小计				
北方地区（68.36）	包头	17	11	21	12	44	6	14	4	84.38
	沈阳	13	11	20	12	43	6	16	4	81.25
	烟台	16	10	12	10	32	6	18	2	73.47
	潍坊	13	9	15	8	32	4	17	4	68.75
	唐山	9	10	20	4	34	4	15	5	65.26
	天津	14	7	15	2	24	6	16	5	63.16
	莱芜	15	7	11	6	24	6	16	1	61.62
	呼和浩特	10	4	8	4	16	5	16	4	48.96
长三角地区（57.10）	苏州a	7	1	9	0	10	3	10	12	34.09
	苏州b	16	12	17	8	37	6	10	5	72.63
	苏州c	10	10	12	7	29	6	14	9	64.84
	杭州1	14	8	19	3	30	4	13	4	63.54
	杭州2	14	4	15	3	22	6	18	1	60.61
	上海	15	6	10	9	25	6	6	5	54.74
	徐州	17	5	5	4	14	4	18	4	55.21
	宁波	12	5	9	0	14	3	15	14	51.16
中西部及中南部地区（60.98）	成都	15	10	18	10	38	6	17	1	76.77
	深圳	10	8	15	8	31	6	10	3	58.76
	重庆	14	6	9	3	18	4	10	3	47.42
平均分		13	—	—	—	27	5	14	—	62.45

面亟待完善。此外，表5-3中神秘顾客评估得分显示，所有店铺平均得分为62.45分，北方地区平均得分（68.36分）最高，其中包头店铺的总分（84.38分）最高，其次为沈阳的（81.25分），而苏州a的得分（34.09分）最低，服务水平有待提高。若以60分进行分档，低于60分的为苏州a、重庆、呼和浩特、宁波、上海、徐州及深圳，其余均在60分以上，服务情况良好（如图5-3所示）。

（四）A品牌门店存在的问题及改进建议

1. 存在的问题。通过神秘顾客店铺调查，并结合本项目组其他人员在不同时间段对A品牌店铺的实地访谈和问卷调查，发现A品牌终端服务存在的主要问题如下：

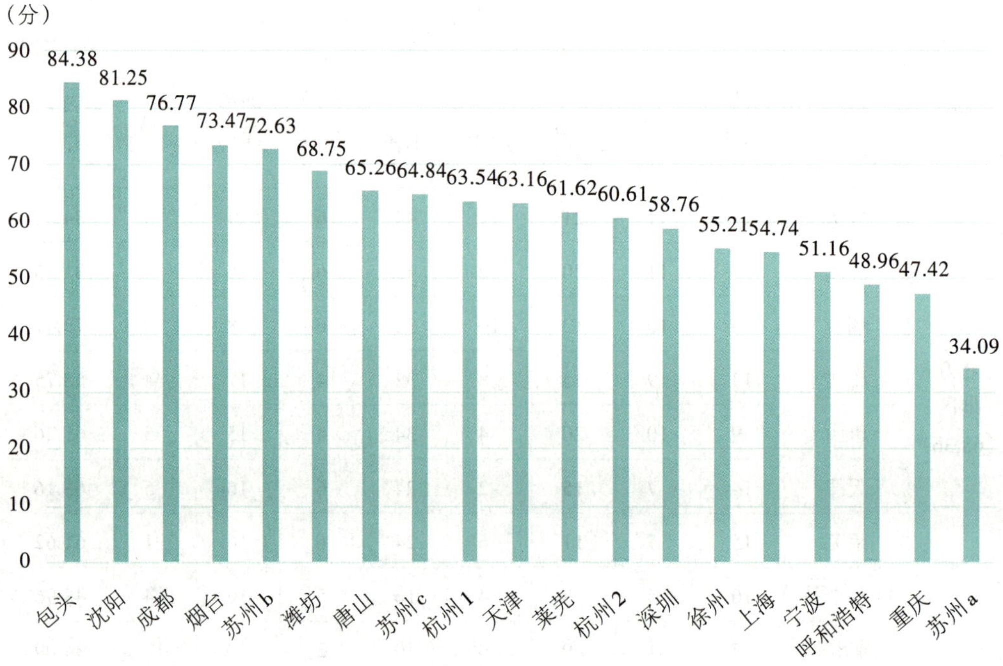

图5-3　A品牌各店铺神秘顾客评估分值分布

（1）导购员整体学历偏低，专业水平不高，公司内部培训很少；大多数导购员对A品牌及公司情况认识模糊，还出现品牌英文名称发音不准、顾客定位不清晰等现象。

（2）在迎接顾客及正式销售过程中，导购员缺乏推销技巧，表现较为被动；A公司缺乏完善的售后服务体系，对顾客反馈信息处理不及时等。

2.改进建议：

（1）加强导购员培训，解读顾客心理。

（2）规范服务流程，形成监督机制。合理规范的店铺服务流程有助于高效地向顾客传达购买建议、宣传促销活动及提供问题对策，在提高成交量的同时提升顾客心中的品牌形象。

（3）发展创新服务，赢得顾客青睐。差异化的消费时代需要有差异化的销售服务模式，以带给顾客不同的消费感受，从而促进品牌经营的良性发展。

单元四　服务创新

客户对服务品质的期望与日俱增，如果企业安于现状，即使服务的品质并未下降，客户的不满也会日趋增加。客户的期望值是不断变化的，企业需要在服务标准化、人性化、多样化等方面不断提升服务质量与服务水平，这样才能不断提供超过客户期望值的服务。

一、服务的标准化

服务标准化是指从制定标准到发布标准及全面实施该项标准的全部活动过程。企业及服务工作者必须明确，服务标准是服务向高层次发展的标志，是使服务工作量化和规范化、提高服务质量的重要保证。

（一）服务标准化内容

服务标准化内容可以细化为两个方面：一是服务流程层面，即服务的递送系统向客户提供满足其需求的各个有序服务步骤，服务流程标准的建立要求对适合这种流程服务标准的目标客户提供相同步骤的服务。二是提供的具体服务层面，即在各个服务环节中人性的一面，在一项服务接触或“真实瞬间”中，客服人员所展现出来的仪表、语言、态度和行为等。

1.服务流程标准化。服务流程标准化着眼于整体的服务，采用系统的方法，通过改善整个服务体系内的分工和合作方式，优化整个服务流程，从而提高服务的效率，寻求服务质量的保证。

客户在接受服务的过程中，一方面希望获得专业化的服务，另一方面希望得到极大的便利，减少等候的时间、方便结算等。所以，在进行服务流程标准化的设计过程中，要以向客户提供便利为原则，而不是为了公司内部实施方便等。例如，病人到医院看病，要经历排队挂号、排队就诊、排队付款、排队取药4个环节。即便是每个环节的客服人员都工作得非常出色，也很难让病人满意。从某种程度上来讲，其流程还有待于进一步优化，以最大的可能来满足客户的便利。

2.提供服务标准化。服务的生产与消费通常是同步进行的，美容店的服务在没有出售前是不能提供出来的，服务在生产的时候同时被消费。这种同步性也意味着较高的客户参与度，服务的质量与客户满意度将在很大程度上依赖于“真实瞬间”的情况，如果能在这些“真实瞬间”提炼出可以标准化的部分，对企业本身而言无疑是一大挑战，也会成为服务的亮点。“接触点”的服务标准化，主要体现为客服人员的仪表、语言、态度和行为标准等。

企业案例 5-3

顺丰速运标准化服务

顺丰的收件流程包括：

接收信息→至客户处→现场操作→与客户道别→快件入仓

以接收信息环节为例，顺丰收件员的标准化服务包括：

（1）收件员在接到下单短信后，应仔细核对短信内容，如发现不在自己的业务区域内或错误短信等问题时应立即电询接单员，对于新客户应及时联系并确认其地址，同时根据客户不同需要携带纸箱等包装用品，收件员在收到下单短信后应在1小时内到达寄件客户处。

（2）收件员要根据约定时间及路程所需时间确定出发时间，要确保到达时间比约定时间提前5～10分钟，不会因为路上交通阻塞或道路不熟悉而晚到。

（3）如果收件员因故迟到，未按约定时间到达，收件员应在与客户约定时间的前5~10分钟同客户取得联系，表示歉意。可以以交通受阻为理由向客户解释，争取得到客户谅解（不能以服务客户太多为理由）。如果客户不高兴甚至出现拒绝接受服务等情况，收件员要诚挚道歉以取得客户的谅解。若客户主动提出改约，则按约定时间提前5~10分钟上门。

（4）将要到达现场时，提前5分钟与客户联系，采用标准服务用语通知客户即将到达："您好，我是顺丰速运收件员×××，我大约5分钟后到您那儿，一会儿见。"给客户提前打一个电话，可以让客户更加安心，也可以让客户有几分钟的时间做好准备。一个短短的电话，可以带给客户一份踏实和温暖。

资料来源　编者根据企业内部培训资料《收派员工作流程与服务规范》整理.

点评：客服人员在与客户的接触过程中，其动作是非常有必要进行规范的，即对服务接触过程中客服人员动作进行标准化。这使得工作效率大大提高，更重要的是以客户所期望的动作标准来为其服务，会在客户心目中建立一个良好的服务形象，要尽可能避免因客服人员的经验动作而带来客户的不满。

（二）服务标准化技巧

企业在向客户提供服务的过程中，在着眼于服务的整体、采用系统的方法、标准化服务流程的基础上，根据行业特征和提供服务的特性从不同方面进行细节问题的标准化。当然，强调服务的标准化并不排斥个性化的服务，提供服务的企业可以根据内部条件和客户需求进行标准化与个性化的平衡。一般而言，服务标准化要掌握下面一些基本技能：

1.明确建立服务标准的优点。建立服务标准的好处有很多，如确保服务质量的稳定，可以使客户购买时放心；提供服务绩效评判依据，可以提高客户的满意度，促使客服人员持续改进服务行为等。

2.掌握制定服务标准化的着眼点。一般而言，制定服务标准化的着眼点有3个，即产品质量标准、程序快捷程度标准和技术的准确性标准。

3.明确服务标准化的具体要求。服务标准化的具体要求有很多，一般可概括为：服务标准必须明确具体；服务标准必须具有可衡量性等。

二、服务的人性化

所谓人性化，就是真正读懂人性，并以豁达的胸怀和真诚的关怀，给人以充分的理解、尊重、宽容与关注。人性化服务就是要"以人为本"，要以满足人的需要、实现人的价值、追求人的发展为趋向，以充满人文关怀、体现美与和谐的形式来开展客户服务。

无论是传统的服务业、新兴的服务业，乃至网络上的服务业，最核心的服务价值就是"人性化的服务"。客服人员应该不断地总结人性化服务的要点，且对此进行不断的探索和创新。

（一）服务人性化的意义

企业的人性化服务是建立在尊重人性、注重客户的人性化需求的基础上的。人性化服务的优劣直接影响企业的生存和发展，关系到企业的声誉，是企业经营成败的关键。

1.对于一个企业来说，人性化服务是最有力的招徕客户的营销方法之一，可以使企业获得竞争优势、提高整体实力。

2.人性化服务是企业树立形象、提高知名度、扩大影响力的有效手段，可以为企业带来品牌效应。

3.良好的人性化服务可以在一定程度上弥补企业在硬件设施、产品等方面的不足，使客户得到心理满足。

4.人性化服务能够促使企业深入了解目标市场的实际需求和潜在需求，从而使客户得到更周到的服务。

（二）服务人性化技巧

1.树立以人为本的服务理念。客户第一、服务至上是现代服务的主要理念，这就要求客服人员要理解、关心、爱护和尊重客户，形成一个以客户为中心的经营环境。

2.创造人性化的服务设施。创造人性化的服务设施要求服务设施应根据客户的意愿和方便来增减，设施的放置应以客户方便为第一原则等，如医院的残疾人专用厕所等。

3.创造客户的感官效应。这是指被服务的客户在接受服务的过程中，其感官能否有所享受，如能让客户的视觉感到轻松，能让客户从听觉享受到愉悦。

4.为客户营造亲切的服务环境。每个客户接受服务，其最大的希望就是能从中享受到温馨与和谐。这就要求客服人员能够将客户看成自己家人，使客户有种宾至如归的感觉，任何一种服务方式都不应使客户感到窘迫等。

情景再现5-2

1.为嗓子不舒服的客人提供柠檬水。

语言：您好，先生（女士）！刚才听见您嗓子好像不舒服，这是我为您准备的柠檬水，您喝了之后可以缓解一下。

2.冬季时，有的客人进包房感觉冷，要为其提供披肩或沙发垫。

语言：您好，先生（女士）！今天天气比较凉，这是为您准备的披肩（或沙发垫），您可以披（或靠）上，这样会暖和一些。

3.客人入座时应为戴眼镜的客人提供眼镜布。

语言：这是为您准备的眼镜布，您可擦下眼镜。（如客人提问是否可以带走时，客服人员可以回答：这是为您准备的，可以带走）

4.雨雪天气时，接送客人提示客人要小心路滑，雪天客人进厅房时，应为客人打扫身上的雪，并为客人提供小毛巾。

5.为客人提供手机套。

语言：您好，先生（女士）！手机我帮您套一下，以防汤汁或酒水滴在您的手机上面，弄脏手机。

6.对打车离开的客人，客服人员要记住车牌号码。

语言：您好，先生（女士）！请您慢走，欢迎再次光临，车牌号码我们已经帮您记好了。

资料来源　编者根据相关资料整理.

三、服务的体验化

客户需求多样化决定企业提供给客户的服务内容和形式也要多样化，目前随着服务业的发展，体验服务和顾问式服务成为热门的两种服务方式。

旅游、餐饮等服务业是与客户高度接触的行业，是典型的体验型行业。服务的性质决定着客户的亲自参与，客户的每次消费都是一次亲身体验。

（一）体验服务的含义

体验服务就是企业以服务为舞台、以商品为道具，围绕着消费者，创造出值得消费者回忆的服务活动。其中的商品是有形的，服务是无形的，而创造出的体验是令人难忘的。商品、服务对消费者来说是外在的，但是体验是内在的，存在于个人心中，是个人在形体、情绪、知识等上参与的所得，最后留下的是一种值得时不时回味的心情。体验服务就是让客户对服务进行全面体验的过程，它以提高客户整体体验为出发点，注重与客户的每一次接触，通过协调，整合售前、售中和售后等各个阶段中各种与客户的接触点或接触渠道，有目的、无缝隙地向客户传递目标信息，以实现良性互动，创造出差异化的客户感知价值，来实现客户的忠诚。

（二）体验服务的特点

体验服务的特点主要有以下几个：

1. 体验服务的出发点是建立客户的忠诚度。

2. 体验服务的目的是实现与客户的直接互动。

3. 体验服务是让客户自己来体验服务，避免教唆式的市场推广。

4. 体验服务过程是与客户倾心交谈、让客户感觉十分亲切的享受过程。

5. 体验服务过程中服务是随时可根据客户要求来调整的。

融合进客户体验内容后，人们会更多地从客户的角度出发（而不是从公司目前所能够提供的产品和服务的角度出发），在真正理解客户更高层次需求的基础上，围绕产品（或服务）将带给客户什么样的感觉、什么样的情感联系，以及产品（或服务）将如何帮助客户等多种体验来对产品（或服务）进行改善，对客户各种体验进行全面考虑。

（三）真实瞬间

真实瞬间就是在服务中，高度接触的服务涉及频繁的客户与客服人员之间的互动的关键时刻。真实瞬间，这一概念最早由瑞典学者理查德·诺曼引进服务质量管理理论之中。诺曼认为："客户心中的服务质量是由真实瞬间的相互影响来定义的。每个真实瞬间就是一次影响客户感知服务质量的机会。"真实瞬间是指在特定的时间和特定的地点，服务供应者抓住机会向客户展示其服务质量。一般而言，服务过程中的每个"真实瞬间"可能是一次及时的帮助、一句真诚的问候、一个看似简单的服务程序等，却会长久地影响客户对服务质量的评价。

课堂互动5-2
分析提示

服务是通过与客户不断接触，从而解决客户问题的过程。这个过程由无数个"真实瞬间"构成，每个瞬间都体现了对客户的关怀和体贴。这种"关怀和体贴"，就是客户服务的体验过程。

课堂互动5-2

餐厅如何提升线上营业额？

这是一家以宴请为主的餐厅，堂食生意还不错，但堂食的菜单产品搬到外卖平台上根本没什么生意。该餐厅想提升线上的营业额。从提升该餐厅线上服务的体验感角度，你有什么好建议？

四、服务的科技化

客户服务部门与客户间的沟通，日趋明显地依赖于高科技手段。因为企业的客户太多了，如果为10万人同时提供服务，没有高科技手段是不可能实现的。因此，客户服务部门与客户间的沟通，现在普遍采用高科技手段进行。下面是一些高科技手段在几种客户服务产业中的应用：

（一）服务电话答复中心

目前，服务电话答复中心在客户服务领域当中被广泛应用。很多企业的客户服务都是通过服务电话答复中心来实现的。购买一件产品，会得到这个产品的售后服务电话。有问题可以打电话进行咨询、要求维修，或者进行投诉，这些都是通过服务电话答复中心来完成的。

（二）声讯系统及800电话和400电话

数字导游无线讲解器、无线对讲机等声讯系统产品在客服领域中被广泛应用。800电话即免费电话，也叫受话方付费电话。由于800电话只能用固定电话才能呼入，手机用户无法拨打，而且资费较高，随着电信技术的进步，推出了400电话。400电话业务也叫主被叫分摊付费业务，能有效提高企业话务效率。

（三）在线视频客服系统

基于多媒体网络电话技术的视频电话服务是利用宽带多媒体网络，可以传送声音和视频的电话服务。由于是利用网络，它还可以发送短信。如GG视频客服系统，它的功能包括真人在线客服视频交流、企业产品展播、客户来路统计、语音交流、留言等。

（四）网页和移动端自服务渠道

随着互联网科技的发展，客户会选择新兴渠道和企业进行沟通，从而降低沟通不畅情况出现的可能性。网页和移动端自服务渠道正在成为客服领域中被广泛使用的沟通渠道，它超过了电话沟通这个渠道升至最受欢迎的渠道。客户还会利用一些新的客服渠道，诸如通过屏幕共享和带注解的视频通话等。

【拓展阅读5-2】

衣食住行的智能化改造还有哪些想象空间?

寒冬已至，如果有一件羽绒服，穿上后能在5秒内迅速发热，脱下后即自动停止加热；不仅能用手势控制加热程度，还能通过感知运动状态而保持恒温，是不是极具吸引力？这是服装与家纺生产商三致锐新科技有限公司正在研发的一款新型穿戴产品，该产品项目被命名为“X项目”。位于杭州的三致锐新科技有限公司成立于2017年，是一家专注于服装与家纺的智能硬件及LOT技术服务的科技公司。除了上述这款黑科技羽绒服，该公司研发的另一款产品，更关乎外卖爱好者在冬天的消费体验。

很多外卖小哥的电动车后面都配有保温箱，但是在冬季，尤其是送餐时间较长的时候，外卖送到消费者手里时往往已经变成冷菜冷饭，需要重新加热。三致锐新科技有限公司的智能外卖箱则能够让箱内温度恒定在45℃至55℃之间。这样，保证了外卖送到消费者手里的温度。这个外卖箱已经在北方市场进行小范围试用。

资料来源　莫云. 衣食住行的智能化改造还有哪些想象空间？[J]. 东西南北，2022（4）.

项目测试

☐简答题

1.什么是客户期望值？

2.客户期望值与客户满意度有怎样的关系？

3.影响客户期望值的因素有哪些？

4.简述客户满意度的特征。

5.客户满意度衡量指标有哪些？

6.检验客户满意度的方法有哪些？

7.什么是神秘顾客调查法？

8.服务的标准化包括哪些内容？

☐案例分析题

智能化捡破烂

你知道全球仅次于石油工业的第二大污染行业，是哪个吗？答案是，服装行业。由于快时尚行业的兴起，现在全世界每年会新生产800亿件衣服，是20年前的4倍。服装行业的碳排放量占全球碳总排放量的8%~10%，比航空业和航运业的碳排放量加起来还多。

随着低碳环保的理念深入人心，二手时装开始逐渐流行，成为一种新时尚。一项调查显示，2016年有45%的受访美国人买过二手衣服；而到了2021年，有86%的受访美国人买过二手衣服。前不久，多抓鱼创始人兼CEO魏颖做了一场演讲，讲他们如何做二手服装生意，很有启发。

第一，衣服怎么回收？用户都是很懒的，如果出售衣服的过程很麻烦，那他们就懒得去操这个心了，要么打入冷宫，要么直接扔掉。多抓鱼的回收原则是，“不让用户付出比下楼丢垃圾更高的成本”。用户只需要在页面上点几下，比如，选择品牌“Zara”，类型“大衣”，面料“羊毛”，提交订单，然后等着顺丰小哥上门来取就行了。都不用下楼，比扔垃圾还方便。

第二，衣服怎么定价？这就需要掌握一手市场的交易价格。多抓鱼用爬虫抓取了几千个服装品牌半年的销售数据，发现，虽然看起来服装的定价非常分散，但其中有3个核心要素，就是前面说的品牌、类型、面料。比如Zara羊毛大衣，可能有几十种款式，但价格区间是比较固定的，可以取这个价格区间的中位数当成这类服装的一手交易价格。不过，回收时除了参考一手交易价格，还要参考这类衣服在二手市场的热销度。多抓鱼通过自己的平台就可以知道，哪些衣服一上架就会被秒光，哪些衣服可能会滞销。对于回收的每件衣服，多抓鱼都可以实时计算出它的二次销售概率，然后通过销售概率来倒推回收价格。

第三，衣服怎么销售？多抓鱼的二手服装以线上销售为主，线上销售最重要的就是，要给衣服拍出好看的照片。在淘宝上，一个款式的衣服可以卖出几百上千件，所以花高价请模特儿给衣服拍照是划算的。但在多抓鱼，一个款式的衣服可能就一件，如果还这么拍照就亏死了。多抓鱼自己研发了一套智能拍照系统，只需要把一件衣服在台子上摆好，系统就可以自动完成拍照、调色、精修、抠图等一系列操作，一秒出图，而且拍出来的照片质量不输给日本时装杂志。

资料来源 孙梦遥. 多抓鱼：二手市场“闯入者”的用户心经［J］. 中欧商业评论，2021（4）.

问题：智能化的捡破烂为什么能够获得顾客青睐？

分析：多抓鱼利用独特的定价模型，让交易更高效；人性化、兴趣化、智能化的运营等差异化品牌战略，网罗住一批忠诚度极高的用户，让其成为冉冉升起的新星；通过从垃圾中捡出宝贝，收获解决难题和创造意义的双重快乐。

项目实训

实训主题：顾客满意度调查

1.内容与要求

选择下列任务之一，并完成相应工作。

（1）组织顾客满意度访谈会。设计访谈问题，组织访谈人员，撰写调查报告。

（2）顾客满意度问卷调查。选取某一零售企业设计顾客满意度调查问卷，抽取调查样本，通过实地或网络实施调查，撰写调查报告。

（3）神秘顾客。根据某一企业顾客服务制度或要求，设计神秘顾客调查表，进行实地暗访，填写神秘顾客调查表，完成神秘顾客调查报告。

2.提交成果

（1）第一个任务提交：顾客访谈提纲；顾客满意度调查报告。

（2）第二个任务提交：顾客满意度调查问卷；顾客满意度调查报告。

（3）第三个任务提交：神秘顾客调查表；神秘顾客调查报告。

思政园地

“服务型政府”是怎样做事的？

深圳市卫健委因为一句留言回复冲上热搜。事情是这样的：有深圳市民在深圳卫健委的公众号上留言说，“昨晚9点在龙华区中心医院做的核酸，产妇要核酸证明才能入住。12小时了，能不能优先安排？”深圳市卫健委废话不说，只回了4个字——“电话发我”。几个小时之后，当事人在评论区表示感谢。从发出求助，到事情顺利解决，前后花了不到两个小时。

这件事引发网上热议，大家评论说，“好酷，这就是深圳速度”“‘电话发我’，这是2022年看到的最霸气的4个字”等。对此，深圳市卫健委回应说：“深圳市政府是服务型政府，简单来说，就是服务民众。当时我们没有想那么多，只想着尽快帮助市民解决问题就好。”

改革开放以来，地方政府职能经历了两次转变：一次是从20世纪80年代开始，从社会管理型政府向经济建设型政府转变；另一次是从2000年之后，从经济建设型政府向公共服务型政府转变。党的十九大报告明确提出，要转变政府职能，建设人民满意的服务型政府。2011—2014年连续4年，“中国服务型政府十佳城市”评选项目组对中国主要城市的服务型政府建设情况进行了打分。具体来说，有3个评价维度：基本公共服务供给、公众满意度、企业满意度。其中，基本公共服务供给是客观指标，就是每年政府公共服务的投入和产出分别有多少；公众满意度和企业满意度主要是通过问卷调查的方式来打分。根据这3个维度的得分，评选出“中国服务型政府十佳城市”。评选结果跟踪后显示，服务做得越好的城市，后来经济发展得越好。

如今，“以客户为中心”这个商业界的常识，正在成为公共服务领域的新实践。

资料来源　编者根据相关资料编写.

项目六 客户投诉处理

【学习目标】

*知识目标：

1. 了解客户投诉的类型，正确地识别客户投诉；
2. 理解投诉产生的原因和目的；
3. 理解有效处理客户投诉的意义；
4. 掌握客户投诉处理的原则；
5. 掌握客户投诉处理的步骤。

*技能目标：

1. 能够有效应对愤怒客户；
2. 具备有效处理客户投诉的技巧（沟通的技巧、倾听的技巧、谈判的技巧等）。

*思政目标：

1. 能够勇于正视现实，善于接受别人良好建议；
2. 直面危机，并及早采取措施；防患于未然，增强忧患意识与危机意识。

【项目框架】

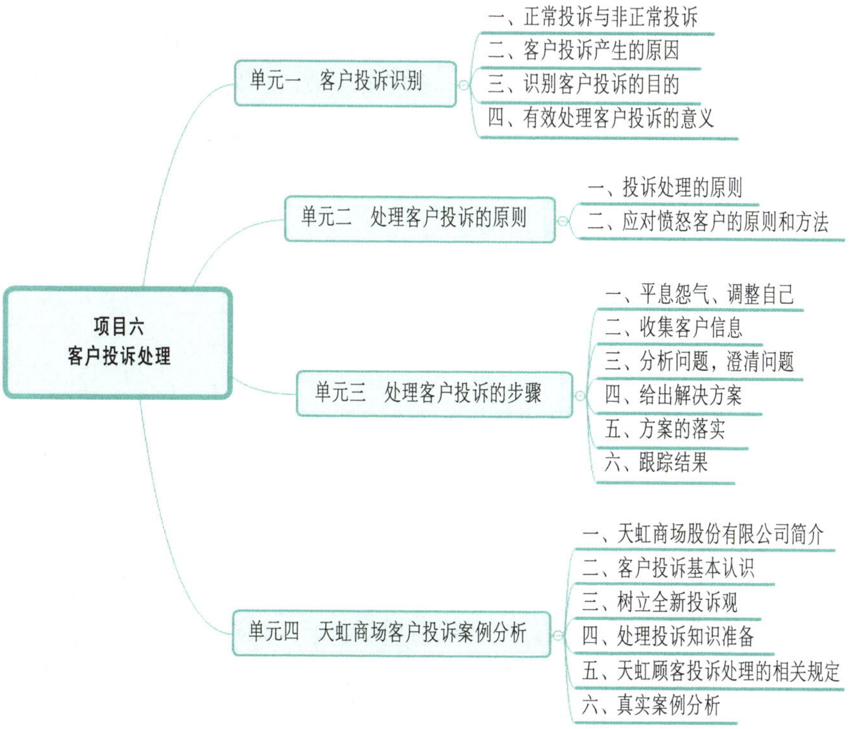

案例导入

九木杂物社频被投诉　遭吐槽“杀鸡取卵”

消费者对晨光的第一印象往往是一家文具企业，可事实上晨光早已升级换代，由早年的传统制造企业升级为一家创意型企业，承接其创意的载体是晨光生活馆和九木杂物社。其中，晨光生活馆采取的是新华书店渠道为主的精品文具店铺模式，而九木杂物社采取的是Shopping Mall为主的精品小百货店铺模式。截至2021年三季度末，九木杂物社已经在全国开设436家店铺。《红周刊》记者在新浪旗下的黑猫投诉平台查询发现，截至2022年1月5日，有关“九木杂物社”的投诉共有226条，其中有超过30%的投诉来自近30天，即投诉量自2021年12月开始出现了激增。

何故如此？记者发现，这些投诉主要来自九木杂物社的会员卡活动。据了解，店铺推出了88元学霸会员卡，购买后可获得90元无门槛优惠券，但投诉的消费者们表示，办卡前店员误导消费者，使其误以为会员卡是储值卡，且并未告知消费商品有限制、优惠券是分季度返还、有消费时限等情况，因此认为店铺“涉嫌欺骗”，纷纷要求退款。有消费者表示，“多数消费者在三个月以后都不会记得学霸会员卡，这样商家就赚取其会员费”，并认为这是“杀鸡取卵”的行为。

资料来源　袁露华. 九木杂物社买家投诉激增，晨光文具品牌标杆何时才能盈利？[J]. 证券市场红周刊，2022（2）.

这一案例表明：九木杂物社围绕优惠券产生的消费投诉在短期内激增，说明九木杂物社正在加大推广力度，而“冲业绩”等因素导致店铺在管理上出现了漏洞。投诉不被重视或不能得到及时妥善解决的话不仅影响九木杂物社经营，也会影响晨光文具品牌形象。

世界上没有尽善尽美、毫无瑕疵的服务，正如海尔集团创始人张瑞敏所说：“没有最好，只有更好。”服务所固有的特性决定了服务失败随时可能发生在任何一个时点、任何一个环节、任何一个客户身上，当服务失败已经发生时，我们要尽量把不利及负面影响降到最低，有效地避免和消除因客户的投诉而造成的不利影响。

单元一　客户投诉识别

一、正常投诉与非正常投诉

客户投诉是指由于产品质量或投诉处理本身没有达到客户的期望，客户向组织提出不满意的表示。根据投诉者当时的心理状况，投诉又有正常投诉和非正常投诉之分。

（一）正常投诉

正常投诉是客户对产品和服务不满意的一种投诉。当客户购买产品和服务时，对产品本身和组织的服务都抱有良好的愿望与期望值，如果这些愿望与期望值得不到满足，心理就会失去平衡，由此产生的抱怨情绪和要“讨个说法”的行为，就是客户的正常投诉。

（二）非正常投诉

非正常投诉是指在非正常心理支配下，投诉者采用非正常手段和方法，并通过非正常渠道，向组织提出超过或高于法律、规章、政策、惯例及双方约定的要求，并使组织难以满足或根本无法满足，因此对组织产生负面影响，甚至造成重大损失的投诉。

投诉是正常的，任何企业都会遇到。但对于过高的、无理的要求，以及伴随而来的种种非正常表现如果处理不当的话，就会发展为非正常投诉，它常常会给企业带来巨大的危害。

二、客户投诉产生的原因

若想有效地处理投诉，必须先了解为什么会发生投诉，只有明确了投诉发生的原因，才能对症下药，找到解决的办法。从根本上来说，投诉是客户因公司产品和服务质量没有达到期望值而提出不满意的表示。将客户投诉产生的原因进行分类，不外乎企业方面的原因、客户方面的原因以及社会方面的原因三个方面。

（一）企业方面的原因

1.产品质量存在缺陷。

根据《中华人民共和国产品质量法》的定义，产品缺陷是指产品存在危及人身、他人财产安全的不合理的危险；产品有保障人体健康和人身、财产安全的国家标准、行业标准的，是指不符合该标准。产品质量缺陷，具体可分为假冒伪劣产品、标识不当的产品和质量有缺陷的产品。企业制造或销售质量存在缺陷产品，不仅消费者可以向企业投诉、索赔，国家有关的质量监督部门也要处罚企业，构成犯罪的，企业还将被依法追究刑事责任。

在所有的投诉类型中，由于商品质量的原因而进行投诉的客户占了大多数。尽管客户能够理解商品不可能完美无缺，不可能满足每一个人的需求，但是他们还是会因为这个原因进行投诉。

对于因质量问题给客户造成的影响，厂商应该真诚地向客户道歉，更换新商品，或者再给予一定的经济补偿。

2.服务质量存在问题。

服务既包括有形服务又包括无形服务，如电信、金融、保险、出租车服务、旅游等与人民群众的生活息息相关的服务。服务型企业的服务质量不达标或生产型企业的售后服务不到位，都会引起客户的投诉。常见的客户投诉主要发生在如下方面：

（1）态度方面。一味地推销，不顾客户反应；只顾自己聊天，不理客户；紧跟客户，像在监视客户；客户不买时，马上板起脸等。

（2）言语方面。不打招呼，也不搭答话；说话过于随便；言语不当等。

（3）销售方式方面。不耐烦地把展示中的产品拿给客户看；强制客户购买；对有关产品的知识一无所知，无法回答客户的咨询等。

（4）售后方面。售后未跟进客户需求，不兑现保修服务，不能为客户提供技术支持等。

国内很多优秀的品牌（如联想、海尔），都意识到服务的重要性，在做好产品的同时确立了“服务制胜”的战略，以周到、优质的服务作为自己的竞争优势。

3.广告宣传或销售承诺误导。

不少公司为了获得客户，做出一些无法兑现的承诺。例如，将终身免费服务、出现故障致电1小时内排障等作为产品的卖点大肆宣传，而在实际的售后服务中因各种理由无法兑现承诺，让一些客户感觉受了欺骗，进而投诉企业。另外，一些企业为了宣传产品，赢得客户的关注，会过度宣传产品的优点，但是广告宣传过了头，就会误导客户。

4.投诉管理机制缺失。

投诉管理机制缺失主要表现在：缺乏明确的投诉管理办法和流程，一线人员没有足够的后台支撑，部门沟通、协作不畅；已有投诉不能通过反馈意见、针对性改善的闭环管理予以消除或减少，造成大量重复投诉，耗费资源；不能有效应对公关危机，造成投诉面扩大和升级。

由于机制障碍，客户有疑问后经常会产生“不知道应该找谁”的困惑。有责任心的一线人员愿意承担责任，他们会在接到客户投诉后立即全力以赴地解决问题。如果客户感觉客服人员在处理抱怨时是没有诚意地敷衍，甚至不负责任，他们不仅不会再来光顾，还可能会大肆进行负面宣传。

5.一线人员工作不到位。

不少客服人员面对客户的抱怨经常会一味地向客户解释或者辩白，这样只会浪费时间，令客户更加反感。倾听客户的抱怨，不要和他们争辩，即使他们说得不对也要等他们讲完，再心平气和地跟他们解释，这样既满足了客户的心理需要，又了解到一些相关的信息，可以及时调整服务策略，将有价值的信息及时反馈给公司。

（二）客户方面的原因

课堂互动6-1

不反驳投诉，会不会惯坏客户？

如果客户的每个投诉都不反驳，那么各种奇奇怪怪的问题，各种刁钻的问题，甚至蛮不讲理的问题，想占便宜的问题都会出来，要是都不反驳，会不会把客户“惯坏”？

课堂互动6-1
分析提示

1.客户对产品和服务的期望值过高。

在瞬息万变的市场环境中，产品和服务会在不同层次的市场间转换，当一种产品和服务开始由高端市场转向中低端市场时，由于产品和服务本身质量的下滑，固有的高端客户会因为产品和服务质量问题而进行投诉，而中低端客户会因为对其心理预期过高而进行投诉。

2.客户素质差异。

素质高、修养好的客户，处理问题比较客观、冷静，即使因需求无法得到满足而进行投诉，也会比较理智，一般不会使矛盾升级，但会影响其今后的购买行为。素质低、修养差的客户，往往斤斤计较，稍有不满就会投诉，如果投诉解决不好，还会使投诉升级。

（三）社会方面的原因

1.政府引导消费者主动维权。

“12315”热线的开通及政府相关部门对消费者维权政策的宣传，促使消费者自觉维权意识高涨，各方面针对企业的投诉自然会有所增加。

2.社会信用缺失。

某些不良企业和经营者欺诈消费者，得逞后人去楼空，换个地方继续行骗，造成消费者对商家有戒备心理，增加了沟通难度；某些消费者恶意投诉，以投诉之名，行敲诈勒索之实，因为没有社会信用的记录，有恃无恐，成为让商家头疼的“钉子户”。

三、识别客户投诉的目的

投诉是客户提出不满意的表示，虽然客户的素质和期望各不相同，但投诉的目的不外乎两种：精神上得到满足；特殊需求得以满足。

（一）精神上得到满足

1.希望得到尊重——向我道歉、保全我的面子。

这类客户自我尊重的心理都非常强，他们的不愉快绝大多数情况下都是由于工作人员表现出对客户不够尊重所造成的。所以，客服人员要了解并掌握客户渴望得到尊重的心理，低姿态、真诚礼貌地对待客户。

2.希望得到理解——换位思考，站在我的立场考虑问题。

面对这样的客户，客服人员必须认真倾听客户的投诉，真诚关怀并适当回应，问题自然会顺利解决。

3.希望发泄不满情绪。

客户带着怒气和抱怨进行投诉时，有可能只是为了发泄自己的不满情绪，以释放和缓解郁闷或不愉快的情绪，维持心理上的平衡。通常情况下，直接发泄不满情绪的情况多见于重复投诉。在处理这种类型客户的投诉时，客服人员的耐心回应显得尤为重要，应以恰当的词语和友善的态度安抚客户，并及时与相关部门联系，确认问题所在，分清责任，给予合理解释，力争得到客户的理解与谅解。

（二）特殊需求得以满足

对于客服人员来说，理性的做法就是不但认识到给客户带来的危害，还能站在客户的角度考虑问题。

1.希望解决问题。

客户希望给他提供解决问题的方案或变通方法，说明要采取的具体行动，告诉客户所需的时间，通知客户事态的进展。这样的客户多数是理性的，对自己要达成的目标势在必得。

2.希望得到补偿。

补偿包括物质补偿和经济补偿两种。在许多投诉事件中，特别是在有关费用的投诉事件中，客户投诉的目的在于寻求补偿，这是客户意识到自己的权益受到损害后提出的要求。

3.希望改正失误。

这类客户往往通过提意见的方式，希望下次不要出现类似的问题。

四、有效处理客户投诉的意义

（一）客户投诉有助于企业的进步

客户投诉会对企业的工作起到警示作用，能够帮助企业及时发现工作中某些环节出现的问题，而且通过对客户投诉的及时处理，也能提高企业的服务水平。因此，投诉理由的充分与否并不影响其积极作用的发挥，正所谓“有则改之，无则加勉”，如果企业能够真诚地对待客户，妥善地处理好客户投诉，就一定能够拉近与客户的距离，就更有利于工作的开展。美国商人马歇尔·费尔德认为：“那些购买我产品的人是我的支持者；那些夸我的人使我高兴；那些向我抱怨的人是我的老师，他们纠正我的错误，让我天天进步。”

（二）客户投诉是企业维护老客户的契机

客户来投诉首先传递了客户的信任，是老客户给企业留住他的机会。客户不满但不投诉，对客户关系的伤害可能更大。管理大师约翰·肖的判断是，在任何一个商家有不愉快经历的顾客都会将此经历告诉9~10个人，有13%的人会告诉20多人。在这种口口相传之下，企业口碑变差，不知不觉间就失去了市场。所以，“让客户买单后不满意却无法投诉”的所谓“零投诉”，将使企业失去维护老客户的机会，最终将葬送企业。企业要尽可能让客户有机会表达他的不满，通过妥善处理客户投诉赢得客户更高的忠诚度。

（三）客户投诉是企业建立客户忠诚的契机

有时客户不投诉，是因为他不相信问题可以得到解决，或者说他觉得他的投入和产出会不成比例；而投诉的客户往往是忠诚度很高的客户。总之，有效地处理客户投诉，能有效地为企业赢得客户的高度忠诚。日本狮王公司也曾多次以抱怨的顾客为对象，调查他们对该公司处理抱怨的满意度与再度购买的关系，结果显示：对该公司处理抱怨感到“非常良好”的顾客中，有95.8%的人表示会继续购买该公司的同一商品或其他商品；对处理抱怨感到“良好”和“比较良好”的顾客中，该比例分别为92.8%和86.2%；而对公司处理抱怨感到“欠佳”的顾客中，则有62.5%坚决表示将改购其他公司的商品。显然，及时处理并有效化解客户的抱怨和投诉，对企业来说不仅可以挽回眼前的损失，更重要的是可以重塑客户对企业的信心，争取更多的回头客，提升客户忠诚度。

（四）投诉隐藏着无限的商机

有一些客户投诉，实际上并不是抱怨产品或者服务的缺点，而只是向你讲述对你的产品和服务的一种期望或是提出了他们真正需要的是一种什么样的产品，这样的投诉会给企业提供一个发展的机遇。一般而言，哪个企业善于从客户的抱怨中挖掘出最有价值的信息，找寻出客户的真正需求和企业实际工作的不足，这个企业就能比竞争者更容易拥有领先的机会。有关研究表明：在IBM公司，40%的技术发明与创造，都是来自客户的意见和建议。

总而言之，企业不应把处理不满客户的抱怨和投诉看成一件麻烦事，当作一种企业负担，而应认识到：主动向企业抱怨的客户才是真正的客户。提出抱怨或投诉的客户，即使满腹牢骚，甚至可能“蛮不讲理”，但正是他们积极的不满行动才给企业挽回影响和改进工作提供了绝好的机会，才给企业销售提供了更好的机会。

【拓展阅读 6-1】

理解消费主力“95后”的商业逻辑

Z世代指的是在技术简化的互联网时代里，人们体现出的一种行为方式和生活态度。这些特点在“95后”的身上体现得最明显。2019年，360发布了《315中国网民互联网消费投诉研究报告》。结果发现，过去一年里，“90后”和“00后”是互联网消费中，投诉量最多的人群，占投诉总人数的60%以上。再比如，IBM曾经做过调研，发现“95后”对技术的要求特别高。他们很难容忍响应迟钝、反应慢的技术。手机不能慢，软件不能卡。一旦有这些情况发生，他们放弃这项技术，换手机、卸载软件的概率，要比“80后”、“70后”高。这些都说明，Z世代的年轻人，对错误和不确定性的容忍度要低于其他代际。

Z世代一共有四个显著特点，第一个叫获得感偏好，也就是，期待一个产品能够提供超过它本身的获得感。第二个叫标签偏好，他们不光看重产品本身，更看重它背后的标签。第三个叫表达直接化，也就是在情感和信息的表达上直来直去。第四个叫确定性偏好，也就是对确定性的要求更高，对错误的容忍度更低。

资料来源　科洛波洛斯. 圈层效应［M］. 闫晓珊，译. 北京：中信出版集团，2019.

单元二　处理客户投诉的原则

看场景 学服务

微课：投诉处理

客户投诉处理的目的是解决问题，而不是制造问题。如果客服人员与客户发生争论，就会陷入“制造问题”的漩涡，原来的问题没解决，新的问题又出现了。成功的客户投诉处理一定有成功的方法，失败的投诉处理一定有失败的原因，所以处理客户投诉一定要遵循一定的原则，在最短的时间内予以解决。

一、投诉处理的原则

（一）尊重原则

尊重你的客户就是尊重你自己，因为你尊重客户，客户才会尊重你。尊重就意味着让客户感觉到他们对经营者来说十分重要。尊重客户的基本点就是在任何时刻都要真诚地对待客户，不随意应付客户，更不能欺骗客户。客户的“挑剔”，就是经营者要改善之处，应该虚心地接受，并尽最大努力去改善。尊重客户不是口号，应该时刻体现在客服人员的日常工作中。

与客户沟通时，客服人员必须表现出：

（1）没有偏见；

（2）礼貌；

（3）记住客户说过的话。

同时，客服人员要避免下面的忌语：

（1）我们不能……

（2）如果你能……我们就可以……

（3）那不属于我的职责范围……

（4）那是不可能的……

（二）理解原则

理解原则的核心就是理解客户的需求，了解客户希望为他做什么，真正做到理解客户是成功帮助客户的一个前提。

1.客服人员在了解客户需求的阶段需要掌握以下三个技巧：

（1）听。客服人员应全神贯注地倾听客户的投诉内容，并对客户所说的话给予恰当的回应，必要时还要对客户提到的问题做好记录。

（2）问。客服人员应学会提问的技巧，准确地提出问题，迅速发现客户的需求。

（3）复述。客服人员还应掌控整个谈话过程，对客户谈到的问题要准确复述，以确认是否明白了客户的需求，以便提供更优质的服务。

2.掌握了三大技巧之后，客服人员还应掌握如下几条原则：

（1）从客户的角度出发，体会客户的内心感受。

（2）允许客户发泄心中的不满。

（3）理解和谅解都是十分重要的沟通原则。

3.互相理解的三个步骤：

（1）初步了解客户的基本情况。

（2）换位思考，试着站在客户的立场思考问题，替客户着想。

（3）取得客户谅解，真正地理解客户，消除隔阂。

4.规范的沟通用语：

（1）知道这件事我们也很痛心……

（2）对您的不幸遭遇我们深表歉意……

（3）我完全理解您的处境……

（4）我和您一样关注此事……

（三）及时妥善处理原则

接受投诉之后就要迅速处理投诉，绝不能拖延。及时地到达问题现场并及时地给予回复，是解决客户投诉的第一步工作，也是成功解决客户投诉的关键。这个过程给客户的信号是："我的投诉得到了重视。"切记不要以为拖延会解决问题，拖延的结果只有两种：一种结果是激起客户的暴怒，导致后果不可收拾；另一种结果是客户的流失，那是企业最大的损失。及时妥善原则意味着毫不拖延地处理客户的要求，直至客户满意。其好处是：①可以让客户感觉受到尊重；②可以表示解决问题的诚意；③可以及时防止客户的"负面污染"对业务发展造成更大的伤害；④可以将损失降至最低。对客户的要求要积极响应、灵活应变，必要时应迅速提交给上级主管处理，并及时将处理结果通知客户。

企业案例 6-1

京东和淘宝投诉维权介入处理时间的规定

拖延处理客户的投诉，是导致客户产生新的投诉的根源。及时处理是赢得客户信赖的最好方式，因此，很多企业都会明确规定并告知客户投诉处理的时间。

京东帮助中心规定：如果您提交的投诉符合受理条件，我们会尽快审核，并在10个工作日内处理，您可在10个工作日后查看处理结果。

淘宝帮助中心规定：交易结束后的维权，淘宝各类投诉维权客服介入处理时间如下：

1.未收到货、售后保障服务：会员点击要求介入后，给予3天举证期，举证期结束后淘宝介入，3个工作日内给出处理意见。

2.违背承诺、违背发货时间承诺（延迟发货）、恶意骚扰：3个工作日内给出处理意见。

3.交易退款进行中的维权，一般情况下是在会员点击要求介入后，给予3天举证期，举证期结束后淘宝介入，3个工作日内给出处理意见。

资料来源　编者根据相关资料编写.

（四）解决问题原则

在处理客户投诉时，要明白“问题没解决，就是制造问题”的道理。处理投诉的目标是“让客户在最短的时间内满意”，这也意味着对投诉（问题）的圆满解决。如果投诉处理不能让客户感觉很满意，就有可能造成投诉的升级，问题升级，就是制造问题。

事实上，任何一位客服人员都希望自己处理的投诉结果能令客户满意。然而，在许多投诉中，客户都会吹毛求疵。遇到这样的客户，客服人员可以及时采取“三换法则”避免问题升级：一是把问题转给他人（主管或者专业部门）；二是换个时间；三是换个地点。

二、应对愤怒客户的原则和方法

客户在投诉过程中难免会有生气、发怒的情形，有时是因为客服人员服务中的失误所致，有时并不是客服人员的服务有问题，而是实际的服务不符合客户的期望，或者是客户自己的行为导致的生气和愤怒。这种时候的投诉又该如何解决呢？

情景再现 6-1

张先生开了一家手机专卖店。一天，客户冲进店里，怒气冲冲地说：“我什么都没做，手机突然就坏了。”

张先生斩钉截铁地说：“是因为你装了流氓软件。”

客户一听，发飙了：“还不承认，我投诉你们！”

他们越吵越凶，所有客人都走光了。

分明是客户不会用，还强词夺理说产品有问题。难道张先生必须要忍气吞声吗？

愤怒的客户，真的是为了解决“问题”吗？是的。但他更重要的目的，是发泄

"情绪",是让我们知道:他现在很生气,他生气的后果很严重。我们的首要任务,不是"解决问题",而是"化解情绪"。如果客服人员想跳过"化解情绪"步骤,直接"解决问题",反而会让客户更加恼火。

面对生气的客户,客服人员可以运用以下"六要""六不要"原则来处理:

(一)"六要"

下面是"化解情绪"的6个要点:

1.坐下来说话。

研究表明,人的情绪高低与身体重心高度成正比。重心越高越容易情绪高涨,因此,化解情绪的第一要义,是让对方坐下。最好放几组特别矮的沙发,"一坐陷下去,起来很费力"的那种。这样,客户不容易发火。

2.竟有这种事。

激动的情绪,就是在表达:你知不知道,我很生气?你到底知不知道?所以,你要认真聆听,不时点头,积极回应:"什么?""竟有这种事!"等等。让客户觉得他的情绪已经被完全感知,他就会恢复平静。

3.首先要道歉。

道歉是必须的。有的人觉得:"凭什么?我又没做错。"但记住,你不是为自己"错误的行为"道歉(在英文里,这叫apologize),你是为他"糟糕的体验"道歉(在英文里,这叫sorry)。不管你有没有错,客户不爽,你都应该说sorry,但是慎用apologize。

4.然后要感谢。

有时候,感谢比道歉更重要,如:"感谢你指出问题,帮助我们改进!"感谢,能够把客户从"负面的对立情绪"中拉出来,投入到"正面的互助情绪"中。在你的真诚感谢下,客户会变得积极。

5.请您帮个忙。

当客户"感受"到你"感受"到他的"感受"后,就要建立良好的气氛。比如,可以说"麻烦你把回形针递我一下"。客户递给你时,你要马上感谢,创造出"合作"的氛围。当然,你也可以请他递笔、递纸巾等等。

6.我有个建议。

这时,你们已经建立了"积极合作"的氛围,不再关注"谁对谁错",只关注"如何解决"。这时,你可以说:"我有个这样的建议,您看是不是能解决这个问题?"你就从"化解情绪",走到了"解决问题"环节。

(二)"六不要"

1.不要还击客户。

"绝对不可能","这是你的错",这都是还击。这只能遭到更大的还击,升级对抗。

2.不要解释开脱。

"这是行规,大家都这么做",这就是开脱。客户会把它理解为还击,理解为不想解决问题,升级冲突。

3.不要假装幽默。

在达成共识前，你的“幽默感”，不但不能缓和气氛，还会让客户觉得你不重视。

4.不要滔滔不绝。

客户来是想表达不满，你就应该选择聆听。千万不要滔滔不绝，他说不爽，气不消，你说再多都没用。

5.不要戳穿客户。

就算客户自己都意识到，是自己的问题了，也不要戳穿客户。没有人愿意当众承认错误。专注于解决问题，而不是谁对谁错。

6.不要目标不清。

注意，“化解情绪”是第一目标，然后才是“解决问题”。

单元三　处理客户投诉的步骤

客户投诉带给企业很大的压力：客户要求退货、赔偿，企业的销售业绩会受到影响；客户投诉的处理耗费了大量的人力，增加了企业的人力成本，耗费了企业的资源；有的投诉客户唯恐问题得不到解决，到处散布不满言论甚至诉诸媒体，威胁到企业的声誉。一旦处理不慎，客户投诉会给企业带来严重的影响。所以，我们要正视投诉对企业的影响，积极面对客户的投诉。

作为一名客服人员，我们需要从态度、言语、处事方式等各方面想方设法为客户的问题找到最好的解决方案。解决方案应建立在了解客户需求、期望的基础之上。知道了客户对服务有哪些要求，期望得到什么结果，我们才可能尽量妥善地解决问题，令客户满意。一般而言，处理投诉基本遵循的流程包括平息怨气、调整自己，收集客户信息，分析问题、澄清问题，给出解决方案，方案的落实和跟踪结果六个步骤。

一、平息怨气、调整自己

一般来说，客户不满时，常常会带着怒气投诉，这是十分正常的现象，此时，投诉处理者首先应当态度谦逊地接受客户的投诉，引导客户说出事由，让客户尽情地宣泄不满情绪。对待怒气冲冲的客户，客服人员首先要理解客户、克制自己，心平气和地听客户把自己的遭遇讲完，对客户表达歉意。如果客户情绪很激动，客服人员就更应该注意言语细节，绝不能与客户发生争执；一旦争执，就会给客户留下糟糕的印象，很可能因此失去这位客户。

客服人员在这个环节中应避免使用下列句型：

“你可能不明白……”

“你肯定弄混了……”

“你应该……”

“你弄错了……”

“这不可能的……”

“你别激动……”

“你不要叫……”

“你平静一点……”

客服人员在处理客户投诉时，一方面要注意安抚客户的情绪，帮助客户解决问题；另一方面要注意维护整体的利益，运用一些处理问题的技巧。比如，在对客户所投诉的问题进行解答时，不能简单地把一切责任都推卸给其他部门，随便贬低其他部门来暂时平息事件。这种做法固然能暂时消去客户的怨气，但损害了整体的利益，是不可取的。

二、收集客户信息

（一）真诚道歉

在耐心地倾听顾客情绪的同时，不要过分辩解，要勇于认错。在你的倾听与认错的过程中，客户的怒气可能就消了，不满可能也就不知不觉解决了。而你如果一再辩解，客户会情绪性地产生反感，恶劣的影响，可能带走更多的客户。此时可以说：

“对不起，惹您生气了，能不能告诉我事情的经过？”

“对不起，我诚心向您道歉。”

（二）认真倾听

只有收集客户所有的信息，才能更好地把握客户，掌握客户投诉的心理过程。在收集客户信息的过程中，倾听是掌握信息来源的最佳方式。通过倾听客户的投诉内容，从而确定相关的具体受理部门和负责人。不管客户投诉的问题是否合理，请注意绝对不能打断客户的陈述，应适时地向客户表示认同与回应，仔细分析客户的真正目的，同时通过在适当的时机切入问题的重点，让客户了解公司的做法，缓解客户的负面情绪。如果在接待客户投诉时急于表达自己的立场，那么只会激起客户的反抗情绪，造成场面失控。

（三）记录投诉内容

在处理客户投诉的过程中，要认真倾听，及时记录，从而找到客户投诉的真实原因。客服人员需用顾客投诉处理记录表详细地记录客户投诉的全部内容，如投诉人、投诉时间、投诉对象、投诉要求等，在争议重点处详细标注，以便查询。

某公司顾客投诉处理登记表见表6–1。

三、分析问题，澄清问题

倾听是收集客户信息的好方法，但是在实际投诉中客户有时会省略一些重要的信息，因为他们以为这不重要，或恰恰忘了告诉你。当你需要从顾客那里得到一些特别的信息时，可运用提问的技巧，把投诉者由情绪不稳带入事件的处理。也就是说，要通过提问澄清问题，用开放式的问题引导客户讲述事实，提供资料。当客户讲完整个事情的过程以后，要用封闭式的问题总结问题的关键。象征性地问几个问题，并不能保证你掌握事实的真相，你必须问与整个事件有关的所有问题，听顾客的回答，而避免自己去下结论。

当面对个性、心境、期望值各不相同的客户时，客服人员在工作环境中必须注意接待用语使用的规范性及表达的准确性。

表6-1　**某公司顾客投诉处理登记表**

<table>
<tr><td colspan="4">顾客投诉处理记录表</td></tr>
<tr><td>顾客姓名：</td><td rowspan="5">投诉方式</td><td>面谈</td><td></td></tr>
<tr><td>顾客联系方式：</td><td>电话</td><td></td></tr>
<tr><td>投诉门店：</td><td>邮件</td><td></td></tr>
<tr><td>投诉日期：</td><td>信函</td><td></td></tr>
<tr><td>投诉编号：</td><td>其他</td><td></td></tr>
<tr><td colspan="4">投诉类别：□服务　□产品质量　□活动优惠　□其他</td></tr>
<tr><td colspan="4">客户要求：□退货　□赔偿或折让　□补救改善　□其他</td></tr>
<tr><td colspan="4">投诉事件：</td></tr>
<tr><td colspan="4">受理情况：□受理　□不予受理</td></tr>
<tr><td colspan="4">解决方案：

负责人签名：</td></tr>
<tr><td colspan="4">处理结果：

负责人签名：</td></tr>
<tr><td>处理人：</td><td colspan="3">处理完毕时间：</td></tr>
<tr><td colspan="4">顾客意见反馈：</td></tr>
</table>

（一）选择积极的用词与方式

在保持一个积极的态度时，沟通用语也应当尽量斟酌。比如，要感谢客户投诉过程中的等候，常用的说法是："很抱歉让您久等。""抱歉"和"久等"实际上在潜意识中强化了对方"久等"这个感觉。比较正面的表达可以是"非常感谢您的耐心等待"。另外，为了增强客户的信心，可以说："这次比上次的情况好。"即使是客户这次真的有些麻烦，你也不必说"你的问题确实严重"，可以换作另一种说法："这种情况有点不同寻常。"

（二）善用"我"代替"你"

有些专家建议，在下列的例子中尽量用"我"代替"你"，因为后者常会使人感到有根手指指向自己……

不当表达：你的名字叫什么？

专业表达：请问，我可以知道您的名字吗？

不当表达：你必须……

专业表达：我们要为您那样做，这是我们需要的。

不当表达：你错了，不是那样的！

专业表达：对不起，我没说清楚，但我想它运转的方式有些不同。

（三）在客户面前维护企业的形象

如果有客户抱怨他在前一个部门所受到的待遇，而你已经不止一次听到这类抱怨了，为了表示对客户的理解，你应当说什么呢？

“你说得不错，这个部门表现很差劲。”

可以这样说吗？适当的表达方式是：“我完全理解您的苦衷。”

如果客户找错了人，不要说“对不起，这事我不管”，可以换一种方式表达：“有专人负责这个问题，我帮您转过去。”

情景再现 6-2

客服人员甲和乙沟通技巧比拼

客服人员甲：（忙碌中）

客户：你好，我是陈××，有个问题需要你们处理一下！（语气平和，客户知道他的问题不在保修范围，只是抱着试试的心态打这个电话）

客服人员甲：陈先生，有什么可以帮到您的？（不紧不慢）

客户：我使用你们的笔记本电脑已经快一年了，最近我发现显示器的边框裂开了。因为我知道你们的电脑是三年保修，所以我想看看你们如何解决？

客服人员甲：您是指显示器边框裂开了？

客户：是的。

客服人员甲：您有碰过吗？

客户：我的电脑根本没有摔过，没有撞过，是它自动裂开的。（语气上已经有些急）

客服人员甲：那不可能。我们的电脑都是经过检测的，不可能。

客户：但它确实是自动裂开的，你们怎么能这样对我？（已经在吼了）

客服人员甲：那很对不起，显示器是不在三年保修范围内的，这一点在购买协议上写得很清楚了。

客户：那我的电脑就白裂开了？

客服人员甲：那很抱歉，我不能帮到您。请问还有什么需要帮助的吗？

客户：见鬼去吧。（客户心想，再也不买你们的电脑了）

客户结束了与客服人员甲的通话后，越想越生气，就又打电话给这家公司，只不过是换了一名客服人员乙接的电话。

客户：我要投诉！我要投诉！（客户满腹怨气，认为受到了不公平的对待，急于发泄）

客服人员乙：您好，发生了什么事情？您快告诉我。（急迫的语气，可以想象他的表情是焦急的）

客户：是这样，我的笔记本电脑使用快一年了，在没碰没撞的情况下，显示器的边框裂了。我刚才打过电话过来，你们的一个同事说没有办法保修，而且态度不好。你们为什么这样对我？（客户大声质问）

客服人员乙：哎呀，陈先生，显示器的边框裂了？裂到什么程度了？现在能不能用？（显得有些惊讶）

客户：裂缝倒不是很大，很小。用还是可以用，只是我得用胶布固定它，以防裂得更大。（态度有些变化）

客服人员乙：那还好。不过，这对您来讲确实是件不好的事，我可以理解您现在的心情，换成我，我也会不好受。（讲起话来有些沉重，但缓和了很多）

客户：那你说怎么办？

客服人员乙：陈先生，我知道您的电脑在没有外力碰撞的情况下，边框裂开。我真的很想帮您。只是在计算机行业中，显示器的类似问题，各个企业都不在保修范围内。我想这一点您是理解的，对不对？

客户：其实坦率来讲，我并不是真的想让你们保修，我只是希望你们能给我一个说法。没想到你们第一次态度这么不好。

客服人员乙：陈先生，对于您刚才不愉快的遭遇我感到十分抱歉。只是，请您相信我们，我们是站在客户的立场为客户解决问题的。让我想想在目前情况下，如何处理。对于边框，我倒有个建议，因为边框是塑料的，您可以试试用胶水黏合一下，效果要比用胶布好。

客户：那我回去试试。

客服人员乙：那您看还有什么问题？以后有什么问题，请您随时打电话给我，我会全力为您服务的。谢谢！再见！

分析：语言表达是一门大学问，虽然有些用语可以由公司统一规范，但更重要的是客服人员对表达技巧的熟练掌握和娴熟运用，这样才能树立良好的企业形象，让客户获得最佳的服务体验。

四、给出解决方案

（一）了解客户的需求和动机

客服人员在倾听、记录的同时就进入了沟通的阶段，此时仍然需要进一步进行需求确认——了解客户的需求和动机。

在需求确认的过程中，需要用倾听来了解客户投诉背后的动机，而投诉动机通常是无法通过直接提问得知的。在辨认和领会客户投诉动机的过程中有几点需要注意：

1.避免不了解客户需求而直接进行投诉处理。

2.避免一次提两个或两个以上的问题。

3.适当地沉默。

不要以为你的提问可以挖掘出客户的所有需求和全部动机，适当地沉默，给客户思考和主动说话的机会，比你设计的任何问题都更有价值。

（二）给出双方均可接受的解决问题的方案

在你明确了客户的问题之后，下一步就是要解决它，你需要提出一个双方均可接受的解决问题的方案。

1.准备工作。

首先，要了解企业对此类问题处理的基本原则。这是你基本的活动空间，在很多时候，你有义务为企业维护利益。当然，这种维护是在使客户接受的前提下，否则造成的客户流失比任何损失都要大。其次，要掌握可能解决投诉的方法，比如，延长免费售后服务期、无偿更换零件、增加维护保养，赠送一些小礼品等。最后，要对谈话所处的过程进行判断。客户的情绪变化会通过他（她）的体态语言表现出来，你要用自己的形体语言引导客户，这要求客服人员掌握心理学、体态语言学方面的知识。

2.注意事项。

首先，要向客户显示充分的诚意和信心，并表明你有足够的权力解决问题。客户最不想听到的一句话是："对不起，这事我也做不了主，我回去把您的意见反映一下，如果我们领导同意，我们会尽快给您答复，如果领导不同意……"其次，不要跟客户讲公司的各项制度是怎样规定的。客户购买的是公司的产品，双方之间只适用合同范围内的法律关系，你公司的制度对客户没有任何的约束意义。与客户谈话的时候，你是以公司代理人的身份出现的，公司内部的规章制度不能作为谈判的依据。最后，谈判时要注意"先小人后君子"。虽然我们一再强调在与客户的交流中应保持良好的沟通气氛，但绝不是说要一味地退让，全盘接受客户的方案。谈判过程既要维护自己的立场，又要保证双方处在一种理智的状态下。谈判结果最好能达成比你的最低预期略好一点的方案，这样你在后面的处理过程中将游刃有余。

五、方案的落实

如果顾客仍不满意，问问他（她）的意见，比如说："你希望我们怎么做?"如果你有权处理，应尽快解决；如果没有，赶紧找个可以处理的人。

投诉处理方案达成后，落实工作一定要及时到位，包括赔偿工作的落实。越早处理，客户的满意程度就越高。如果悬而不决，客户不仅会对公司的办事效率产生疑问，也会加重其不满情绪。如果你在前面的谈判中成功地实现了既定目标，那么在这个时候你可以故作慷慨地多送给客户一些东西，客户可能会因为得到了意外惊喜而带给你更多的收获。

六、跟踪结果

问题解决后要对客户进行回访，了解问题产品的使用情况。可以通过电话、电子邮件或信函向顾客了解解决方案是否有用、客户是否还有其他问题。如果你与客户联系后发现他对解决方案不满意，则要继续寻求一个更可行的解决方案。

客户回访也是一项以巧取胜的措施。通过客户回访再次强调你对客户的诚意，让客户印象深刻，并能深深地打动客户，可以使客户对企业的信任成倍增长，从而形成再次购买或正向人际传播。

总之，我们要意识到：客户抱怨和投诉不是在找碴，而是给了我们一次提高和改善工作方法与服务的机会。我们应把对客户投诉的处理看成加深与客户间关系的难得机会，遇到问题后得到圆满解决的客户其忠诚度要比合同执行中一帆风顺的客户忠诚度高得多。客户信任是最宝贵的资源，赢得客户信任的企业将无往而不胜。

单元四　天虹商场客户投诉案例分析

一、天虹商场股份有限公司简介

天虹商场股份有限公司（以下简称“天虹公司”）是中外合资的连锁零售企业，其控股股东是中国航空工业集团有限公司下属的中国航空技术深圳有限公司。自1984年成立以来，天虹公司通过人本、科学的管理，专业、高效的运营，取得了卓越的业绩，已连续多年入围中国连锁百强企业。天虹公司根据目标顾客需求的不同，以百货店、大型购物中心、超市、便利店等实体零售业态，打造以“亲和、信赖、享受生活”为核心价值的品牌，旗下拥有天虹、君尚、sp@ce、微喔四大零售品牌。截至2019年4月底，天虹公司在北京、广东、福建、江西、湖南、江苏、浙江、四川8个省、直辖市开设了购物中心13家、综合百货68家、超市81家、便利店157家。

天虹公司在行业内率先突破传统百货购物模式，从实体店走向线上线下融合的数字化，率先打造出全国首家拥有“自定义菜单”的零售微信公众号“天虹”，随后逐步创新，在实体门店的基础上增加了购物中心与便利店，并通过官方天虹App、天虹微信形成线上线下融合的数字化、多业态战略发展格局，立志将公司塑造成为全国一流的零售企业，与顾客分享生活之美。

二、客户投诉基本认识

（一）投诉是什么

由于产品没有达到消费者的期望，消费者向企业提出不满意的意见。

（二）顾客是谁

顾客是人，是服务的对象，是带给我们薪水的人。

（三）公司的产品是什么

服务、商品、环境。

（四）部分管理人员对顾客投诉的错误看法

1.在公司处理投诉的时候，通常都是“会哭的孩子有奶吃”，只要闹了，一般都会按照顾客的意愿进行处理，退或者换。

2.我觉得我们应该理性一点，不应该这样纵容顾客，长此以往，我们只会陷入恶性循环中，使现场工作越来越难做！

3.呵呵！领导考虑的是顾客满意度！从这个角度考虑我觉得是有道理的。

（五）顾客投诉原因分析

1.售前投诉。

商品知识欠缺，顾客对服务水平不到位进行投诉；服务态度、服务速度投诉（找不到顾客需要的商品）。

2.售中投诉。

员工商品知识掌握不到位，向顾客推荐不全面，误导顾客的选择，拿错顾客所选择的商品（发错货），引起顾客投诉。

3.售后投诉。

售后服务不到位引起顾客投诉，如安装、送货态度差或服务不及时（让顾客感觉“卖出的东西像泼出的水”，无法在承诺的时间内完成服务项目）。顾客投诉各原因占比见表6-2。

表6-2 顾客投诉各原因占比

原因	质量、价格、功能等存在问题	服务态度差	其他原因
比例（%）	50.7	42.5	6.8

三、树立全新投诉观

新旧投资观对比见表6-3。

表6-3 新旧投诉观对比

传统的观念	新的观念
顾客投诉 = 麻烦 对顾客不耐烦	顾客投诉 = 礼物 = 机会 对顾客心存感激
投诉者是麻烦制造者	投诉者是最可能的回头客
处理投诉是解决麻烦，消极对待	处理投诉是一种服务，须积极主动对待
投诉者是麻烦制造者，必须尽快打发	投诉者是来之不易的顾客，必须使顾客满意

四、处理投诉知识准备

（一）掌握最基本的法律法规

1.电器。

（1）三包有效期规定：三包有效期自开具发票之日起计算，扣除因修理占用和无零配件待修的时间。三包有效期内消费者凭发票及三包凭证办理维修、换货、退货。

（2）三包的“数字”概念：7天、15天……

2.鞋类。

（1）经销者出售的鞋类商品“三包”制度，“三包”即包修、包换、包退。商品出现质量问题时销售者应按“三包”顺序进行处理。

（2）实行“三包”的鞋类商品的售价起点和时间：售价在400元以上的高档皮鞋和售价在600元以上的高档运动鞋，“三包”期为三个月；售价在150元以上、400元以下的鞋类，“三包”期为两个月；售价在150元以下的鞋类，“三包”期为一个月。

3.服装类。

服装类投诉主要包括：

（1）产品质量差，服装按洗涤要求洗过后，出现掉色、变形、线缝脱落、缩水、掉扣等；

（2）服务态度差，部分经营者对退换货的消费者态度冷淡，拒绝退换货、拖延修理等；

（3）高档服装因养护不当而损坏。

处理时应根据情况拿出适合的处理方法，可经运用对比、试验，必要的时候需要对商品进行检测。

（二）超市产品顾客投诉的主要内容

1.商品质量不良。

比如，罐头内有异物。

2.商品标识与内容不符。

比如，标签上标示为红色的毛巾，回家拆开后才发现里面装的是蓝色毛巾；买了5件商品，却发现盒子里面只有4件商品。

3.价格标识与实际不符。

4.制造上的瑕疵。

比如，不锈钢锅上有划痕，外观有裂痕。

5.污损、破损。

比如，半打装的玻璃杯中有一个已经破裂、浴巾上有污点。

（三）服务方面投诉的主要内容

1.营业员或促销人员应对不得体。

比如，不顾顾客的反应，一味地推荐；只顾自已聊天，不理会顾客；在为顾客提供服务后，如顾客不购买，马上板起面孔，给顾客脸色看；说话没有礼貌，过于随便。

2.销售方式不当。

比如，强行推销，强迫顾客购买；对于商品的相关知识掌握不足，无法圆满答复顾客的询问。

3.收银服务差。

比如，少找了零钱给顾客；多扫描了商品，多收了顾客的钱；收银速度太慢。

4.不遵守约定。

比如，顾客依照约定的日期前来提货，却发现商品还没有到。

5.运送不当。

比如，送货送得太迟；送错了地方；运输途中把商品损坏了。

（四）对环境、设施的抱怨

1.缺乏安全感。

比如，地板太滑，导致小孩摔跤；人太多，顾客被小偷偷了钱包；电梯突然停用。

2.购物环境不便利。

比如，超市卖场灯光太暗；不通风；夏天不开空调，卖场太热。

3.服务设施不合理。

比如，顾客购完物后，下楼时无直行电梯，一大堆物品用两只手提到停车场或公交车站。

五、天虹顾客投诉处理的相关规定

1.首人负责制。

谁接待，谁负责。

2.快速处理原则。

（1）所有投诉1小时内处理完毕。

（2）属于质量问题的投诉，10分钟内处理完毕。

（3）分不清责任，超出国家规定的专柜商品投诉，30分钟内处理完毕。

（4）非天虹购买、带赔偿性质的投诉争取在1小时内处理完毕（态度和耐心要超出顾客期望值）

3.“四为主”原则。

（1）可退可不退以退为主。

（2）可换可不换以换为主。

（3）可修可不修以修为主。

（4）分不清责任以商场负责为主，遵循国家相关制度和规定处理原则。

4.公司关于顾客投诉的新措施——投诉处理专项基金。

使用条件：以下两个条件须同时满足方可使用“投诉处理专项基金”。

（1）适用于因责任界定不清或顾客期望值过高导致的投诉处理。

（2）预计需与供货商立即沟通的时间将超出半小时的情况。

基金申请权限：柜长、值班经理500元，分部经理1 000元，商场总经理1 000元以上。

5.服务台投诉处理流程。

服务台投诉处理流程如图6-1所示。

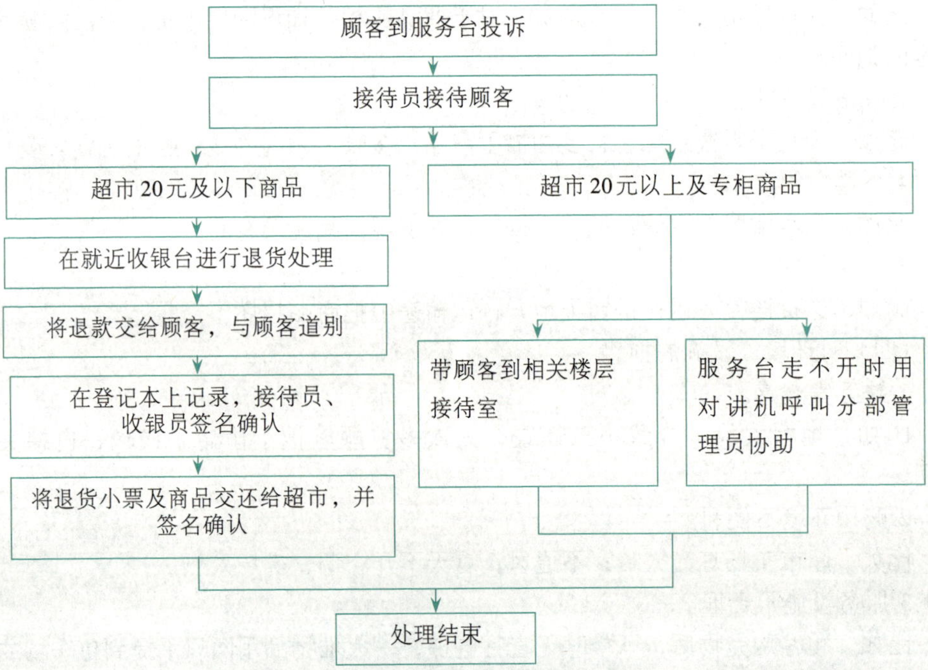

图6-1　服务台投诉处理流程

六、真实案例分析

案例一：

一件褪色的衣服

某日上午，一位女顾客拿着一件T恤来到某女装柜台说："这是我一周前买的T恤，它的衣领褪色，我想要退货。"营业员语气很强硬地说："你是不是用什么洗了导致衣服褪色？我们的衣服是不可能有质量问题的，等我拿回公司做检验再说，需要15天。"顾客听后非常生气地离开了。

两天后，该顾客再次来到柜台，要求营业员无论如何要给她处理。营业员见顾客态度坚决，于是叫来分部管理员。管理员迅速到达现场，经了解，这件T恤的衣领确实出现了严重褪色现象，属于可以退货的范围。与顾客沟通过程中，顾客还反映说营业员的态度很差，让她很不满意。

管理员一边让营业员迅速开好退货单，一边向顾客说："很抱歉，因为我们的工作失误给您带来了这么大的麻烦，另外，要向您说明一下，您购买这件衣服时是用信用卡买单的，您看是给您退到天虹购物卡还是调账处理？"顾客表示两个退款方式都不接受，坚持要退现金，"营业员服务态度这么差，T恤明显有质量问题，跑了几趟才处理好，以后我再也不想来这里购物了。"最后，管理员为了让顾客满意，申请退现金特殊处理。

分析：

顾客投诉是每个商场都会遇到的问题，是顾客对商场的管理、服务、商品质量等表达不满的主要途径。投诉处理得当，顾客和商场均受益；反之，则不仅会失去这个顾客，还会给商场造成一定程度的声誉损害。

如果案例中的营业员在第一次接到顾客针对T恤褪色的投诉无法判断褪色原因时，微笑着对顾客说："女士，很抱歉，这款衣服在之前未出现过褪色褪得如此严重的现象，我需要拿回厂家进行检验一下！"如果顾客对营业员处理结果不满意，营业员立即找管理员前来处理，便不会导致由质量投诉升级为服务投诉，且不会导致顾客对商场如此不满意的严重后果。

案例启示：

当顾客不满/投诉出现时，我们应该遵循以下处理方法：

1.仔细倾听以了解事情的全貌。

接待顾客的人员应该仔细听顾客的陈述内容，了解整件事情的来龙去脉，让顾客发泄、舒缓情绪。

2.不轻易下结论。

在未能辨别顾客投诉的商品是否属于质量问题时，不得主观臆断，而应该根据自己掌握的知识和问题的本身来判断。

3.注意接待用语的使用。

即使不是品牌/商场的责任，当出现顾客不满时，也应将诚恳道歉"挂在口中"，表示出对给顾客造成的不便和伤害的内疚及歉意，感同身受，以礼貌的态度平复顾客的怒气。

4. 当营业员无法处理时，应立即通知楼层管理员，避免顾客不满情绪升级。

管理员到场后，按照《顾客意见处理规范》的相关要求处理，避免投诉不满继续升级。

案例二：

大型促销活动期间不接受退货？

某日，一位女顾客来到商场某鞋柜台，营业员热情招呼。顾客开门见山地说："前几天在你们柜台买了一双鞋，但觉得不太合适，我想要退货。"营业员听完顾客的来意后，刚开始委婉建议顾客换货，但顾客不同意，坚持要求退货。营业员只好打电话让管理员前来处理。但当管理员到达现场时，营业员又表示顾客看中了柜台另一款同等价位的鞋，同意换货。当时柜台没有适合的码数，营业员恳请顾客过几天再来取货，顾客表示同意。

一个星期后，商场正开展"买200换400"大型促销活动，下午3点，该顾客前往柜台拿之前换的鞋子，在柜台试穿合适后将鞋取走。

下午5点，该顾客再次返回柜台，称自己在四楼看中了一口锅，需要2 000元左右，现在还差几百元，希望把这双鞋退了。营业员了解情况之后，劝说顾客："这双鞋非常适合您，促销活动延续到明天，您可以明天再来买锅。"但这一番话语并未打动顾客，顾客仍然强烈要求退货。

营业员想到晨会培训过"活动期间换货不退货"，而且之前顾客也放弃过退货，就直接向顾客说明："商场规定活动期间不接受退货，要退货需要等到活动结束后。"希望借此打消顾客退货的念头。

顾客表示不合理且不可理解，于是找到管理员投诉。

分析：

案例中存在问题：

1. 营业员想要挽留顾客的心情可以理解，但直接搬出"商场规定"来搪塞顾客，"强人所难"的言语显得过于生硬，必然造成顾客不满。

2. 管理员虽然在晨会上培训了商场下发的"活动期间换货不退货，且只限同等价位同等用卡类型柜台（A券购物只换A券柜台的商品，B券可换B券柜台和A券柜台的商品）"的促销活动细则，但说明了"如果顾客有退货要求，可直接找管理员处理"，该营业员却钻空子，只片面听取了"活动期间换货不退货"规定，并以此为借口，想要"吓退"前来退货的顾客。

3. 商场对于首次在本商场举行的"买换"促销活动细则未仔细审核，而是直接照搬，未留意到"活动期间换货不退货"与正常售后服务流程（退货要求）相违背。

案例启示：

1. 营业员在接待"因非商品质量问题退换货"的顾客时，应该抱着"买与不买一个样"的态度，因为亲和、快捷的退换货服务能有效消除顾客购物的疑虑，是实现多次销售的基础。

2. 管理员在培训促销活动（特别是大型促销活动）时，为避免营业员错误理解，可采用让个别营业员在晨会上重复促销活动内容的方式，检验营业员是否全面理解促销活动细则。

3.商场开展新型促销活动时，商场负责人须仔细审核、推敲每一条促销活动细则，确保可行性，避免营业员拿来主义，照搬照套，公司售后服务标准并不应因为商场举行大型促销活动而变更，而应当承诺：购买时间在1个月内，不影响再次销售且外观及包装完好的非重点商品，可根据顾客要求予以退换货处理。

4.大型促销活动期间，各种宣传方式中，应避免出现“活动期间可换货不可退货”的字样。

案例三：

没有及时关注顾客而引起的投诉

某日，某化妆品柜台有顾客投诉说用了该柜台出售的产品出现过敏现象，柜台营业员不予处理，而且情绪激动。管理员接到投诉后马上赶到现场了解情况，经了解顾客王小姐年前在柜台店庆期间购买了770元的护肤品套装，用了两天后发觉有一点过敏来到柜台反映了此情况，但柜台营业员说您刚换产品，出现这种现象是正常的，并对顾客说精华素用了就不可以退，要退得去医院开证明过来，顾客考虑到过敏现象不是很严重就要求柜台营业员送了两支小样就回去了。过完年后，顾客回到深圳，用了产品后面部出现大面积红疹，异常刺痛。顾客到松岗人民医院检查后开了检验报告，于是来到柜台投诉，坚持要求退货。柜台营业员和顾客解释说：“过敏要一个月内去医院开证明，现在您都过了这么久了，而且产品已经用过，联系公司这边是不能退货处理的，只能给您换另外一种温和点的产品。”但顾客坚决不同意。

管理员考虑到顾客脸上的过敏现象比较严重，经与公司协商同意给顾客进行了退货处理。

分析：

案例中柜台营业员不重视顾客反映的问题，当顾客表示使用产品出现过敏现象后，只是简单地告诉顾客要去医院开检查证明，而没有给顾客做过敏测试，以验证这套产品是否适合顾客。如果营业员能设身处地为顾客着想，相信处理的方法会大有不同。而且从案例中可以看出，虽然营业员第一次“成功”阻止了顾客的退货，但仍然无法避免顾客第二次退货，此时，顾客已经是非常愤怒，即使退货了也无法并不满意。

案例启示：

1.接待每一位顾客时都要认真对待，对于顾客的意见要高度重视，不要主观上给来退货的顾客带上“找碴”的标签，而要站在顾客立场，寻求解决问题的方法。

2.作为化妆品营业员要有专业的技能，对于过敏现象要当场给顾客做皮肤过敏测试，不能用此产品的话就坚决不能让顾客用，避免投诉升级。

案例四：

一单投诉，处理了16天！

3月28日晚，顾客孙先生来到某皮具柜台，告知营业员他于2月12日购买的一条1 960元的皮带出现了裂纹，要求该营业员给予解决。该营业员当即表示先行收下问题皮带，待与公司联系后，再将处理结果回复顾客。

3月30日晚，该营业员回复顾客该皮带上的裂纹公司已检查过，不属于质量问题，不能退换货。顾客表示不能接受，并找到管理员处理。管理员于3月31日致电供应商，要求其提供相关检测报告。供应商表示需要送去上海检查，大概要7天。管理员告知顾客供应商的处理决定，顾客表示同意。

4月8日，顾客致电供应商询问进展，供应商回复4月11日可提供检测报告给商场。

但4月11日供货商仍未提供商品检测报告，于是管理员知会供应商此投诉因处理时间较长，考虑顾客感受建议给予退货处理，供应商表示同意。随后，管理员电话通知孙先生到商场办理退货。

12日晚，孙先生到商场退货，管理员查阅原始小票后请孙先生出具银联签购单及信用卡，孙先生表示该签购单已丢失。管理员经与财务部沟通后告知顾客：财务没有保留签购单存联，如顾客无法提供签购单，商场只能为其退入商场购物卡，不能退入信用卡或退现金。孙先生听后，表示要和朋友商量一下再做决定。

13日晚，孙先生与其朋友再次来到商场，强烈要求退现金。管理员再次与财务部长沟通后，回复顾客14日帮其找签购单留存联，核实后尽快将1 960元退回孙先生卡上。但孙先生及其朋友表示不能接受并提出疑问：为什么之前处理时无法找到留存联，而现在又可以帮助查找解决，既然可以查找，为何当天没有进行，还要等到第二天才能回复？要求管理员立即退现金……

最后，经请示领导，为避免投诉升级，同意退孙先生现金。

分析：

顾客对服务或产品的投诉，一方面意味着经营者提供的产品或服务没达到他的期望，没有满足他的需求，另一方面表明顾客仍旧对经营者抱有期待，希望能提高服务水平。提出投诉的顾客，若问题获得快速、圆满解决，其忠诚度会比从来没遇到问题的顾客更高。案例中虽然最后给顾客退货，但过程中让顾客来回奔波3次，前后花费了16天，导致既未让顾客满意，又让商场和柜台形象受损。

案例中存在的问题：

1.一条近2 000元的皮带，不到两个月就出现裂纹——营业员无视前来投诉顾客的感受，在自己无法处理时，没有按要求反馈给分部管理员跟进处理。

2.管理员缺乏服务意识，没有快速、及时地帮助顾客处理问题（使用投诉基金），在顾客等待检测结果的时候，没有提前催办供应商，也没有及时知会顾客检测的进展情况，导致顾客等待了11天。

3.管理员在通知顾客退货时未事先查询顾客的付款方式，且未提醒需携带相关单据。

4.管理员在与财务部沟通时，出现两种结果（其实所有的签购单均由财务部会计进行保管，且保存时间为3年，不可能出现“没有保留签购单存联”的情况），引起顾客质疑及不满。

案例启示：

1.处理顾客投诉时积极的态度和及时的处理非常重要：如果营业员和管理员能够从顾客角度、本着积极的态度快速解决问题，也许这单退货最后只是“换货”或收取部分折旧费后给顾客“退货”即可，既赢得了顾客满意又降低了损失。

2.针对案例中的问题，应该采取如下方式解决：

（1）强化营业员重视顾客投诉的意识—— 5分钟内无法处理时应立即找管理员

解决。

（2）为缩短顾客等待时间，提高顾客满意度，公司应针对投诉设立投诉处理专项基金，用于处理因责任界定不清或顾客期望值过高导致的投诉及预计需与供货商沟通的时间将超出半小时的情况，此案例不仅存在商品质量问题无法界定，且存在顾客期望过高的问题，管理员在解决顾客投诉时，应转变观念，及时、快速地运用好投诉处理专项基金，从而提高顾客满意度。

（3）管理员通知顾客处理结果时，应事先了解顾客当时的购买方式，并提醒顾客携带相关单据，避免顾客来回奔波；如果顾客的签购单丢失，而且顾客不同意退入商场购物卡的情况下，收银员可直接填写信用卡调账表，由财务人员进行后续处理。

（4）商场职能部门应该有服务现场的意识，对于这种特殊投诉，应及时处理，避免顾客来回奔波。

●项目测试

☐简答题

1. 客户投诉的原因有哪些？
2. 客户投诉的目的是什么？
3. 客户投诉的意义何在？
4. 客户投诉的原则有哪些？
5. 简述处理愤怒客户的“六要”。
6. 处理客户投诉的基本步骤是什么？

☐案例分析题

胖东来：“变态”服务你学不会

胖东来，是一家从河南的四线城市许昌起家的商贸超市公司。它的创始人兼董事长叫于东来，许昌本地人，1995年开始开超市，20多年来在河南的许昌和新乡开了十几家超市和商场，雇用了6 000多名自营员工。胖东来规模不大，一年总销售额为70亿元，但它却是全国各地的商超百货老板们心目中的行业传奇。小米董事长雷军也专门去考察过，说它是中国零售业中神一般的存在。2021年，抛除珠宝、电器、服饰只看它的超市业务，胖东来销售额为31亿元，净利润9 000万元。净利率不高，为3.5%。

公司每年的净利润有一半拿出来分给员工们，还规定每人每周工作不能超过40个小时，加班要罚钱。老板天天催着员工按时休息，还设计了制度强迫员工休年假，必须去长途旅行。员工们什么状态呢？员工天天盯着顾客提供贴心服务，比如给老人配凳子，配放大镜，冷冻食品货架配保暖手套，用色卡告诉你怎么挑香蕉，就连你在它的电玩城玩抓娃娃机，你都可以跟工作人员说最想抓哪个玩具，工作人员就会替你把柜子打开，把娃娃摆成最好抓的样子，让你来抓。

胖东来的《日常管理逐级考核制度》在执行上也得到了胖东来上下高度重视，每月都在公司内部公布处罚结果。对于涉及客户服务的，则在官网上向社会公示，接受社会监督。为进一步加强社会监督，提高客户满意度，胖东来于2005年设立了消费者服务投诉奖，奖金额由最初的100元提升到了现在的500元，用于奖励投诉其员工违规违纪、服务不周的行为，并根据举报信息对相关责任人进行处罚。在胖东来的每家店面门口都可以看见“消费者投诉奖近期发放情况表”。当笔者今年年中再次走访胖东来的时候，在胖东来生活广场门口看见的是近2个月内只有3笔建议或投诉的消费者获奖。“随便提一个小问题就能得到500元”，可现在要在胖东来挑出点毛病都已经很难。

于东来还有两件事挺有趣的，一是，他认为自己开超市会扰民，所以附近居民的水电费他全包了，等于互相照应，请人家多担待。二是，他给新店选址，会按照自己的经营水准去考核周边的酒店、餐饮等业态。要是觉得人家服务不到位，他还会派出胖东来的团队去给人家培训，来把整个社区的服务水准拉齐。

资料来源 杨海愿. 零售供应链：数字化时代的实践［M］. 北京：机械工业出版社，2021.

问题：胖东来客户投诉处理的经验有哪些？

分析：通过有效地引进了社会监督，胖东来在监督成本降低的同时，提高了社会美誉度。而且，被这样高标准服务水平长期呵护的消费者，怎么可能会满意其他购物场所提供的“正常服务”呢？

●项目实训

实训主题：客户投诉受理及处理

1.内容与要求

（1）收集各企业客户投诉登记表，分析各投诉登记表的特点及存在的不足。

（2）针对某一具体企业的业务情况和客户投诉处理流程设计客户投诉登记表。

（3）结合具体投诉情境完成信息登记及处理。

2.提交成果

（1）客户投诉登记表。

要求：业务特征明显，内容完整。

（2）企业投诉处理记录档案。

要求：3个以上投诉情境，处理过程及意见完整。

●思政园地

别让老实人撕掉斯文才能讨回公道

在什么情况下，你愿意将自己的狼狈，暴露在几亿人面前？

一位西安女奔驰车主，被迫选择了这条路。

2019年3月27日，她在西安“利之星”4S店提走了购买的新车。这辆花费了她60余万元的全新进口奔驰车，却在还没开出大门时就发生了发动机漏油的故障。在之后的15天里，该女士与4S店反复交涉，4S店却“处处被动”——方案从赔偿到换车，最终，只同意更换发动机。明眼人都知道，这是欺负人——换了发动机，连一些“二手车”都不如了！于是，她坐在奔驰车顶与4S店交涉，这一过程被拍成视频上网，曝光在全国网民面前。讲理不如闹！一个有教养的人牺牲了尊严，得到了她想要得到的公平。不知这是该值得庆幸呢？还是悲哀？

4月15日，新华网以“油漏了，别把良心也‘漏’了！”为题发表评论，全文如下：近日，奔驰车主哭诉维权事件引发公众热议。女子花66万元在西安利之星买了一辆奔驰，提车当天就漏油！15天的耐心交涉，回应却从退款、换车，变成“只换发动机”。耐心沟通不被重视，撕掉斯文才能讨回公道？“按闹分配不应是社会常态，忠厚实诚也不应被欺负。涉事店的态度不仅砸了自己的牌子，还漏了自己的良心！”相关部门在还原真相的同时，须秉公严处，给公众一个交代！

资料来源　李国威. 跑赢危机，全媒体时代的公关自救指南［M］. 北京：中信出版集团，2021.

项目七

客户忠诚度培育

【学习目标】

＊知识目标：

1.理解客户忠诚度及客户忠诚度的价值；

2.掌握客户忠诚度的衡量指标；

3.熟悉客户忠诚度计划的常见模式；

4.掌握实现客户忠诚度的途径；

5.明确服务质量内涵和特性；

6.掌握客户数据收集的内容和技巧。

＊技能目标：

1.能够制订客户忠诚度计划；

2.能够对客户资料进行分类整理。

＊思政目标：

引导学生关注其职业追求和价值目标，并能落实、落细到每项具体工作中去。

【项目框架】

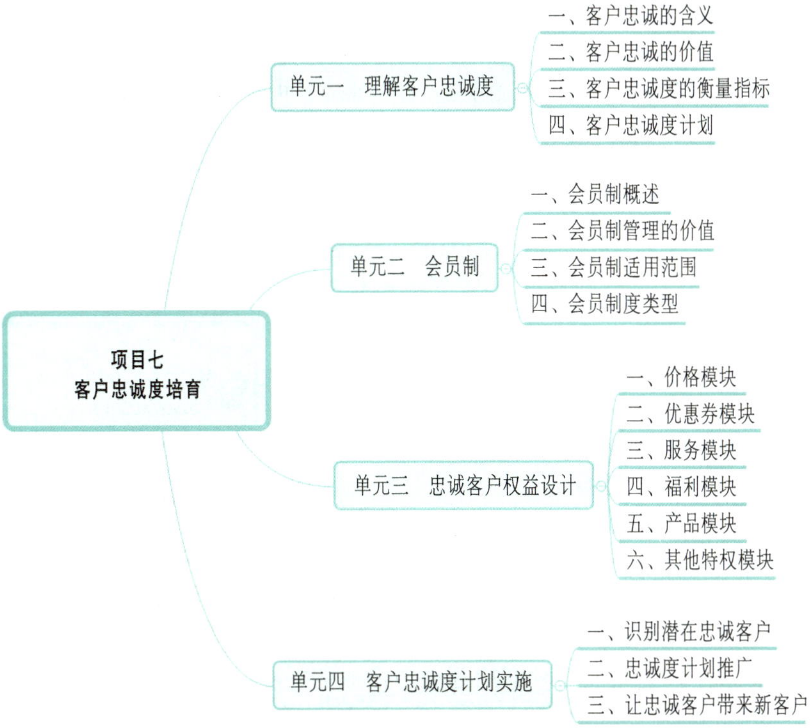

案例导入

智情企业——美捷步

美国最大的鞋类电商网站美捷步（Zappos）靠着回头客战略，10年做成电商巨头，被亚马逊以12亿美元的价格收购，创下了美国电商史的收购纪录。美捷步的创始人和CEO谢家华，是一位成功的连续创业者，35岁登上《财富》杂志评选的“40岁以下亿万富豪榜”。谢家华认为，必须给顾客带去超预期的惊喜体验，让他们留下深刻印象，才能把他们变成回头客，这才是美捷步的核心生存之道。他们做到了什么程度呢？

第一个例子是，美捷步有一个“三双鞋”产品策略。顾客从美捷步买一双鞋，美捷步会给他寄三双三种尺寸的鞋，让顾客留下最合脚的一双，不适合的再退回来，美捷步来承担运费。三双鞋的策略让美捷步退货率高达25%，每年能多出1亿美元的成本，但谢家华认为，这就算做口碑，比投广告划算。

第二个例子是，美捷步把客服部门看成公司最重要的核心职能部门。虽然美捷步是个网站，但是它把关键客服力量放在电话客服上，一周7天、一天24小时，随时都有人接电话。要是有人打电话来抱怨在美捷步买不到满意的鞋子，美捷步的客服专员们甚至会给他推荐三家竞争对手网站，来帮顾客找到满意的鞋子。要是有人打电话来问跟买鞋没关系的问题，比如附近哪有好吃的披萨外卖，或者想聊聊心事，客服也会尽其所能地解答与陪伴。

美捷步为什么要提供超出主业的服务呢？因为美捷步发现平均每个用户一生中至少会给他们打一个电话，所以公司希望借这个电话的机会让顾客形成永久的深刻印象，从而跟美捷步建立一辈子的关系。美捷步这种玩法，真的带来了超高的客户忠诚度，平台上超过80%的客户都是老客户，他们产生的交易额是新客户的10倍以上。

资料来源 方二，齐卿，左莉. 智情企业［M］. 北京：机械工业出版社，2021.

这一案例表明：企业与用户是“智”“情”共生的循环，企业的“智”可以帮助企业更好地理解用户，带来用户的“情”，而用户的“情”可以加强企业的“智”，从而实现智情共生。智情的实现，依靠的是“利人利己、共生共赢”思想，这也是智情企业的核心理念。

单元一 理解客户忠诚度

一、客户忠诚的含义

客户忠诚是指客户选择一个企业或一种产品而不选择其他企业或产品来满足特定需要的倾向，即客户承诺与某一特定企业形成生意关系，重复购买企业的产品和服务。客户忠诚涉及长期性的关系，而所有这样的关系都建立在信任的基础之上。信任是忠诚的必要条件，它是在长时间的互动中形成的，难以赢得，却易于破坏。

不可否认，客户满意度是导致重复购买最重要的因素，当满意度达到某一高度，会引起忠诚度的大幅提高。但客户满意并不一定等于客户忠诚，客户满意是客户忠诚的基础，我们可以让客户满意，竞争对手同样也可以让客户满意。只有持续地让客户满意，并通过各种手段与其建立“朋友”关系，才能最终实现“客户忠诚”。

二、客户忠诚的价值

客户忠诚为企业所带来的收益是长期且具有累积效果的，也就是说，一个客户能保持忠诚越久，企业从他那里得到的利益就越多。客户忠诚的价值主要体现在以下几个方面：

（一）服务成本低

企业经营中几乎没有比获得一个新客户的代价更大的了，不仅需要付出时间和努力，而且获得新客户的成本在一段很长的时间内会超出其基本贡献。现在已经有了很多计算争取潜在客户和保有现有客户的成本差异的方法，大部分的方法都是将与客户的第一次和第二次交易的成本做比较的。一般认为，第一次交易成本大约是第二次交易成本的5～10倍。由此可见，致力于经营与现有客户的关系，是降低交易成本的主要方法。

（二）增加消费额

在一定时期内，客户对某一品牌产品和服务的重复购买次数愈多，说明对这一品牌的忠诚度愈高，反之则愈低。对于经营多种产品的企业来讲，重复购买本企业品牌的不同产品和服务，也是对企业高忠诚度的一种表现。

（三）价格敏感度低

事实表明，对于喜爱和信赖的服务或产品，客户对其价格变动的承受能力较强，即敏感度较低，而对于不喜爱与不信赖的服务或产品，客户对其价格变动的承受能力较弱，即敏感度较高。

更重要的是，忠诚客户在社会上给企业的正面宣传，是很难得的免费资源，他们不但自己购买企业的产品，而且会推荐给他人。

（四）愿意推荐和分享

一个人成为企业的忠诚客户，首先表示他认可这个品牌或者产品，其次因为他拥有跟普通用户不一样的身份，享有商品和服务的特权，也拥有了精神层面的满足感。他们都愿意分享和推荐那些发自内心喜欢和认可的东西，哪怕没有利益驱动。忠诚客户在社会上给企业的正面宣传，是很难得的免费资源。

三、客户忠诚度的衡量指标

客户忠诚是客户基于对品质的认可、体验的满意与情感的归属而自然产生的对品牌产品和服务的持续购买行为，它对品牌的成长具有决定性的意义。营销学有一个公理就是，忠诚的客户才能为品牌带来更大的价值。这就要求我们在建立品牌满意度和美誉度的基础上建立品牌忠诚度。

品牌忠诚度通常可以用以下六大指标进行衡量：

（一）重复购买的次数

在一定时期内，客户对某一品牌产品和服务重复购买的次数越多，则说明其对这一品牌的忠诚度就越高，反之就越低。

（二）决策时间的长短

由于信赖程度有差别，对不同品牌的产品和服务，客户购买决策时间的长短也是不同的。一般来说，购买决策时间越短，说明客户对某一品牌产品和服务越偏爱，对这一品牌的忠诚度越高；反之，则说明客户对这一品牌的忠诚度越低。

（三）购物路程的远近

当就近没有该品牌的产品和服务时，并不遵循就近购买的原则，而是选择需要走更远路程去购买心仪品牌的产品和服务，这就说明客户对该品牌的忠诚度高，反之则低。

（四）对价格的敏感度

对于喜欢和信赖的产品和服务，客户对其价格变动的承受能力强，即敏感度低；而对于不喜欢的产品和服务，客户对其价格变动的承受能力弱，即敏感度高。据此亦可衡量客户对某一品牌的忠诚度。

（五）对竞争者的态度

根据客户对竞争者产品和服务的态度，可以判断其对其他品牌的忠诚度的高低。如果客户对竞争者的产品和服务兴趣浓，好感强，就说明其对某一品牌的忠诚度低。如果客户对其他的品牌产品和服务没有好感，兴趣不大，就说明其对这一品牌的忠诚度高。

（六）对瑕疵品的态度

任何一个品牌都难免出现瑕疵品的问题，但如果客户对某一品牌的忠诚度高，对该品牌偶尔出现的产品和服务质量问题会以宽容的态度对待，相信品牌会很快加以妥善处理。若客户对某一品牌忠诚度低，则一旦产品和服务出现质量问题，客户就会非常敏感，极有可能从此不再购买这一产品和服务，甚至传播负面消息。

根据忠诚度的高低，通常可以把客户划分为游离客户、肤浅客户、关系客户、情感客户和信徒客户。

【拓展阅读7-1】

客户黏性与忠诚度

客户黏性是企业一方的意愿，是通过产品或服务将客户绑定，使之长期与企业合作。对客户而言不一定愿意与你合作，只是离开的成本较高，是无奈的选择。

忠诚度是指企业与客户双方都希望能够保持长期的合作关系，合作的本质是双方能够在对方获得的利益最大化。无利可图的合作是不会长久的，忠诚度不是靠某一方维系的。企业通过用心经营客户，可以将“客户黏性”转化为“忠诚度”。

四、客户忠诚度计划

由于科技的进步、产品的多样化和品牌竞争的日趋激烈，企业留住客户和提升客户忠诚度的难度越来越大了。而客户忠诚度计划作为客户关系管理的重要技巧之一，正在悄悄风行。

（一）客户忠诚度计划的含义

客户忠诚度计划就是通过维持客户关系和培养客户忠诚度而形成客户长期需求，并降低其品牌转换率的客户计划，通常的形式包括客户分级会员制、累计消费奖励制度等，如航空公司的里程计划、信用卡的累计消费额奖励等。

（二）客户忠诚度计划的几种模式

1.独立积分计划。

独立积分计划指的是，某个企业仅为消费者对自己的产品和服务的消费行为与推荐行为提供积分，在一定时间段内，根据消费者的积分额度，提供不同级别的奖励。这种模式比较适用于容易引起多次重复购买和延伸服务的企业。很多超市和百货商店发放给客户的各种优惠卡、折扣卡都属于这种独立积分计划。

目前这种客户忠诚度计划已经非常普及，随着积分项目被越来越多的商家广泛使用，手里持有多张积分卡的客户会越来越多。这些客户在不同的商家那里办理不同的会员卡，享受相应的折扣或者积分优惠，因此对客户忠诚度的提高作用不大。

2.联盟积分计划。

联盟积分计划是指，众多的合作伙伴使用同一个积分系统的计划，这样客户凭一张卡就可以在不同商家积分，并尽快获得奖励。相较于企业自己设立的积分计划的局限性，联盟积分计划更有效、更经济、更具有吸引力。

企业案例7-1

歌手的忠诚度积分系统

也许你会觉得互联网给音乐行业带来的是打击，但奇怪的是，截至2019年，全球录制音乐产业产值已经连续增长5年了，而且很多歌手的收入，也是一路走高。比如，美国女歌手泰勒·斯威夫特，一年能赚1.85亿美元。

到底是什么变了？

是行业逻辑变了，在互联网的影响下，音乐行业不仅有了新的平台、新的渠道、新的内容，而且整个音乐行业结构都进行了一次重塑。为了让真正的粉丝买到门票，斯威夫特采取了很多新策略。

新策略之一是采用粉丝认证机制。想买斯威夫特演唱会的票，你得先证明自己是她的粉丝。怎么证明一个人对另一个人的忠诚度呢？斯威夫特采用过一套忠诚度积分系统。粉丝可以通过当义工、看音乐视频、购买专辑，去社交媒体上跟斯威夫特和演唱会赞助商互动，来体现自己的忠诚，提升自己买到门票的概率。这种做法叫作“粉丝认证”机制，能让斯威夫特达到两个目的：优待对自己忠诚度高的粉丝，把他们安排到购票队列的最前面；斯威夫特和演唱会赞助商能直接跟粉丝互动。

另一项策略创新是慢速票务模式。传统卖演唱会门票的方式是把所有门票一次性全部放出，顶级音乐人的门票会在很短时间内售罄，于是就造成真正想看演出的人别无选择，只能从黄牛手里买价格翻倍的票。可是斯威夫特有一项发明，叫“慢速票务模式”，就是把售票的周期拉长，降低卖票速度，让粉丝能够买到一手票，但价格会因为购票时间不同而不一样，临时买票的价格要比提前几个月买贵。

资料来源　克鲁格．摇滚吧，经济学［M］．马韧，路旦俊，译．长沙：湖南文艺出版社，2020.

联盟积分卡可以通过互相为对方提供物流、产品、客户资料等方面的支持，减轻企业的各种压力，使企业能获得更多新的客户资源。

3.联名卡和认同卡。

联名卡是非金融界的营利性公司与银行合作发行的信用卡，其主要目的是增加公司传统的销售业务量。例如，美国航空公司和花旗银行联名发行的AAdvantage卡就是一个创立较早而且相当成功的联名卡品牌。

认同卡是非营利团体与银行合作发行的信用卡。持卡人主要为该团体成员或有共同利益的群体。这类关联团体包括各类专业人员。持卡人用此卡消费时，发卡行从收入中提取一定百分比给该团体作为经费。运动协会（如美国国家橄榄球大联盟NFL）、环保组织、运筹学管理科学协会的认同卡就是这方面的成功案例。

4.会员俱乐部。

有的企业客户群非常集中，单个消费者创造的利润非常高，而且与消费者保持密切的联系，非常有利于其业务的扩展。这些企业往往会采取俱乐部计划和消费者进行更加深入的交流，这种客户忠诚度计划比单纯的积分计划更加易于实施，能赋予客户忠诚度计划更多的情感因素。

作为客户忠诚度计划一种相对高级的形式，会员俱乐部首先是一个“客户关怀和客户活动中心”，但现在已经朝着“客户价值创造中心”转化。而客户价值的创造，则反过来使客户对企业的忠诚度更高。

课堂互动7-1

电商主播靠什么吸引并黏住粉丝？

电商直播从2016年进入大众视野后一路升温，终于在2020年彻底被点燃。

今天，当我们再次提到“主播”这个词的时候，人们首先想到的已不是电视新闻的播音员，而是网络带货明星。“主播”变成数以万计普通创业者大胆尝试、不断创新的新兴职业。

问题：电商主播如何扩大粉丝规模，增强粉丝黏性？

课堂互动7-1
分析提示

单元二　会员制

根据心理学家马斯洛的需求层次理论，人类在生理需要和安全需要得到满足之后，就会寻求归属感，寻求他人的尊重，最后会寻求自我实现。会员制管理有助于人们实现这些需求。

一、会员制概述

会员制是由某个组织发起并在该组织的管理运作下，吸引客户自愿加入，目的是定期与会员联系，为他们提供具有较高感知价值的利益包。会员制管理目标是通过与会员建立富有感情的关系，不断激发并提高他们的忠诚度。

加入会员制组织的客户称为会员，会员制组织与会员之间的关系通过会员卡来体现，会员卡是会员进行消费时享受优惠政策或特殊待遇的“身份证”。

二、会员制管理的价值

（一）会员制为客户带来的价值

1.享有优先和优惠权利

对于消费者来说，加入会员后可以享有优先消费权，以及一定的商业促销优惠和消费折扣等价格优惠，这些消费带来的好处远远要高于会员交纳的会费，因此对消费者具有很大的吸引力。

一般情况下，持会员卡的客户在消费时可以享受到比非会员更大的价格优惠。除此之外，很多企业还会针对会员开展优待日活动，届时只允许有会员资格的客户进行消费。总之，企业会通过各种活动给予会员多方面的优待。

2.享受特殊服务

会员制俱乐部除了为会员提供价格优惠之外，通常还会为会员提供各种服务，以满足会员的不同需求。如零售企业提供免费送货、免费安装等服务，而服务性企业提供的特殊服务会更加多种多样。

3.参加会员活动

通常情况下，会员俱乐部会定期举办相关活动，如联欢晚会、郊游、竞赛活动等，让会员与俱乐部、会员与会员之间互相交流感情、沟通信息，在丰富会员生活的同时，扩大了会员的交际圈，增进了会员之间的感情。另外，会员还可以通过参加会员活动，实现自己的爱好和发挥自己的特长，尤其是当俱乐部是因共同志趣而成立时。

4.显示会员身份和地位

会员在消费或享受服务时出示会员卡，都可以获得不一般的待遇，因此会产生优越感和荣誉感，尤其是加入高级会员俱乐部，会更加彰显会员的身份和地位，而且接触高层次的人的机会更多。

（二）会员制为企业带来的价值

1.建立长期稳定的客户群

会员制管理要求企业着眼于提升会员与企业之间的关系，它与简单的打折促销的根本区别于，会员制虽然也会赋予会员额外利益，如折扣、礼品、活动等，但不同的是，会员一般都有共同兴趣或消费经历，而且他们不仅经常与企业沟通，还与其他会员进行交流和体验。久而久之，会员对企业产生参与感与归属感，进而发展成长期稳定的消费群体，而这是普通打折促销无法达成的。

2.互动交流，改进产品

企业通过与会员互动式的沟通和交流，可以发掘出客户的意见和建议，根据客户的要求改进设计，根据会员的需求提供特定的产品和服务，具有很强的针对性和时效性，可以极大地满足客户需求。

3.提升客户的忠诚度

当客户成为企业的会员后，享有比普通消费者更高一层的服务待遇，而这个强烈对比，无形中刺激了相当一部分客户的加入，由此也促进了销售的实际增长，当然成为会员的这部分客户群也产生了一定的优越感，在日常的人际交流中又会成为企业的免费宣传窗口，增加会员的数量。这种由客户以口碑推荐所带来的销售也叫作链式销售，由会员进行链式销售可以为企业建立和维护大量长久稳定的基本客户，使企业获得稳固忠实的客户群。

4.提高新产品开发能力和服务能力

企业开展会员制管理，可以从与客户的交互过程中了解客户需求，甚至由客户直接提出要求，因此很容易确定客户要求的特征、功能、应用、特点和收益。而对于现有产品，通过会员制营销容易获得客户对产品的评价和意见，从而确定改进产品和换代产品的主要特征。

5.可观的会费收入

会员俱乐部一般要求客户入会时交纳一定额度的入会费用。入会费相对个人虽是一笔小数目，但对于企业来说因为积少成多而成为一笔相当可观的收入。会费收入一方面增加了企业的收益，另一方面可以吸引会员长期稳定地消费。

企业案例 7-2

靠“小费”来赚钱

美国有家著名的会员制连锁超市Costco（好市多）。Costco店内商品的综合毛利率只有6%，其利润主要来自于会员费和信用卡手续费。它每年的会员费是55~110美元，续费率达到了90%以上。为什么用户愿意交会员费？因为东西太便宜了。用户稍微多来买几次，会员费就赚回来了。Costco的会员分为执行会员和非执行会员两种。执行会员要求每年交110美元的年费，有资格在一年内享受消费总额2%（最高750美元）的返现，以及一部分保险优惠；而非执行会员只需交55美元的年费，除了可以进场消费外，还能额外带人进去。

不论是执行会员还是非执行会员，都可以享受卖场的免费服务。例如：免费安装轮胎、免费视力检查、免费镜架调整服务以及免费停车。Costco承诺，顾客在交纳会费后，任何时候若对服务不满意决定退出，都将获得全额的会员费返款，但Costco的会员续费率达到了惊人的90%，这就意味着客户的回头率是90%。

可以明显看到，在Costco内产品高质量低价格的驱动下，Costco会员有着超高的忠诚度，每年都为Costco贡献一笔稳定的利润。

目前，Costco拥有8 000多万名持卡会员，已经成为全球会员数最多的超市。

资料来源　编者根据相关资料编写.

三、会员制适用范围

企业是否适合会员制最关键的判断因素是复购频次。一般来说，如果一家企业的产品能让一个用户在一年之内有5次及以上的购买需求，那么这个企业就比较适合采用会员制管理。这里的复购，并不单单指企业某个产品的复购次数，而是用户对企业所有产品的自然需求频次。以小米为例，用户可能两年才换一次手机，但是小米出了数百种商品，这就大大增加了用户复购的机会。表7-1是六类适合采用会员制管理的行业及企业举例。

表7-1　六类适合采用会员制管理的行业及企业举例

行业类型	主要特征	企业举例
第一类 平台类企业	这类平台上有海量的商品和服务，能够满足用户衣食住行各个方面的需求，所以用户的复购频次是非常高的	京东、淘宝、唯品会、苏宁易购、携程、去哪儿、爱奇艺、网易云音乐等
第二类 线下购物超市或便利店	这类企业也拥有丰富的产品种类，能够满足不同人的不同需求，用户一年的复购频次远远大于5次，所以这类企业也非常适合打造超级用户	全家集享卡、沃尔玛旗下的山姆会员店、银泰365会员等
第三类 零售品牌	虽然仅有一个产品品牌，但是产品种类较多，而且产品属于低价高频类，用户在一年之内跟企业发生交易的次数也往往大于5次	无印良品、全棉时代、优衣库、江南布衣等
第四类 餐饮生鲜类企业	这类企业中，有些企业虽然产品种类不是很多，但由于单品复购率很高，故而也非常适合打造超级用户	百果园从2018年就推出心享VIP会员
第五类 娱乐、健身、教育培训等服务性企业	这一类企业包括KTV、电影院、咖啡厅、健身馆等。一个用户一年的正常需求次数大多超过5次	电影院的超级会员月卡、季卡

四、会员制度类型

（一）注册即可成为会员

新顾客成为会员几乎是没有门槛的，不用交会费，也不需要先消费，甚至为了鼓励加入，还提供新人优惠或免费试用服务。例如优步、瑞幸咖啡等平台，都会提供首次消费折抵、免费试用期或免费点数给注册用户。这一类会员制度的设计在于吸引更多新会员的加入。

（二）消费到一定金额可成为会员

这类公司鼓励消费者先消费，当消费达到一定金额时即可申请成为会员，甚至设有会员等级，消费金额越高，会员等级越高，会员权益也会不同。这一类会员制度的设计，在于从经营忠诚顾客的角度出发，但各公司对会员资格的维持则有不同的规定。

【拓展阅读7-2】

星巴克：为品牌打造一些独特元素

星巴克做的一件非常聪明的事情就是使用非常别致、广受欢迎的礼品卡，礼品卡的艺术设计令人眼前一亮，而且在不断变化。很多人为了获得这种个性化的金卡，会特意去积累30颗星星；购买星巴克1 000元随行卡，即可注册成为星巴克新星级会员。

星巴克发行了数百种会员卡，每种卡片本身都很有吸引力。当你升级为金卡会员后，星巴克会寄给你一张金卡，上面烫金凸印着你的名字。它真的很漂亮，让人觉得自己很特别。卡片结合支付功能，持卡会员在星巴克官网注册后，便有了个人线上账户，可利用电子钱包功能或在注册时帮卡片储值。会员省去了携带多张卡片的烦恼，只需一张会员卡就全场通用了，不必再掏出信用卡或现金。

资料来源 巴克斯特. 会员经济：发现超级用户，缔造长期交易，赢得持久营业收入［M］. 蒋宗强，译. 北京：中信出版社，2021.

（三）交年费才可成为会员

这类会员制度的代表公司，在实体世界有开市客，在网络世界则有亚马逊。由于已经先收了会费，所以品牌提供的产品价格比一般顾客便宜很多；或者提供额外的权益，如亚马逊为超过1亿名符合Prime级（最高级）的会员提供免运费的服务。

（四）银行联名卡会员

经营会员不一定得自己来，通过跟银行合作发行联名卡也是一种方式，可以达到异业合作、扩大客户圈的目的。这类会员数据虽然不是放在自己公司，但是只要跟发卡行紧密合作，可以应用银行端的消费大数据，进一步巩固忠诚顾客，提升营收。例如王品集团与花旗银行合作推出的飨乐生活卡，曾经为公司带来将近20%的高营收。这级会员是由异业合作创造出来的，异业间讲究客户圈层互补与门当户对，所以自身的品牌也要有一定的影响力，才能创造合作的条件。

（五）受邀尊宠会员

这一类会员，不是任何人或只要有钱就可以加入的，你要有一定的社会地位或消费到很高的金额才会被邀请，它是一种尊荣、高贵的象征。此类会员所得到的礼遇也跟一般会员大不一样。例如，花旗银行的黑卡只有5%的卡友可以拿到，美国运通甚至把运通卡只发给1%顶级的用户。这类会员制度的设计，比较适合高单价、高消费或可以彰显身份的品牌，不是一般中小企业可以学习采用的。

企业要实施会员管理，首先要清楚了解所在行业或品牌适合哪一种会员制度。对于一般中小企业而言，可以参考的是第一级、第二级、第三级会员；当企业的品牌进入另一个更高层次的需求时，才需要去思考第四级、第五级会员的制度设计。

单元三　忠诚客户权益设计

企业在设计忠诚客户的权益和服务时，共性的模块和维度主要有以下六个：

一、价格模块

价格是企业最容易凸显会员身份和权益的地方。忠诚的客户虽然不属于价格敏感型用户但由于有持续复购的需求，价格优惠依然具有最实在的吸引力。围绕价格权益的设计，不同企业会有差别，但总的来讲，有四种方向：

（一）会员价

这是指成为某一级别会员，就能享受到专属会员价。会员价通常是固定的、公开的。

（二）专属折扣

之所以称为专属折扣，就是针对专门的产品或只在特别活动的时候才会有。例如在“妇女节”，企业会针对忠诚会员推出专属3.8折购物区。这种折扣并不是固定的，它会给客户创造不确定性的惊喜。比如，某个企业在每个月都会为忠诚客户准备一场专属折扣活动，给出的折扣比一般会员价还低。专属活动中有即将上新的产品，有库存产品，还有外部合作的产品。平台商超类企业还有一种做法，就是专属会员日或专属购物节。通常，企业都会挑一天时间作为固定的会员日。在这一天，企业面向超级用户们的促销力度会比以往更大。比如，京东把每月8号定为京东Plus会员日，苏宁易购把每月26日定为会员日，全家旗下的甄选会把每月20号定为会员日。当然，也有按照每周来定的，如全家便利店把会员日定为每周三，称为“疯狂星期三”。

（三）充值返赠

成为会员之后，如果用户提前预充值，可以享受返赠。百果园就为自己的心享VIP会员提供了这种特权，充1 000元赠送100元。这种方式本质上是价格优惠，相当于打了9折。

（四）消费返利

成为超级用户之后，企业会按照消费金额进行一定比例的返利，每家企业的返利比例不一样。比如按5%返利，那就是消费100元钱，返5元钱。消费返利在不同企业操作方式也有不同。有的返利可以直接用于再次消费，有的则可以提现。如果企业整体给出5%的返利，则可以设置为3%以消费券返还，2%以现金形式返还，这样既有利于促进二次消费，又能强化客户的获得感，让客户感觉到消费时边花钱边赚钱。

二、优惠券模块

优惠券是企业提升消费、活跃用户的重要手段,当然也是超级用户权益和服务的重要组成部分。目前，平台商超类企业围绕优惠券会有以下四种形式:

第一，赠送运费券。因为目前送货到家是网上购物必不可少的环节，用户也都习惯了包邮、免运费这样的服务。所以，企业索性就把运费券当作超级用户的权益。比如，京东每个月为Plus会员提供5张运费券，每张价值6元，一年就是360元。后来，由于京东新增了寄快递业务，所以他们又叠加赠送3元的快递券。苏宁易购则把运费券分为国内运费券与国际运费券，每月分别提供2张面值5元和1张面值10元的运费券，这样算下来一年也有240元。

第二，月度券礼包。不同企业可能叫法会不一样，但是其本质相同。京东每个月都会发放100元的全品类优惠券，分为5元、10元、20元不同面值，并且都会有相应的使用门槛。比如，5元券需要消费满105元才能使用，10元券要消费满200元才可用。有些企业还会发放一些特定类目的优惠券，比如服饰、数码优惠券等，具体要看不同类目的毛利和促销政策。

第三，大促优惠券。这是企业专门针对特定促销活动的优惠券，比如“618”“双十一”等大促期间，企业发放的优惠券就是他们给超级用户的专属权益。

第四，特色优惠券。一些线下的商超卖场会结合线下消费场景，给超级用户发放停车券、洗车券等特色优惠券。

三、服务模块

服务本身就是产品的一部分。对零售产品的企业而言，可以把售前、售中、售后这三个环节中的服务提炼出来，设计成为超级用户权益的内容。首先是设置专属客服经理。不同行业对这一职位的称呼也不相同，比如在服装行业，可能叫“专属顾问”“专属搭配师”。他们要为超级用户提供专属客户服务，尤其是高客单价、贵重的商品，越需要人工服务。比如，百果园的心享会员、西贝VIP会员权益里都明确表示，会提供一对一专属客户经理。除了专属客服服务，还可以有上门取件、免费退换货、使用指导、免费雨伞、免费手部SPA等不同类型的专属服务，这需要企业结合自身情况进行设置和创新。

四、福利模块

福利是指企业给会员的奖励或礼品，用户不需要花钱就能获得礼物、代金券、学习资格、票务服务等。西贝为超级用户提供的生日福利，是价值60元的无门槛菜品券，其还利用自身优势举办“亲子莜面体验营”的活动，超级用户可以免费优先参加。很多平台商超类企业为超级用户提供与生活周边相关的福利，像京东、苏宁易购、银泰等企业，它们都在利用自身的优势，整合非常多的线上线下资源，为超级用户提供生活福利。送多大价值、什么类型的福利，需要根据企业的产品类型、收益来权衡。

【拓展阅读7-3】

京东健康在线问诊

对于京东Plus会员，在疫情防控期间，其权益服务里上线了京东健康在线问诊的服务，超级用户可享有12次免费急速在线问诊。这些生活福利可以成为超级用户权益的一大亮点，提升超级用户的身份优越感。

京东健康相关负责人表示，未来京东健康在线问诊平台将为更多的名医团队搭建“团队问诊”服务平台，由知名专家通过团队服务模式，为用户打造高效率、全方位、可信赖的贴身健康服务。

资料来源 编者根据相关资料编写.

五、产品模块

企业可以为超级用户提供专属定制的产品、专供的产品、新品体验的机会等。

比如一家淘宝服装店，为自己的超级用户提供了一项特权，超级用户每年有两次申请定制衣服的机会，为自己或家人、朋友定制都可以。有的企业为高级会员提供免费试用新品的机会，每个月发放固定申请名额。

所有企业能够整合提供给会员的产品，都可以作为产品模块的权益。除了自身产品，企业还可以利用自身资源与外部品牌合作。比如，2020年新冠肺炎疫情防控期间，在口罩、洗手液急缺的时候，企业借助自身渠道资源为VIP会员提供这些产品，就是一次应急的产品权益。

六、其他特权模块

凡不在以上五个模块范围内的服务和优待，可以划分到其他特权模块里。比如，百果园为心享VIP会员提供了20个VIP试用名额，以及积分特权、免排队或优先等位等都属于这一类。企业在设计会员权益时并不一定要包含所有的维度，可以选择其中的几个模块，主要保证忠诚会员的权益内容是丰富且有价值的。企业在设计时还要兼顾长远价值和短期利益，只有这样，才能培养出忠诚用户。同时，权益和服务要随着企业的发展、用户的反馈，不断升级迭代。

单元四　客户忠诚度计划实施

一、识别潜在忠诚客户

企业资源有限，客户忠诚度计划的实施不能大海捞针，盲目行动，否则既容易浪费企业的财力、物力，也容易骚扰到客户。识别潜在的忠诚客户具有以下四个判断标准：

（一）复购频次

复购频次越高的客户就越容易转化为企业的忠诚客户。比如在面包店中，店员看到某一顾客过去一个月消费了8次，就知道他是老用户，而且对面包比较认可。当店员向客户推荐会员权益时，客户大概率就会成为其会员。在利用复购频次筛选时，企业还需要考虑顾客最近一次的购买时间。比如用户A复购5次，但最近一次购买是一年前，而用户B同样复购了5次，最近一次消费是一个月前，那么毫无疑问，用户B成为超级用户的潜力更大。

（二）是否积极主动提出意见和建议

企业应该多关注那些愿意反馈、给企业提意见的用户，因为他们的举动说明他们仍在关心产品，对企业有期待。企业应该通过留言评论、营销活动、电话访谈等方式把这样的用户找出来，做好标记。找到这些用户后，企业就可以定向邀请他们加入企业的客户忠诚计划培养体系了。

（三）是否主动推荐和分享企业产品

企业可以在日常的营销活动中有意识地记录，或通过工具找到那些转发分享产品、商城链接的用户。分享行为代表了他们对产品的认可，以及愿意用自身信誉为企业背书，这样的用户也是企业的潜在忠诚用户。

（四）是否有过系统购买动作

观察客户购买行为，看是否是有过跨品牌或跨品类消费。所谓跨品牌或跨品类消费，是指用户除了购买企业A品牌（或品类）的产品外，还购买了企业推出的B、C品牌（或品类）的产品。这种有系统购买行为的客户同样对企业非常信任，他们非常有可能成为企业的忠诚客户。

上面这4条标准可以帮助企业进行初步筛选、锁定，尽可能地缩小范围，优先找到精准的潜在忠诚客户，节省成本和精力。

二、忠诚度计划推广

利用各种渠道，面向更大范围的潜在客户进行忠诚度计划的宣传，让他们看到企业忠诚度计划所具有的价值，主要的宣传方式有以下七种：

（一）通过企业的新媒体渠道

其包括公域流量和私域流量的所有渠道，如企业微信公众号、个人微信、微信群、抖音、微博、小红书等。以微信公众号为例，企业可以在底部菜单栏、自动关注回复、文章贴片广告、图文推送中植入企业客户忠诚度的宣传入口。在个人微信号、微信群等地方，企业也可以有计划、有策略地推广宣传企业的忠诚度计划，吸引用户前来咨询了解。

（二）通过企业的线上网店渠道

比如淘宝、京东、唯品会等。尤其是网店流量和访客量比较大的企业，更要充分利用优势，宣传忠诚度计划，抓住潜在用户进行有针对性的提醒引导。

（三）通过企业的自有App、小程序商城

这些属于企业的线上自有渠道。通过App或小程序商城向用户大力宣传加入忠诚度计划的好处。此外，企业可以通过发站内信、App开屏画面等不同形态进行宣传。

（四）通过企业的线下渠道

其包括门店、摊点等。线下零售企业在利用这一渠道时颇具优势，因为员工可以面对面地为潜在客户讲解，更容易让客户理解和感知到产品和企业的价值。在线下门店推广忠诚度计划时，有两点可以充分利用：

一是导购推荐。不论是导购员还是收银台员工，都可以向用户推荐。比如，员工会利用客户点餐后等待的时间向客户推荐VIP会员，并且详细地向顾客讲解加入VIP会员的权益和好处。

二是点单提醒。这一点星巴克做得很好。当顾客点单时，星巴克的员工都会询问："有没有星巴克会员卡？如果没有，那么要不要现在办一张？"这也是一个很有效地让客户加入忠诚度计划的方式。还有一种方式是，在收款的时候显示顾客之前的消费记录，如消费了多少次、总计的消费金额等，这样既能帮助企业发现潜在忠诚客户，对客户来说，搭配直观的消费数据也会使超级用户的特殊权益更有说服力。

除此之外，门店的海报、广告指示牌都可以用来触动潜在忠诚用户。

（五）通过企业的电话客服、短信和邮件渠道

这三个渠道虽然比较传统，但还是有效的。比如银行、保险、汽车等行业，企业有大量客服人员可以承担这部分工作，而且用户对这些类企业的信息是比较重视的。在利用这些渠道推广时要注意两点：一是电话邀约尽可能针对很重要的潜在客户。因为打电话成本高，但效率相对低，如非头部重要客户，很可能造成投入产出比过大的问题。二是短信和邮件可以针对达到规定复购频率的客户进行大规模的推送，比如复购三次的客户，或定向参与某个活动的客户等。

（六）与异业联盟的合作

选择没有竞争关系而且客户群相近的企业，用户共享，资源合作。比如，京东和爱奇艺很早就在使用这种方式。办理京东的Plus会员，就可以获赠爱奇艺的VIP会员资格，这样的方式既增加了京东客户的转化，又帮爱奇艺增加了新用户和忠诚用户。

（七）付费推广

企业还可通过线上线下投放广告来触达潜在超级用户。虽然企业拥有触达潜在客户的渠道，但毕竟只是部分渠道。如果条件允许，企业可以投一些广告，以唤醒没有被触达的老客户，也能吸引新的用户。

以上就是抓住潜在忠诚客户的七种方式，不同的企业拥有不同的渠道，也会有不同资源，但总的原则就是把全渠道利用起来，最大化地将普通客户转化为忠诚客户。

三、让忠诚客户带来新客户

每个客户都有自己的社交圈，而忠诚客户本身又是产品的重度用户，如果企业能够借用他们的社交关系，激发忠诚客户分享，就能帮助企业找到有效的新客户。

企业常见的做法有：

（一）权益共享

权益共享是指忠诚客户可以把自己享有的权益共享给身边的人。以山姆会员店为例，它是沃尔玛旗下的高端会员制品牌。它的个人会员在会员办理完成之后会得到一张主卡和一张亲友卡。亲友卡的权益跟主卡是一样的，不需要付费，但必须在主卡正常的前提下才能用。它的期限跟主卡一致。这就是一种聪明的权益共享策略。权益共享能帮助山姆会员店发展很多新客户，并且做到了让老客户高兴的同时，让新客户高兴。

（二）赠送超级用户体验资格

有的企业会选择赠送VIP体验资格来获取新客户。这意味着客户成了忠诚客户后，企业赠送他一些VIP会员的体验资格时，他可以送给身边的人限时体验。

以百果园为例。当客户付费加入百果园的心享会员之后，就拥有了20个VIP体验资格的名额，有效期为30天。

（三）免费送出会员

百果园赠送的只是限时体验资格，而有的企业真的会免费送忠诚客户会员资格，这种情况更多出现在零售企业。它们都采取付费的会员模式，会员身份跟商品消费是分离的，所以即便免费送会员，也几乎不会出现亏损。

华住酒店集团就是很典型的例子。华住会有两档付费会员，对应着不同的权益。银会员年费49元，金会员年费219元，其在App里就推出了一个礼遇会员的营销活动，给会员客户赠送了1个金会员名额和2个银会员名额，鼓励会员客户分享给身边有需要的朋友，让他们也能在旅途中享有金会员的一系列的权益，比如住房8.8折、免费早餐、双倍积分、延时退房、免费茶点等。这些都是很有含金量的权益。所以，老客户看到这个免费的金会员名额，就会想着物尽其用，送给身边有需要的朋友或同事。免费送出会员这种方法就是利用了客户的一种心理：自己有了额外的一份好东西，不想浪费时，就想分享给身边的人。又因为这件东西很有价值，他们不会随便分享，而是会认真筛选，这就为企业带去了精准的用户。

（四）分享返利

在激励用户帮忙分享传播方面，返利是一个屡试不爽的策略。但不同企业会有不同的分享返利形式。

企业案例 7-3

樊登读书会返佣式的会员制

樊登读书是内容领域第一个做收费会员制、并且发展出庞大的线下代理体系的企业，也是轻内容和深度服务的结合体。

在樊登读书会，当用户成为樊登读书会的付费会员之后，可以把自己觉得好的书分享到朋友圈、微信群或身边的人。如果有人通过他分享的链接注册了，他就会相应地延长会员时间。如果有人注册并且付费成了会员，那他会获得学习奖励基金，可以用于兑换奖品。这个机制让已有的会员多了不少分享的动力，毕竟书承载的是知识，分享有价值的知识是一种美德，况且还能返利。通过这种方式，他们通过老用户带来不少新用户。

接着来看一下它的业务进展和数据：

2013年10月项目启动，从第一个会员就开始收费，每人每年365元。它的产品形态经历了一些演变：最早是一个邮件PPT的形式，后来演变为在微信群里语音讲书，再发展到用公众号和App承载。

2014年10月有了另一个很重要的动作，城市合伙人启动，开始线下规模化的扩展。

2016年，收入近1亿元，净利润过千万元。

2017年，会员达到360万，营业收入达到3亿元。当年“双十一”新增会员30万，营业收入达到1亿元。同时央视《我是讲书人》活动启动，社会影响力大幅度扩散。

2018年，“双十一”营业收入达到2亿元，会员数飙升到1 200万。

2019年，达到3 000万用户，1万代理商，400家书店，350万付费人次。

资料来源　编者根据相关资料编写.

点评：在泛情感和精神消费的大潮中，樊登读书切中了一个特定且较为大众的人群。他们的学习意愿比较强，学习能力相对较弱，大多数缺乏自律能力和自律精神。樊登读书会利用会员制把缴费、服务交付、学习过程分装，使之成为一个强制性的、他律的学习过程。会员制模式的本质是降低了选择成本，极低的边际成本、高毛利、单一的超级IP，相当于只有樊登一个老师的超级的大班课。

项目测试

□简答题

1.简述客户忠诚的含义、客户忠诚的价值。

2.客户忠诚度的衡量指标有哪些?

3.客户忠诚度计划有几种模式?

4.会员制为企业带来的价值体现在哪些方面?

5.适合采用会员制管理的行业有哪些?

6.简述会员制度类型。

7.简述忠诚客户权益设计模块。

8.忠诚度计划如何推广?

9.如何让忠诚客户带来新客户?

□案例分析题

亚马逊：将会员制嵌入经营模式

亚马逊是一个从传统交易模式向会员制模式转型的零售商。多年来，亚马逊尝试过不同风格的社群和会员制模式。会员和社群是相互关联和重叠的关系，但它们并不相同。会员是组织和会员之间一种正式的、持续的关系。社群是有共同爱好的人组成的互相联系和交流的群体。亚马逊在这两方面都进行了投资，其中最成功的三个例子是“亚马逊金牌会员”（Amazon Prime）、亚马逊论坛（Amazon Forums）和团购网站Woot。

“亚马逊金牌会员”是一个付费会员项目。亚马逊的做法是让会员付费，这样他们就会享有更多的专属服务。支付会费换取亚马逊的服务承诺，这样会改变会员对亚马逊的感情和心态。这就是一种有益的“额外收费”，是一种将自己塑造得与众不同的方式。亚马逊为会员提供了额外好处，比如Kindle电子书图书馆借阅服务、即时视频服务和音乐服务。尽管这些服务会增加亚马逊的成本，但亚马逊不惜成本就是想提高会员忠诚度，引导会员与它进行更多的接触。

另一个活生生的例子就是“亚马逊论坛”项目。亚马逊有几十个论坛。有些论坛，比如迈克尔·杰克逊论坛，非常活跃。很明显，有些人花了很多时间写他们的观点，回应其他观点，并回答问题。他们中的许多人都是狂热的评论者，有些人的评论超过500条。这些评论者经常会在每天00：01发表文章来回顾前一天新发布的产品和交易情况。顶尖的评论员为了获得地位和社交优势展开了激烈的竞争。一般来说，他们都不是专业的评论员。

Woot是亚马逊在2010年收购的一家团购网站。它的口号是“每天团购一次”，以其古怪的氛围和忠诚的社群而闻名。Woot可以让亚马逊尽情地探索会员社群和会员制。社群成员会发很多帖子，评论某一笔交易的质量如何，指出其他地方有更好的商品，或者鼓励其他人都去参加某一个特别好的团购。有些会员只是为了好玩，逗其他社群成员开心。有趣的社群是网站成功的关键。

资料来源　巴克斯特．会员经济：发现超级用户，缔造长期交易，赢得持久营业收入［M］．蒋宗强，译．中信出版集团，2021.

问题：亚马逊如何培育客户忠诚度？

分析：利用会员和社群两种方式，增加与消费者的互动交流。亚马逊与客户建立了持久的、持续的关系，并将其客户转化为会员给公司带来巨大的潜能。

●项目实训

实训主题：超市客户忠诚度计划调研

1.内容与要求

（1）请选择你比较熟悉的一家大型超市，如沃尔玛、家乐福、麦德龙、华润万家、大润发等，通过该超市官网对其进行初步调研。

（2）到超市进行实地考察和现场调研，通过亲身体验其提供的服务，与客服人员进行深入交流。

（3）对超市的客户忠诚度计划内容及执行情况进行分析诊断，提出改进意见。

2.提交成果

某超市客户忠诚度计划实施调研报告。

●思政园地

京东“自杀式物流”应急救援是一种担当

2022年4月8日，刚刚就任CEO的徐雷宣布要全力保障上海的物资供应，京东集团提出紧急增援上海1 600万件粮油等基本物资。随着疫情静态管理的深入，交通成本非常高，京东在这个时候能做出这种承诺，对于上海市民来讲是一个巨大的喜讯，所以不少人就在京东商城下单了。但是没想到物流的最后1公里受到了很大的阻力，京东的物资运不进去。很多在京东商城下了单的消费者，一看最快4月22日才能够派送，就开始抱怨和吐槽，对此京东只能拼命道歉。

随之而来的京东的举动，令大家非常佩服。京东开始组织全国的物流车辆、快递小哥全力增援上海，调动了3 200多人，组织成了所谓的“自杀式”单向物流，分14批驰援上海。为什么是14批次呢？因为14天正好是两周，也就是说第一批送货进入上海的人，进去之后如果需要隔离，那么第二批再紧接着跟上，而14个批次正好完成一个隔离周期，这就保证了京东物资的连续性。

非常悲壮，也非常令人感慨。4月16日，从全国各地飞往杭州的飞机上，有2/3

都是京东小哥，还有高速公路上京东的车队、高铁上的京东小哥。此外，京东还把最新建成的上海仓库拿出来做了方舱医院，能够提供2 000多张床位。同时，京东调动了100多台智能配送车参与方舱医院的物资供应。

京东的这种应急反应，是一种企业本能，说到底就是一种担当、一种社会责任。

资料来源　徐芸茜. 京东“自杀式物流”应急救援，是一种企业本能［N］. 华夏时报，2022-04-19.

项目八 客户分级管理

【学习目标】

＊知识目标：

1.了解客户信息收集的内容和渠道；

2.理解客户分级的必要性和方法；

3.熟悉“客户金字塔”分级模型；

4.掌握构建大客户服务体系的方法。

＊技能目标：

1.能够有效利用企业销售数据对客户进行分级；

2.能够制订客户关怀计划。

＊思政目标：

1.增强法治观念，树立信息安全意识；

2.培养学生工作中要善于抓“重点”、抓“关键”，即矛盾分析法要求的注意抓主要矛盾或矛盾的主要方面的职业素质。

【项目框架】

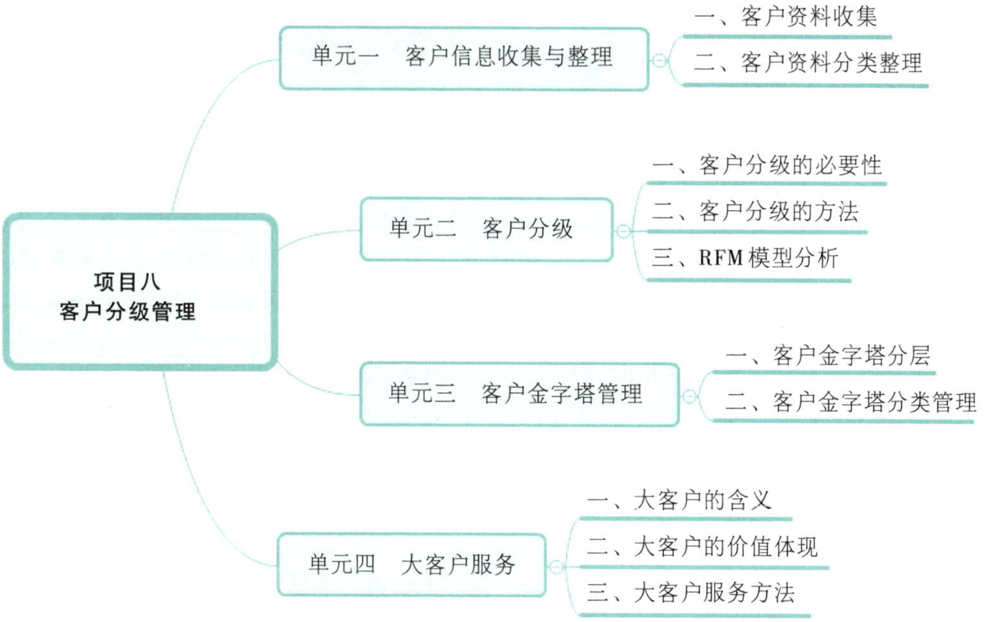

案例导入

Stitch Fix：让算法更有温度

Stitch Fix是一家由数据和算法驱动的电商公司，2021年活跃客户近420万，销售额达21亿美元。创始人卡特里娜认为，服装零售业的革新方向应当是为用户提供尽可能好的体验，具体方案则是将人和机器、感性与理性、艺术与科学相结合。

Stitch Fix赖以成名的销售方式是Fix盒子。Stitch Fix将客户填写的问卷转化为数据，然后导入算法，分析客户偏好并形成推荐商品目录。同时，算法指引一位造型师与该客户匹配，造型师依据自己的判断从算法推荐的商品目录中选出5件服饰，并附上一封信简要说明自己的选择思路，形成一个Fix盒子。盒内单品价格从30美元到200美元不等。客户收到盒子后，可以留下自己喜欢的服饰并结账，再用盒子里所附的到付邮包将剩余服饰退回。这种带有盲盒元素的销售方式能够刺激客户的好奇心，而准确的算法加上造型师人性化的判断，又能保证客户在打开盒子时不会失望。

Stitch Fix在客户初次注册流程中加入专家设计的问卷，为每个客户建立专属造型档案。根据Stitch Fix的统计，造型档案能为公司提供90～100个具有统计显著性的数据点，包括式样、尺码、裁剪、价格偏好，以及诸如“周一需要穿正装”“希望能凸显自己的长腿”等个性化的细节。更重要的是，随着时间的推移，Stitch Fix能够通过观察复购行为、邀请填写反馈问卷等形式对数据进行迭代，而活跃客户受Stitch Fix所提供服务的吸引也乐于提供反馈。根据Stitch Fix 2020年和2021年年报，在购买Fix盒子的客户中，愿意对购物体验进行反馈的客户占到了80%。Stitch Fix借此构筑了庞大的面板数据。

除问卷以外，Stitch Fix还参考社交软件开发了能够高效收集数据的App内置小游戏，一点开游戏界面后，一组服饰会依次出现，客户可以点赞或点踩。一局游戏只需一两分钟，玩起来令人沉迷。这个游戏不仅能让Stitch Fix积累更多数据，还增加了品牌黏性。据公司2020年底的统计，75%的活跃客户参与了游戏，积累的有效数据已超过60亿条。

在Fix盒子内，造型师还会附上一张便笺，向客户致以问候，解释自己选择时的考虑，并邀请客户给出反馈。在线上社交时代，这样略显复古的信件能让客户备感亲切。信中表达的“我们希望能为你做得更好”的态度，可以有效提高客户的购买意愿。而提供反馈的邀请则会令客户感到自己被重视，也让公司获得可靠的一手数据。

资料来源　梅建平，陈剑，乔亿源. Stitch Fix：让算法更有温度［J］. 商业评论，2022（1）.

这一案例表明：高效的数据收集和运营，富有创意的销售方式和出色的用户体验是企业成功的秘密。来源于客户的第一手庞大的数据，具有极高的可靠性和分析价值，理性的科技加感性的服务，更能给客户带来超越期待的体验。

单元一　客户信息收集与整理

无论是开发新客户，还是巩固老客户，客户信息的管理都是最基础、最重要的工作。如何建立客户信息数据库，处理分析数据库，并以此为基础，研究客户的购买倾向，发现适合企业发展的目标客户群体，有针对性地向客户提出各种建议，以更加有效地说服客户接受企业的产品和服务，已成为企业客户管理的一个重要内容。

一、客户资料收集

（一）客户资料收集内容

要建立客户档案就要专门收集客户与企业联系的所有信息资料，以及客户本身的内外部环境信息资料。客户资料收集的内容主要有以下几个方面：

1.有关客户最基本的原始资料。

企业客户基本情况是企业客户最基本的原始资料，主要包括：企业客户的名称、地址、电话、所有者、经营者、管理者、法定代表人及其个人的性格、兴趣、爱好、家庭成员、学历、年龄、能力；创立时间、与本企业交易的起始时间；企业组织形式、业种、资产等。此外，消费者客户（包括个人和群体）的资料，如年龄、性别、学历、职业、平均收入等也是企业应掌握的资料（个人客户资料卡见表8-1）。

表8-1　个人客户资料卡

客户姓名		性别		住址	
学历		年龄		性格特征	
职业		平均收入			
购买商品			购买日期		
付款方式					
备注					

2.关于客户特征方面的资料。

企业所面对的客户主要指批发商、经销商、零售商等中间商，此外还有企业的最终客户，以及其他相关企业。客户特征资料是企业重要的客户信息。客户特征主要包括服务区域、销售能力、发展潜力、经营观念、经营方向、经营政策、经营特点等。

3.关于客户业务状况方面的资料。

关于客户业务状况方面的资料主要包括客户规模、销售实绩、经营管理者和业务人员的素质、与其他竞争者的关系、与本企业的业务关系及合作态度等。

4.关于交易现状的资料。

关于交易现状的资料主要包括客户的销售活动现状、存在的问题、保持的优势、未来的对策、企业形象、声誉、信用状况、交易条件及出现过的信用问题等方面。

（二）客户资料来源

1.内部资料来源。

这是指本企业的内部资料，也是调查人员最先、最容易获取的资料。内部资料来源有以下两种：

第一种是企业档案。企业本身的业务活动常常可以为做好客户调查工作提供大量有参考价值的资料。内部会计系统可提供大量的资料。另外，企业客户名单、历年销售记录、本企业推销人员提供的客户报告、客户往来函电等也可提供大量的资料。

第二种是调查资料。每完成一项调查工作，调查人员应把获取的全部资料细心编制索引后归入专用档案备查。

2.情报机构资料。

各个国家都有向人们提供客户信息（已公布的或未公布的资料）的机构，客户调查人员应全力与这类机构及有关工作人员保持密切联系，详细了解他们能够提供哪方面的资料。

3.网络资料。

这部分数据主要是通过搜索引擎（如百度等）或通过行业网站（如慧聪等）获得的。这样获得的数据优点是量可能比较大，也没有费用；但数据的准确性可能会很差，且行业、区域等划分比较不准确。

4.政府机关资料。

可从国家各级政府机关，如商务部、国家统计局、中国人民银行等部门取得相关资料。统计部门专门负责整理和公布的各种统计资料，如人口资料、经济统计数据等，有时候，即使是还未公布的统计资料，统计部门也可以提供。

5.商会资料。

商会一般属于半官方组织，当客户调查人员需要和其下属的会员企业交往时，商会经常起到第一联络人的作用。商会经常可以为客户调查人员提供很多有用的资料，如会员公司名单，当地客户习惯使用的贸易方式、贸易条件和有关贸易规定等。机构较为庞大的商会还附设商业图书馆，供会员公司或非会员公司使用。

6.行业协会资料。

各种类型的行业协会、联合会往往承担部分行业管理或研究职能，自办定期出版的报刊，公布关于本行业的统计数字资料、相关信息以及会员名单。

7.商业出版社。

很多商业出版社会专门组织出版一些对客户调查很有参考价值的图书，如工商企业名录、商品评论、系列统计资料、工业专题论文等。客户调查人员应与这类出版社建立联系，请求它们经常发送即将出版的书刊目录或书单等资料。

8.银行。

银行是一个丰富的客户信息收集的资料来源处。客户调查人员应先与本公司的往来银行联系并索取有关资料。一般来说，银行乐于向其关系户提供服务。

9.各类媒体。

如互联网、报纸、期刊等经常会发布一些对企业有用的消费信息。

10.各类客户。

这包括老客户和潜在的客户，客服人员可通过问卷、面谈等方法获得客户信息。

除此之外，有人将出席各种会议称为“泡会”，虽然不免有贬义的意味，但从另一方面看，“泡会”确实是一个最省钱、最快速、最有效的获取潜在客户的好办法。各行各业召开的会议很多，如各种研讨会、说明会、展览会、洽谈会、培训会以及各种活动等。

（三）客户资料收集的技巧

1.随时记录客户的个人资料。

对于重要客户要留心观察，专门准备一个笔记本，随时记录客户的个人资料，要尽可能详细。

2.将记录发展为一个完整系统。

当资料积累到一定程度后，要及时把它发展为一个完整系统，从中可以分析出客户的需要和喜好，以及客户愿意与之共享的其他资讯。这套系统既包括基本资料（供自己与客户联系），也包括特别资料（记录客户非常个性化的爱好，有助于为客户提供贴身服务）。系统可以是一本笔记簿，也可以做成一个电子文档或一张一张的卡片。每位客户要分页记录，以便日后查找。

3.留意客户最新情况信息。

在客户购买产品的时候，要对客户进行有意识的观察，包括客户挑选商品时的表情、购买的时间、次数等。客户离开后，要对这些信息进行分析，找出客户的购买喜好、消费额等带有规律性的情况以及最近的变化。

4.主动询问客户，挖掘信息。

选择比较热情、开朗的客户，主动了解他们的有关情况，如姓名、地址、喜好、家庭成员等情况，询问他们最近有什么样的需求，对购买的产品有什么意见等。

5.让客户主动留下信息。

设计一些有关客户个人资料的卡片，在客户接受的前提下，让客户填写。对客户要说清楚，填写卡片的目的是更好地为客户开展个性化服务，争取客户的理解和支持。

总之，在实际业务活动中，要留心观察，勤动手记录，勤开口说话，通过各种合适的途径掌握客户的有关信息，只有掌握了客户的信息才能对客户进行有效而准确的分类，提供有针对性的服务。

【拓展阅读8-1】

机器学习：机器到底在学什么？

2012年，美国明尼苏达州的一位父亲，怒气冲冲地投诉了塔吉特超市的市场部。因为超市给他还在上高中的女儿发了各种婴儿衣服、婴儿床的广告。超市想卖婴儿用品想疯了吗，要对未成年的女孩兜售？这位父亲万万没想到的是，他的女儿确实怀孕了。只不过，塔吉特超市的机器学习算法，赶在这位父亲之前知道了这一点。怎么回事呢？原来，塔吉特超市有各个消费者的消费记录。算法能根据消费习惯对消费者进行分类，找到他们某些行为与生活中大事件的相关性。比如说，一位用户同时买了无香型的润肤露和钙镁锌营养品，那她或者她的家人就有很大可能已经在妊娠期了。机器学习算法是通过学习不同用户的行为，自己把这条规律找到的。

资料来源　宋立桓．AI制胜：机器学习极简入门［M］．北京：清华大学出版社，2020.

二、客户资料分类整理

（一）资料信息的分类

为了提高服务效率、促进服务工作更顺利进行，客户服务部门应将企业拥有的客户资料信息进行科学划分。常用的有以下两种分类方法：

1.横向分类。

横向分类是为了便于销售业务的展开，企业按客户的性质进行分类。通常的分类标准如下：

（1）按客户所在地理位置划分，客户信息可分为商业中心店客户信息、交通枢纽店客户信息、居民区店客户信息、其他店铺客户信息等。

（2）按客户收入类型划分，客户信息可分为高收入层客户信息、中等收入层客户信息和低收入层客户信息等。

2.纵向分类。

纵向分类是根据企业对客户的商品管理、销售管理和货款回收管理的实际情况，确定客户等级标准，将现有客户分为不同的等级。通行的客户等级分类标准有三种：

（1）按客户与本企业的交易数量划分，客户信息可分为大客户信息、普通客户信息或A级客户信息、B级客户信息、C级客户信息、D级客户信息等。

（2）按客户的信用状况划分，将客户分为不同的信用等级。

（3）按客户在服务链中所处的位置划分，客户信息可分为中间商客户信息与最终客户信息。

（二）建立客户资料信息卡

资料收集结束以后，要对这些有用的资料信息进行分类、整理，并建立一系列信息卡，建立客户信息档案，以备查用。企业一般应制作以下五种资料信息卡：

1.客户资料卡。

客户资料卡即记录客户信息的卡片，包括客户名称、地址、负责人，主要经营项目、主要联络人以及与本公司的业务往来情况，建卡日期等，这是记录客户信息资料最主要的方式。这些客户资料卡有助于及时查找客户信息。

2.客户管理卡。

客户管理卡，顾名思义，就是对客户资料进行有效管理的卡片。相对于客户资料卡而言，客户管理卡更为具体、详细，涉及的范围更为广泛。其内容包括：客户的基本信息，如公司名称、地址、电话号码、法定代表人、成立日期、工作人员数、管理人员结构、开户银行等；客户的业绩，如销售额、日常利润等。

3.客户地址分类。

客户地址分类的目的是便于使用、查找。标准的客户地址分类一般包括客户名称、地址、经营类别、所在地区、负责人以及适宜访问的时间等。

4.客户等级分类表。

在客户服务过程中，还需要做一个客户等级分类表，根据情况可以把客户分成几个等级。一般把客户分成重要客户、一般客户和不重要客户。这样做的目的是通过区分不同的客户，以便采取有针对性的服务。

5.客户投诉记录表。

企业要做好售后服务管理工作，就必须做好客户投诉管理，客户的抱怨和投诉是企业进步的机会，获知客户的抱怨是至关重要的，因此，企业应建立客户投诉系统，对每一位客户投诉及处理都要做详细的记录，包括投诉的内容、处理过程、结果、客户满意情况等。

（三）整理资料注意事项

1.信息必须全面详细。

客户档案所反映的客户信息，是企业对该客户确定一对一的具体服务政策的重要依据，因此，档案的信息除了应包括客户姓名（名称）、地址、联系电话这些最基本的信息之外，还应包括客户的经营特色、行业地位和影响力、分销能力、资金实力、商业信誉、与本公司的合作意向等这些更为深层次的信息。

2.内容必须真实。

客服人员的调查工作必须深入实际，那些为了应付检查而闭门造车、胡编乱造客户档案的做法是最要不得的。

3.对已建立的档案要进行动态管理（某汽车销售单位客户资料卡见表8–2）。

表8–2　**某汽车销售单位客户资料卡**

客户信息									
客户姓名		性别		公司名称		客户编号			
年龄		生日		公司地址		销售顾问			
家庭地址				公司邮编		客户类型			
家庭邮编				公司电话/传真		新客户		推荐客户	
家庭电话		婚姻状况		职位		再次购买客户		失效客户	
电子邮箱				移动电话号码		已成交客户			
行业领域	专业技术		国内外贸易		演艺文化业				
	公务员		生产制造		私营企业主				
	计算机/IT		自由职业		其他				
初次联络方式	客户拜访展厅		客户致电		销售顾问拜访		销售顾问致电		
信息来源	电视广告		电台广告		报纸广告		户外广告		
	他人推荐		直邮		市场活动		路过		

续表

客户兴趣爱好	足球		高尔夫		网球		汽车运动	
	旅游		摄影		古典演艺		时尚演艺	
	艺术品收藏		公益慈善		网络游戏		其他	
客户倾向的市场活动	安全培训		文化活动		汽车知识讲座		车主俱乐部	
	赏车会		新车试用体验		商务交流		其他	

车辆信息

以往车型	车型		询问车型	S40		成交车型	交车日期	
	购买年度			S80			发动机号码	
	行驶里程			C30			底盘号码	
新购车辆将由谁驾驶	自己			XC90			车牌号码	
	家人			XC60		上牌日期		
	司机			S60		首保日期		

跟进信息

初次联系时间			其他感兴趣的品牌及车型			
跟进次数	跟进日期	跟进方式	跟进内容	客户级别	下次跟进日期	备注
1						
2						
3						

客户级别：A类客户：预备购买期限在1个月内。B类客户：预备购买期限在1～3个月。C类客户：预备购买期限在3～6个月。D类客户：其他所有的客户都应当归为此类。

企业案例8-1

百果园：做社区生意，如何让过客变熟客

百果园是一家成立于深圳的大型水果连锁企业，也是中国第一个水果连锁品牌。但百果园在营销中同样遇到了困难，就是消费者普遍对水果店的品牌没有什么忠诚度；而且买水果有很大的随机性，谁也无法预估，消费者多久买一次水果，一个月买多少。怎样让附近的顾客经常来百果园买水果，并且养成习惯呢？

百果园计划的第一步是，先把附近的消费者通过拉群的方式都聚集起来。2017年，百果园开始在微信上拉群做运营，试图把附近的消费者在线上聚集起来，提供更精准的服务。百果园不是用个人微信，而是用企业微信，因为如果通过企业微信拉群，可以把企业微信群内的数据跟自己的会员系统打通，在已经获得消费者授权的情况下，就能获得消费者的订单信息，包括之前的购买记录等，从而获得更多的服务空间。自2021年2月开始，百果园用2个月的时间把微信群全部转移到了企业微信上。

好了，线上社群建好了。接下来的问题就是，如何让大家经常买水果，甚至养成习惯呢？百果园制造了各种各样的消费场景来提醒消费者。

1.培养习惯：周二国民水果日

第一个消费场景，是通过每周一次的水果日活动，给消费者建立购买习惯。每周二，百果园都会做一个“国民水果日”的活动，只有社群用户，可以在这一天享受7.9折的优惠。这样做不仅提醒了顾客每周二记得买水果，还对社群的拉新和留存都有好处。

2.提供惊喜：抽奖免单活动

第二个消费场景是，通过抽奖免单活动，给消费者提供惊喜感。

百果园有一家在义乌的门店，店长每天会在群内做一个抽奖领免单的活动。参与条件是，只要你当天在门店有消费，把小票晒在群里，就可以参与抽奖。店长每天晚上10点钟会随机从小票里抽取一个，送免单。

3.拓展交易场景：拼团到店+配送到家+次日达

除了培养习惯和提供惊喜之外，百果园还利用社群发现了用户的多方位需求，并且根据这些需求，开发了更多的交易场景。比如说，拼团到店自提，O2O及时配送到家以及次日达（自提或配送到家）。

资料来源　编者根据相关资料编写.

点评：先解决对导购的不利因素，社群才能顺利地建立起来。百果园通过“提醒”式营销，变换不同的消费场景，提醒消费者形成购买习惯。

单元二　客户分级

客户分级是指企业在综合考虑对自身的价值和重要程度等各种因素的基础上，将客户区分为不同的层级，从而使企业能够更有效率地分配资源，以创造更大的效益。

一、客户分级的必要性

（一）不同的客户对企业的价值贡献有很大的差异

市场是不均衡的，每个客户所能带给企业的收益也是不均衡的。根据意大利著名的经济学家和社会学家帕累托（Vilfredo Pareto）在研究中发现的“二八定律”，对于企业来说，80%的利润来自20%的客户，另外80%的客户为企业带来的只是少量的利润，甚至会使企业不获利或赔钱。所以，客户应该是分层次的：具有最大价值的客户位于最核心的位置，对其需求的了解和满足也是最重要的；具有次要价值的客户则处于次核心的位置，对其需求的了解和满足也处于次要的位置。

（二）不同价值贡献的客户需求不同

客户为企业创造的价值不尽相同，对企业的预期待遇与服务要求也有很大的差别。如果企业能够根据本公司的客户分级标准为各个级别的客户提供不同的服务，并且能针对不同级别的客户推出不同的活动优惠，就能使客户切实感受到优惠。企业如果能进一步区分出这部分利润贡献大的客户，然后为其提供更有针对性的服务，这些客户就有可能成为企业的忠诚客户，从而持续不断地为企业创造更多的利润。

课堂互动 8-1

课堂互动 8-1
分析提示

微信拉群如何提高销售转化率？

某一男鞋品牌，正常情况下品牌男鞋的一年的复购率在15%左右。公司决定用一年时间吸引用户加微信，采用最直接的加微信返红包的方式来获取用户，总共投资了50多万元，也吸引了10万名用户。但一年下来，微信里的用户几乎没什么销售转化，用户和品牌的互动也少得可怜，完全达不到原定的预期。

问题：投资达不到预期的原因是什么？怎么解决？

（三）企业必须对不同价值贡献的客户区别对待

“以客户为中心”并不代表以所有的客户为中心。企业的人力、物力、财力资源总是有限的，有限的资源投入要产生最大的产出，就必须把资源投入到对企业最有利的客户身上。也就是说，企业没有必要为所有的客户提供同样卓越的产品或服务，否则往往会“事倍功半”，造成企业资源的浪费。

价值贡献小的客户和价值贡献大的客户如果享受相同的待遇，前者当然没有意见，而后者就会心理不平衡，更谈不上有丝毫尊贵的感受，随着不满的逐渐累积，最后将脱离企业。

所以，企业必须区别对待不同价值贡献的客户。一方面，在企业资源分配上有所区别，用更多的人力、物力、财力来取悦价值贡献大的客户，适当地过滤与淘汰价值贡献小或造成负利润的客户。另一方面，在提供的产品、沟通的方法等方面也要有所区别。结合不同级别客户的心理，采用合适的沟通方法，有助于进一步挖掘客户价值，发现客户的盈利能力和价值潜力，从而创造出更多的销售机会，提高客户的利润贡献率，最终实现客户价值最大化。当两个客户的订单交货期有冲突时，可以优先满足级别高的客户订单；当发生缺料时，企业会优先满足级别高的客户订单，甚至在付款条件等方面，也可以给级别高的客户比较宽松的付款条件等。

企业案例 8-2

京东如何拿京享值做“用户歧视”？

京东京享值是基于用户近12个月在京东商城和京东金融的账户信息、消费金额、活跃互动、小白信用及信誉等方面的表现，综合计算出的分值。京享值每天更新并成为用户享受相关权益的评价标准。京享值在京东做用户精细化运营时起到了非常大的作用。通过京享值可以有效地了解每一个用户在平台的活跃度情况，然后科学地进行“用户歧视”：

1.根据京享值给用户推送福利券。

每月2日，京东会根据京享值向用户推送福利券，这是京东实施“用户歧视”的重要手段。像有的消费者京享值低，而且长期不购买，京东对他已经放弃了，根本不会发优惠券礼包了。

2.根据京享值提供不同类型的优惠券。

对于京享值中“消费购物”维度的分值比较高，但是近期又突然不怎么购买商品的用户，京东会赠送一些门槛比较低的礼包，目的是激活这部分用户，防止用户的流失。对于高京享值的用户，京东就会送给其较高金额的满减券和跨品类优惠券，激励这些用户加大消费力度，多为京东的交易额做贡献。

3.根据京享值设置活动用参与权限。

一些大额优惠券，京享值达到10 000以上才可以领，一些秒杀活动京享值达到10 000以上才可以参加，一些特价活动需要京享值达到10 000以上才可以参加。

4.根据京享值给用户设置不同价格。

不同等级的账户，看到同一商品的价格不一样。

资料来源 陈永乐. 京东套路：京享值会员体系有用户歧视 不同分不同价［EB/OL］.［2019-06-01］. http://finance.sina.com.cn/consume/puguangtai/2018-06-19/doc-iheauxvz5413494.shtml.

二、客户分级的方法

准确地划分客户的层级，是后续区别对待客户的基础与前提。客户分级的目的在于区分客户价值。相应地，客户分级的方法通常也基于客户价值分析。

（一）单一指标分类法

1.交易类指标。

其主要有交易次数、交易额/利润、毛利率、平均单笔交易额、最大单笔交易额、退货金额、退货次数、已交易时间、平均交易周期、销售预期金额等。

2.财务类指标。

其主要有最大单笔收款额、平均收款额、平均收款周期、平均欠款额、平均欠款率等。

3.联络类指标。

其主要有相关任务数、相关进程数、客户表扬次数/比例、投诉次数/比例、建议次数/比例等。

4.特征类指标。

其主要是客户自身的一些特征，比如，如果是企业客户，其特征属性可以设为企业规模、注册资金、区域、行业、年销售额、是否为上市公司等；如果是个人客户，其特征属性可以设为年龄、学历、婚姻状况、月收入、喜好颜色、是否有车、有无子女等。

（二）多重指标分类法

这种方法根据价值指标和指标权重计算出每个客户的综合价值状况，然后按照价值等级将客户划分为不同的价值区段，并进行可视化展现，从而形成量化的客户价值体系。给企业带来最大价值的客户位于“客户金字塔”模型的顶部，给企业带来最小价值的客户位于客户金字塔模型的底部。这种分类方法突破了传统企业管理中粗放的、感性的“重点及非重点客户”的简单二分法则，根据指标的设定和量化的运算，将客户价值层级进行无穷细分，最后达到真正的“一对一”分析。根据每个客户得分情况，可以再将客户按客户金字塔模型进行四层级划分，分别是重要客户、主要客户、普通客户和小客户。也可以根据企业的具体情况，对不同层级的客户进行其他的命名。

企业案例 8-3

淘宝88会员等级划分依据是什么？

“88会员”体系会根据用户最近12个月在淘宝、天猫、飞猪、淘票票等阿里旗下业务平台的购买金额、购买频次、互动、信誉等，综合计算出每个会员的“淘气值”。

淘气值的计算不仅参考购买力，也关注消费者是否乐于评价、爱分享、诚信度是否良好等。淘气值是动态变化分值，每月8日更新，每次分值由最近12个月的消费行为表现计算而来。

淘气值共有300、1 000、2 500三档，分别对应普通会员、超级会员和APASS。1 000分以上可以成为超级会员，2 500分以上有机会被邀约成APASS会员。

资料来源　佚名. 淘宝88会员是什么等级？等级划分依据是什么？[EB/OL]. [2021-12-08]. https：//www.kaitao.cn/article/20171208193427.htm.

（三）客户价值计分卡

评价客户时不仅要考虑客户的现有价值，还要考虑客户的潜在价值。为了更客观地评价客户的价值，更多企业还采用计分卡方式来评估客户所带来的财务和非财务方面的结果。关于这种评价方式的具体案例可见表8-3。

三、RFM模型分析

（一）RFM模型介绍

客户分层的依据是客户价值，企业不同阶段衡量客户价值的指标和侧重点是不一样的。在运营初期，用户价值的衡量指标小，而在企业成熟阶段，指标会变大；企业不同阶段衡量客户价值的指标也会从单一性指标向多样性指标、综合性指标转变。当价值指标有多个时，就要对客户进行综合价值的评价。

RFM模型是衡量客户价值和创利能力的重要方法，其在交易类产品中使用的频次相对较高。该模型根据客人的回购时间（recency）、客人的消费频率（frequency），以及客人对营收的贡献（monetary）来对客户进行分类。

表 8-3　**中国电信集团客户划分标准表**

指标类型	指标项	满分	分值	评分方法	取数周期
现时价值	集团客户整体收入	50	25	排名前 5%，得 25 分 排名前 6%~15%，得 20 分 排名前 16%~30%，得 15 分 排名前 31%~50%，得 10 分 排名后 50%，得 5 分	最近 3 个月平均值
	集团客户信息化收入（除短号外）		25	排名前 5%，得 25 分 排名前 6%~15%，得 20 分 排名前 16%~30%，得 15 分 排名前 31%~50%，得 10 分 排名后 50%，得 5 分	最近 3 个月平均值
潜在价值	目标客户	50	30	BOSS 系统中"目标客户"标志为"是"，得 30 分 BOSS 系统中"目标客户"标志为"否"，得 0 分 BOSS 系统中"行业性质 1"标志为"政府"的，得 20 分	当月标志
	使用产品数		10	统计客户签约的集团产品中，收入和业务量同时大于"0"的集团产品数，每项产品得 3 分，最高分为 10 分（四项产品）	当月产品使用情况
	在网时长		10	在网时长不小于 24 个月，得 10 分 在网时长 13~24 个月，得 8 分 在网时长 7~12 个月，得 5 分 在网时长 4~6 个月，得 3 分 在网时长不大于 3 个月，得 1 分	截至当月的在网时长

资料来源　中国电信集团内部资料.

1. 回购时间。

我们可以依据回购时间将既有的顾客分为第一次来店的客人、近 1 年来店消费的客人及超过 1 年未来店的客人。至于该如何划分客人回购的时间，是最近一年，还是最近三个月，取决于该产品的消费者购买周期。

2. 消费频率。

按照客人的消费次数加以排列。例如，可以将最近一年来过的客人，按照 1 次到 6 次以上，算出每一种频次来店消费的客人百分比。次数分配可以帮我们判断，谁是忠诚客人或频繁使用者。

3. 营收贡献。

消费次数多的客人，不代表贡献金额高，所以营收贡献是要让我们了解谁是重要客户。根据二八法则，20% 的客人极可能贡献 80% 的价值，把重要客人照顾好，基本的营收就有了。

假设按照RFM三个指标将用户分为高、中、低三个价值层，那么用户的综合价值会有3×3×3=27种用户分层。如果产品的用户量在几千万甚至上亿的量级，那么RFM三个指标还可以划分更多的区间，对应的用户分层也会更多。为了方便对RFM模型进行讲解，我们把三个指标上的用户价值划分为高和低两层，从而总共可以得到2×2×2=8种用户分类（见表8-4）。

表8-4　**客户价值排序**

客户类型	R	F	M
重要价值用户	高	高	高
重要保持用户	低	高	高
重要挽留用户	低	低	高
重要发展用户	高	低	高
一般价值用户	高	高	低
一般发展用户	高	低	低
一般保持用户	低	高	低
一般挽留用户	低	低	低

（二）RFM模型操作步骤

假设以实体店会员交易数据为研究对象，进行RFM分析。

1.交易数据收集。

交易数据样本20条（部分见表8-5），数据包括：订单编号、订单日期、顾客姓名、顾客类型、区域、购买类别、类别细分、销售金额、销量、折扣及该笔交易的利润。当然要建构一个客户数据系统，还得拥有客户的联系方式数据，如手机号或邮箱。

表8-5　**顾客交易数据记录表**　金额单位：元

序号	订单编号	订单日期	顾客姓名	顾客类型	区域	购买类别	类别细分	销售金额	销量	折扣	利润
1	CA-2013-152156	2022/11/9	王雪	消费者	南部	家具	书柜	261.9	2	0	41.91
2	CA-2013-152156	2022/11/9	王雪	消费者	南部	家具	椅子	731.9	3	0	219.58
3	CA-2013-138688	2022/6/13	李木	企业	西部	办公用品	标签	14.62	2	0	6.87
4	US-2012-108966	2021/10/11	赵冰	消费者	南部	家具	桌子	957.5	5	0.45	-383
5	US-2012-108966	2021/10/11	赵冰	消费者	南部	办公用品	储藏箱	22.36	2	0.2	2.52
6	CA-2011-115812	2021/6/9	韩瑶	消费者	西部	家具	家具	48.86	7	0	14.17
7	CA-2011-115812	2020/6/9	韩瑶	消费者	西部	办公用品	艺术品	7.28	4	0	1.97

续表

序号	订单编号	订单日期	顾客姓名	顾客类型	区域	购买类别	类别细分	销售金额	销量	折扣	利润
8	CA-2011-115812	2020/6/9	韩瑶	消费者	西部	科技用品	电话	907.1	6	0.2	90.72
9	CA-2011-11581	2020/6/9	韩瑶	消费者	西部	办公用品	夹子	18.50	3	0.2	5.78
10	CA-2011-115812	2020/6/9	韩瑶	消费者	西部	办公用品	家电	114.9	5	0	34.47
11	CA-2011-115812	2020/6/9	韩瑶	消费者	西部	家具	桌子	1 706	9	0.2	85.31
12	CA-2011-115812	2020/6/9	韩瑶	消费者	西部	科技用品	电话	911.4	4	0.2	68.36
13	CA-2014-114412	2022/4/16	陈吟	消费者	南部	办公用品	纸	15.55	3	0.2	5.44
14	CA-2013-161389	2022/12/6	陆红	消费者	西部	办公用品	夹子	407.9	3	0.2	132.59
15	US-2012-118983	2021/11/22	李佳	企业	中部	办公用品	家电	68.81	5	0.8	-123.8
16	US-2012-118983	2021/11/22	李佳	消费者	中部	办公用品	夹子	2.544	3	0.8	-3.82
17	CA-2011-105893	2021/11/11	付山	消费者	中部	办公用品	储藏箱	665.8	6	0	13.32
18	CA-2011-167164	2020/5/13	黄一	消费者	西部	办公用品	储藏箱	55.5	2	0	9.99
19	CA-2011-143336	2020/8/27	钱有	消费者	西部	办公用品	艺术品	8.56	2	0	2.48
20	CA-2011-143336	2020/8/27	钱有	消费者	西部	科技用品	电话	213.48	3	0.2	16.01

2.数据整理分析。

根据RFM模型需要，我们可以设定订单日期，计算回购时间（R）及消费频率（F），而营收贡献（M）则可以是销售金额或交易利润，这里选择销售金额。

（1）回购时间分析。

依据回购时间将既有的顾客分为第一次来店交易的客人，以及最近1个月、最近3个月、6个月、1年及超过1年未产生交易的客人（见表8-6）。

表8-6　**顾客回购时间分类**

回购时间/最近一次消费	顾客数
第1次	1%
最近1个月	4%
最近3个月	15%
最近6个月	10%
最近1年	30%
超过1年	40%

这样分类主要是因为第一次来的客人为新客人，有不同的营销意义。另外，每一种分类原则上就是一个购买周期，按照购买周期分类，就是为了未来能够提醒客人再度回来。

假设超过1年未消费的客人为冬眠客人。从表8-6可以发现，60%（1%+4%+

15%+10%+30%）的客人1年内有交易行为，表示这个数据集的会员很活跃。另外，表8-6也显示了超过1年未消费的40%的会员，可以把这部分设定为冬眠中的客人，营销上需要使用不同的方法把这些客人唤醒。

（2）消费频率与贡献金额分类。

进一步地，我们再把这60%的客人按照消费频率及贡献金额分类（见表8-7）。

表8-7 消费频率及消费金额分类

最近一次消费	消费频率	消费金额（元）	客户数（占比）
第1次	1次		1%
最近1个月	≥1次	≥1 000	4%
最近3个月	≥12次	≥3 000	15%
最近6个月	≥20次	≥5 000	10%
最近1年	≥32次	≥8 000	30%
超过1年	–	–	40%
假设购买周期为一个月	1平均次数：12.6次 2中位数：12次 3最高次数：37次 4最小次数：1次	1平均客单价：2 897 2中位数：2 256 3最高客单价：22 638 4最低客单价：44	超过1年没有来的客户是冬眠客户

按照消费频率及消费金额分类，可以先分析所有活跃会员的平均交易次数或中位数次数、消费金额的平均数或中位数，平均数或中位数是高、低价值客户分类的依据。

3.划分等级。

通过RFM三个维度的数据分析可知其分档情况。我们将其价值简化为高和低两种，简化的过程中要用到中位数这个概念，即计算出RFM三个指标的中位数，然后利用中位数进行高、低分层。我们用数字1、2分别对应低、高两个梯度，对所有数据进行归类。

4.定义等级。

然后，我们就可以来定义比较精确的会员等级。在此案例中，假设我们将会员划分为3个等级，划分的标准是：最近半年消费8 000元以上的客户设定为第一级；最近1年消费12次以上且消费金额达8 000元以上或者最近半年消费12次以上且消费金额在3 000~8 000元的客户为第二级；其他未在这两级的客户设定为第三级客户，见表8-8。

表8-8 客户分级依据表

	第一级客户	第二级客户		第三级客户
回购时间（R）	最近半年	最近1年	最近半年	最近半年
消费频率（F）	不限	≥12次	≥12次	≤11次
消费金额（M）	≥8 000元	≥8 000元	3 000~8 000元	不限

从这样的设计，我们可能已经看出主要目的是鼓励会员常常来消费，或者短时间能够有较大的贡献，但是短时间内贡献不高的客人，如果回购消费的次数多，我们也

要给予重视。

这样的分类不只对实体品牌有用，对网络品牌如平台企业，也有同样的意义。也就是说，只要有交易大数据，都能适用。

单元三　客户金字塔管理

一、客户金字塔分层

客户金字塔是一种相当实用的工具，能帮助企业清楚区分与界定客户价值。

（一）VIP客户

VIP客户指的是客户金字塔中最上层的客户，也称为重要客户，就是在过去特定期间内，消费金额居前1%的客户。

VIP客户往往是产品的重度用户，这类客户对企业忠诚，对价格不敏感，是企业客户资产中最稳定的部分，能为企业创造绝大部分和长期的利润，不但具有很高的当前价值，还具有巨大的增值潜力。同时，企业对这类客户一般只需支付较低的服务费用。所以，VIP客户是最有吸引力的一类客户，企业拥有此类客户的多少，直接决定了其在市场上的竞争地位。企业对这类客户应采取特殊的服务政策，将其视为贵宾，使其享有企业最尊贵和优质的服务。

（二）主要客户

在客户金字塔中，一般将消费金额居前20%（除VIP客户之外）的客户称为主要客户。

主要客户是企业产品和服务的大量使用者，或者是中度用户，其特点如下：对价格的敏感度比较高，因而为企业创造的利润和价值没有重要客户那么高；没有重要客户那么忠诚，为了降低风险会同时与多家同类型的企业（供应商）保持长期关系；也在真诚、积极地为本企业介绍新客户，但在增量销售、交叉销售方面已经没有多少潜力可供进一步挖掘。主要客户数目比较多，对企业的价值贡献率较高，企业要将其作为业务重点，认真倾听其意见与需求。

（三）普通客户

普通客户一般占客户总数的30%。

普通客户的数量较多，但其购买力、忠诚度和能够带来的价值远远比不上VIP客户和主要客户，不值得企业去特殊对待。

（四）小客户

小客户是处于客户金字塔中最底层的客户，指除了上述3种客户外剩下的后50%的客户。小客户既包含了利润低的“小客户”，也包含了信用低的“劣质客户”。

小客户是最没有吸引力的一类客户，购买量不多，忠诚度也很低，偶尔购买，却经常延期支付甚至不付款；小客户还经常提出苛刻的服务要求，几乎不能给企业带来盈利，但又消耗企业的资源；有些小客户还是“问题”客户，会向他人抱怨，破坏企业的形象。对于这类客户，企业完全没有必要花费过多的精力，只需要进行简单的维护即可。

二、客户金字塔分类管理

我们将客户主要分为核心客户（大致占总量的20%）和非核心客户（大致占总量的80%），并针对这两类客户分别采取相应的管理措施。

（一）核心客户的管理

核心客户与企业关系更为密切，需要企业提供更好的服务和更低的价格。这一部分内容将在单元四“大客户服务”中详细介绍。

（二）非核心客户的管理

根据对客户的分类，企业可归纳出排名靠后80%的非核心客户的特点，分析其不能给企业带来利润的原因，以确定是否值得投入努力促使这些客户转变。否则，企业应考虑把这些客户转让给第三方或放弃这些客户。

1. 使非核心客户转变为核心客户。

如果非核心客户规模太小，目前还不能成为核心客户，企业应考虑通过多种途径使非核心客户转变为核心客户，如通过调整价格结构刺激额外销售、利用电话而不是销售代表拜访以降低客户服务成本、把小客户联合起来以降低销售和管理费用、使客户能为其接受的服务付费等。

企业案例 8-4

泡泡玛特：如何让社群成为品牌增长的加速器？

泡泡玛特成立于2010年，当时只是一个开在北京的文创产品店。2020年底，泡泡玛特港股上市。重要的转折点出现在2019年，当年，泡泡玛特在全国投放了100台无人售货机，除此之外，同时运营的渠道还有线下门店、天猫旗舰店、微信小程序等。多渠道销售，本来是一件遍地开花的好事，但这对泡泡玛特做好社群运营就构成了一个挑战。

为什么？因为泡泡玛特没法对顾客进行分层分类了。所以，2019年，泡泡玛特自建技术团队，打造了一个数据中台，将不同渠道的ID统一，把不同渠道的销售数据、积分、等级打通。

在这个基础上，差异化的运营就能实现了。比如说，泡泡玛特给1 000万名会员都做了分层分级，从VIP 1到VIP 4，这个等级的界定是综合了消费行为和活跃行为两部分数据计算出来的。做了分层分级之后，就能够做更针对性的运营，比如，给VIP3、VIP4的会员更高的权益，有特权买到限量稀缺的商品。另外，泡泡玛特拿到的用户画像也更完整了，自然就能做更有针对性的社群运营。

泡泡玛特社群的总量非常多，UGC社群，也就是由用户主导的社群，超过10万个，其中企业微信群累计超过3 500个，但通过这3 500个群，泡泡玛特试出了许多经验。

资料来源　编者根据相关资料整理.

点评：做社群，最重要的是瞄准人。要想办法看到一个个具体的人的行为和喜好。

2.把客户转让给第三方。

虽然企业可能无法从非核心客户那里获得利润，但可能会从其他渠道获得利润，因此，暂时把部分非核心客户转让给与企业无直接竞争关系的第三方商业机构不失为一种选择。

3.放弃客户。

如果客户不可能创造利润，也不可能转让给其他交易渠道，企业必须评估是否有必要终止合作关系，因为向有盈利能力的客户投资比继续向没有盈利能力的客户提供超值服务更符合企业的经营行为准则。

课堂互动 8-2

针对老用户更多的群，如何推广更有效?

泡泡玛特有一类产品，客单价偏高，在500~1 000元这个区间范围，一般都会限量发售。2020年的时候，泡泡玛特采用的发售方式是，限量1 000个，小程序上秒杀，完全拼手速。后来，通过企业微信拉了群之后，因为企业微信能识别出用户是老用户还是新用户，再结合微信小程序的点击数据，泡泡玛特就发现：想要抢货的很大一部分都是老用户。可是，这种秒杀的方式对老用户来说友好吗？会引发分享裂变吗？其实并不会，因为最终开心的只有抢到产品的那1 000人。一共5万个人在抢，老用户很可能抢不到。

问题：针对老用户更多的群，如何推广更有效？

课堂互动8-2
分析提示

需要注意的是，如果客户关系即将终止，企业应谨慎处理。不满意的客户可能向其他潜在客户表达其不满，或者可能拖延付款。终止客户关系只能作为最后不得已的手段，应予妥善处理。

单元四 大客户服务

一、大客户的含义

（一）大客户的定义

大客户（key account，KA），又被称为重点客户、主要客户、关键客户、优质客户，是指那些能为企业带来较大收益的高价值用户或具有高价值潜力的用户，这类客户交易次数在企业总的交易次数中所占比例不高，但采购额占公司营业额的大部分，对企业具有较高的忠诚度，能认同合作企业的文化和价值观，认同合作企业的商务模式，并愿与企业建立长期合作的关系。

（二）大客户的类型

大客户主要包括经济大客户、重要客户、集团客户与战略客户等。

1.经济大客户。

经济大客户是指产品使用量大、使用频率高的客户。这类客户支撑着企业的运营，企业中大量的交易需要通过其实现，比如一级经销商、地区代理等。对于一名客服人员（以下简称客服人员）来说，这类客户就是自己的“贵人”，如果这类客户能够与自己建立同盟关系，那么带来的不仅仅有利润，还有长期稳定的发展。

2.重要客户。

重要客户是指拥有特殊地位的客户，其中包括党政军、公检法、文教卫生、新闻等国家重要机构及其部门。这些客户受到广泛关注，需要特别注意。

3.集团客户。

集团客户是指以组织名义与一个公司签署协议，订购并使用该公司产品和服务，并与该公司建立起集团客户关系的法人单位及所附属的产业活动单位。如企业的重要供应商、大量使用本企业产品的组织、团体购物组织等，这类客户一旦有需求，其使用量会非常大，能够在短时间内迅速提高企业的业绩。

4.战略客户。

战略客户是指经市场调查、预测和分析后，被认定为具有发展潜力、会成为竞争对手的突破对象的客户。

课堂互动8-3

课堂互动8-3
分析提示

这些是大客户吗？

（1）偶然大量消费的团购客户。

（2）需求量大的重复消费客户。

（3）盘剥企业的“扒皮大户”。

课堂互动8-4

课堂互动8-4
分析提示

顶级“剁手党”

2016年11月11日零点刚至，24岁的潮妈“婷婷酱”就秒下了第一单。成交时间在0点2分45秒，要不是系统有点卡，她会更早支付成功。她半夜3点才入睡，早晨8点到公司，继续抢。“婷婷酱”一直买到18时07分，共下了70多单，光顾了52家店。她抢下20多双鞋子、20件衣服以及零食、餐巾纸，总共花费30 437元钱，最贵的一单是欧洲游套餐，9 800元。

进入10月，“婷婷酱”就开始为“双十一”准备。尽管如此，她还是有10来双鞋子没抢到；想买的珠宝，因为被别人抢先买了，没有拿下。不然她会花得更多。

11月11日这天太耗神了，12日她在家睡到中午12点才起床。这种情形对于“婷婷酱”并不罕见。她每年在淘宝的消费在40万～60万元之间。截至2016年11月，这一年她已在淘宝上花掉约45万元，仅9月就花了4.6万元。8月花费2.6万元是近几个月里最少的，因为那个时候她在国外购物。她共收藏了100多家淘宝店铺。每天，“婷婷酱”打开手机淘宝至少10次，累计浏览两小时以上。看到物流信息显示东西快寄到了，心里都会小开心。

从2012年11月注册这个淘宝账号到现在，“婷婷酱”已在淘宝上累计消费100多万元。2016年11月20日前，她的当月消费是3.6万元，超过99.96%蚌埠市的人。换句话说，她几乎是安徽这个三四线城市里在淘宝上最能买的人。

很快，她的购买行为被淘宝后台追踪到了。她收到一条信息，“恭喜入选APASS”。

资料来源　李甜. 顶级“剁手党”：揭秘淘宝黑卡用户［J］. 东西南北，2017（2）.

问题：“婷婷酱”成为APASS会员的原因是什么？

二、大客户的价值体现

（一）订单的稳定来源

通常情况下，20%的客户会带给公司80%的业务量。从企业的角度来看，80%的项目和收益来自只占其客户总数20%的大客户，而数量众多的中小客户所带来的零散收益只占企业总营收的20%。当然，这些数字会因企业的具体经营范围和特点，在具体的比例上有所差异，但大客户对企业而言具有重要意义则是毋庸置疑的。

（二）产生辐射效应

从行业客户角度看，每个行业中都有一些领军企业，这些企业的需求占该行业整体需求的绝大部分。这些企业就是被大多数企业竞相争夺的大客户，如果这些大客户在需求上发生了较大的变化，很可能将直接影响到其所在行业市场的整体走势，因此，对这些大客户的成功引导将起到示范效应，进而辐射到整个行业客户。

（三）提高市场占有率

大多数大客户的自身组织体系复杂，业务覆盖范围大，业务种类丰富，这使得大客户的需求必然是整体的、稳定的和持续的，而不像中小客户那样，需求具有零散性和相对独立性。同时，因为大客户需求量巨大，发展大客户不仅仅是提升整体销售业绩的最佳选择，更是提高市场占有率的有效途径。

（四）企业创新的推动力

为经营好大客户，企业必须重视外部资源的整合与运用，同时要将市场营销、生产研发、技术支持、财务金融、内部管理这五个经营要素全部围绕着以客户资源为主的企业外部资源来展开，以实现内部资源管理和外部资源管理的有机结合，从而成为企业创新的推动力。

（五）优化企业客户资源管理

只要不断地让客户足够满意，客户资源就能够为企业带来长期效益。企业应通过实施大客户导向的经营战略，强化大客户的口碑效应，充分利用其社会网络来进一步优化企业客户资源的管理，从而实现客户价值最大化。

（六）实现企业与大客户的双赢

为实施以大客户为导向的经营战略，企业应将大客户作为企业重要的资产，更加重视客户满意、客户忠诚和客户保留。在与众多大客户建立起稳定的合作关系的基础上，企业为客户创造价值的同时也获得了很大的利润空间，真正实现了客户和企业的“双赢”。

三、大客户服务方法

（一）构建大客户服务体系

大客户服务是一种面向未来的服务，它直接影响着企业未来的发展，牢牢地抓住大客户这个龙头，才能以点带面、以大带小，使企业保持竞争优势，才能使企业在激烈的市场竞争中有立足之地。

大客户服务的目标是提高大客户的满意度和忠诚度，不断强化大客户与企业的关系，提升大客户给企业带来的价值。

1.成立专门的大客户服务团队或委派专人负责。

在现实中，许多企业都很重视对大客户的管理，处理与这些大客户的关系时，经常是企业的高层主管亲自出面，但往往缺乏系统性、规范化的管理。在国外，许多大型企业为了更好地处理与大客户之间的关系，往往会建立一个全国性的大客户管理部。以美国施乐公司（Xerox）为例，其拥有250个大客户，与这些大客户之间的业务往来就是由大客户管理部来负责处理的，而其他的客户服务工作则由普通的销售团队来负责。

一般来说，对于重要的大客户，需要安排一名优秀的客户经理长期、固定地为其服务，相对而言，对于规模较小的几个客户则可以安排一名客户经理为其服务。以香港电讯盈科有限公司为例，公司对大客户按不同行业进一步细分市场，如制造业、金融业、运输业、旅游业等，对不同行业的大客户都设有专职的客服人员进行专门联系，有些客服人员一个人就负责两家大客户，久而久之，这些人就成了“行业专家”，能够根据不同行业对电信服务的需求，提供最新的服务项目和最佳的服务。

当然，是否需要建立大客户管理部要视企业的规模而定。对于规模小一点的企业而言，客户数量较少，大客户则更少，对大客户服务的工作就需要由企业主管人员亲自来抓；如果企业的大客户有20个以上，那么建立大客户管理部就很有必要了。

2.重视服务细节。

因为大客户具有较高的客户价值和较大的影响力，企业应以大客户为中心，采取项目组或者团队的形式为大客户提供增值、个性化的服务，以提高大客户的满意度和忠诚度，培育良好的大客户关系，从而提升企业的营销效率和效益。

（1）优先满足大客户的需求。

大客户的购买量较大，优先满足大客户对产品的数量及系列化的要求，是大客户管理部的首要任务。

（2）对大客户表明积极的态度。

在与大客户合作的过程中，大客户会遇到许多问题需要解决，甚至会对公司的产品和服务产生抱怨与投诉，客户此时期待的是公司对其表明积极的态度，重视并及时解决其所反映的问题。

（3）企业内部有标准化的服务流程。

大客户总是希望企业有标准化的内部服务体系来满足自己的需求。企业建立了标准化的内部服务流程后，就能在一定范围内按照流程来处理问题，满足客户的需求。

（4）提供个性化服务。

大客户也希望公司能够为其提供差异化的服务。不同行业的大客户都有自己的实际情况，都希望公司能够根据其自身情况，专门制订符合其实际情况的服务解决方案。

（5）主动提供服务。

客户期待企业能够主动为其提供真诚的服务，就像对待自己的亲人一样，主动地为客户着想，“永远比客户先一步想到结果，永远比客户晚一步拥抱结果”。

企业案例 8-5

京东PLUS会员又涨价！第九大权益竟然“绿了”！

自2018年4月27日10：00起，京东将开展“开通京东PLUS年卡，同步尊享爱奇艺VIP年卡权益”的活动，新开通或续费一年的京东PLUS会员，点击领取即可享受价值198元的爱奇艺VIP会员年卡权益。

这是一个全新上线的PLUS会员权益，这意味着，京东PLUS会员不仅拥有360元/年的运费券礼包、免费上门退换货、9折服饰品类券、100元全品类专享券和数以百万计的专享价商品等关于购物的权益，还能够同时享受到由爱奇艺提供的视频及娱乐服务：成为爱奇艺VIP会员，既可线上观看电影、戏剧、演唱会直播、纪录片、动漫等海量优质内容，更可享受到生日礼包、升级礼包、高性价比电影票、VIP专场明星见面会等更多专属特权服务。

198元/年的价格是银牌用户、金牌用户和钻石用户的价格，注册用户的价格为299元/年，注册用户指的是“刚注册京东的用户”。

此前钻石会员价为109元/年，黄金会员价为129元/年。

资料来源 编者根据京东官网（https：//www.jd.com）相关资料编写.

（二）制订客户关怀计划

关怀客户，保持并强化客户关系，不仅是公司有组织的行为，更是客户服务部门的重要工作。通过制订客户关怀计划，客户可以自己选择喜欢的方式同企业进行交流，从而更方便地获取信息和得到更好的服务，最终提高客户满意度。制订客户关怀计划，不仅可以帮助企业更好地挽留现有的客户，还可使企业重新找回已经失去的客户，开发新客户。同时，企业根据客户实际情况和历史服务情况，对不同需求的客户实施差异化服务及客户关怀计划，以降低销售成本，有效地预测市场需求和经营状况，进而使企业的客户关系管理更上一层楼。

1.常见的客户关怀计划行动。

（1）亲情服务。

根据客户的基本信息选择特定的客户列表，在客户的生日或在重要节假日寄送本公司的贺卡、小礼品等，以示祝贺；派代表参与客户的周年庆典等重要庆祝活动。

（2）产品推荐。

根据对客户分析得到的各类客户群体的特征，有针对性地向客户提供最适合的各项产品及服务。

（3）客户俱乐部。

如果企业的客户群非常集中，单个客户创造的利润比较多，那么企业可以采取俱乐部的形式与客户进行更加深入的交流，这样非常有利于企业的业务扩展。作为客户忠诚度计划的一种相对高级的形式，通过互动式的沟通和交流可以发掘出客户的意见和建议，有效地帮助企业改进并完善产品设计。同时，俱乐部这种相对固定的形式在一定程度上也成为有效防止竞争者进入的壁垒。

（4）优惠推荐。

根据对客户分析的结果，可以针对不同的客户群体制定不同的优惠政策，将优惠措施主动推荐给客户，也可以找一个足够吸引眼球的主题策划一场活动，用短信通知所有会员，可以是直白的告知，也可以通过短信发放电子代金券，甚至可以告诉会员邀请朋友同来就可以享受折扣。

2.企业实施客户关怀计划参考表单。

企业实施客户关怀计划可参考的表单样本参见表8-9至表8-12。

表8-9 客户关怀计划（一）

客户经理： 日期：

客户名称		客户编号		
客户情况简介				
上一阶段工作总结				
客户重大决策或重大事件				
我们对客户的最大价值				
主要问题和障碍分析				
主要障碍	重要程度	产生部门	采取的主要措施	对此的决策态度与事项

表 8-10　　**客户关怀计划（二）**

客户经理：　　　　　　　　　　　　　　　　　　　　　　　日期：

客户名称		客户编号					
我们的长期客户目标							
我们的扩大客户关系目标							
我们的销售目标							
主销产品/服务	预计签约日期	预计成交额	预期利润				
主要策略							
与客户关系							
谁支持	如何与他建立关系	关系进展情况	高层态度	满意度	主要投诉	以往合同	合约期
优势与强项							
劣势与弱点							

表 8-11 **客户关怀计划（三）**

客户经理： 日期：

客户名称		客户编号		
扩大客户关系行动计划				
行动内容	行动时间	负责人	所需资源	提交成果
主要问题		采取措施		
重要事项备忘				

表 8-12 **客户关怀行动检查表**

客户经理： 日期：

客户名称		客户编号	
行动时间	年 月 日 到 年 月 日		
行动方式选择			
行动内容再确认			
下一步计划安排			
所需资料、资源和协助的落实情况			
竞争者基础情况			
我们的应对策略是否有效			
费用情况	差旅费： 交际应酬费： 其他：		
备注			

（三）提供战略上的支持与合作

客户服务的最高层次是基于战略层面的考虑。很多情况下，客户反馈的不仅仅是一项服务、一个产品的问题，而且需要上升到企业战略的高度上来应对。客户期望公司能够提供战略层面的帮助，如向公司提出资源共享、优势互补、结成战略合作伙伴等要求。

企业案例 8-6

京东+TCL定制模式

进入互联网时代后，消费者越来越重视自己的个性化需求，与此同时，在整体经济发展进程中，产业结构模式也发生了变化，不再是大规模的企业一家独大。相反，近年来，小规模企业、创意产业、服务行业迅速崛起，越来越多的经营者开始从事细分领域的经营及发展，并以此为开端进行市场开拓。

京东与TCL在2014年达成战略合作关系，于当年12月中旬推出网络定制智能空调，并以发布会形式对外公布了此项战略布局。那么，消费者在具体参与过程中，需要经过哪些操作环节才能享受定制版空调产品？依据京东官方网站的提示信息，需要进行下列操作：

（1）交纳定金。

在活动举办期间，凡是京东会员用户，交纳100元定金之后就能获得空调定制活动的参与资格。产品定制活动结束，平台将返还用户交纳的定金。

（2）筛选最受欢迎的方案。

活动参与者根据自己的个人偏好选择功能组合、空调面板等，并进行投票。之后，京东平台将利用大数据统计出最受欢迎的产品设计方案，在活动结束后将结果公开，同时决定定制空调产品的价格。最终，因目标在预定时间之前实现，组合空调产品的价格也以2 899元落锤。

（3）TCL接收需求信息，安排生产，京东负责配送。

该项目的预订计划是，自2015年1月15日起的6天之内，有2 000人以上确定进行产品定制，就可按计划组织空调的生产，TCL将负责具体的生产工作，之后，由京东平台按照订单信息完成配送。

资料来源　眭歆然、李文俊、曾繁礼．消费商模式：分享经济时代的商业新思维［M］．北京：人民邮电出版社，2019.

点评：京东与TCL联手推出网络定制智能空调，说明以消费者需求为核心的家电互联网定制将成为主流，在这种模式下，消费者将更多地参与到企业生产过程中，若产品足够优秀，消费者还会自发地进行产品推广，提升品牌影响力。

项目测试

□简答题

1. 客户信息收集的内容有哪些？
2. 客户信息收集的渠道有哪些？
3. 为什么对客户要进行分级管理？
4. 什么是RFM模型？
5. 客户金字塔的内涵是什么？

6.常见的客户关怀计划行动有哪些？

□案例分析题

天猫包下“海上头等舱” 6·18期间送资深剁手党免费出国玩儿

2017年6月10日，“淘气喜悦号”游轮从上海吴淞口国际游轮码头驶出，驶向日本高知县，开启了四天三夜的访日之旅。船上满载着上千名阿里巴巴超级会员和APASS会员，以及一众入驻天猫的品牌商家代表，它的启航意味着阿里大会员体系迈入新的征程。

根据阿里官方披露，淘气值超过2 500分的用户可获邀成为APASS会员；淘气值1 000分以上的用户可成为超级会员；淘气值1 000分以下的用户为普通会员。淘气值是依据用户过去12个月在淘宝的“购买、互动、信誉”等情况，综合测算出来的，用以衡量用户在淘宝的会员等级。淘气值在每个月8号会更新1次。APASS会员的特别权益是一键召唤客户经理，有需要时可享受客户经理一对一服务。而作为中坚力量的超级会员，可享有的权益也很丰厚，低于5折入住五星级酒店就是其一。比如，杭州香格里拉酒店门市价一般都要近2 000元，阿里超级会员只要850元+500积分即可。此外，超级会员还可享每周1次退货免运费特权，会员中心可直接领取退货保障卡。

至于淘气值在1 000分以下的普通会员，则会注重为其营造惊喜感。比如在每个月8日淘气值更新的时候，涨分达到一定值就会获得一些更高层级会员才能享有的权益，比如今年6月8日的会员日，针对涨分超过68分的用户，可享受超级会员的部分特权，如住酒店5折积分兑换，喵鲜生88折扣卡等。

在此次出海的“淘气喜悦号”上，还有华为、海尔、美的、联想、LVMH、Burberry、资生堂、博世、飞利浦、菲仕乐等知名企业的代表。这一方面表明企业希望能够近距离接触代表阿里高端用户的超级会员以及APASS会员，与其建立沟通的机制和桥梁；另一方面也反映出当下商家用新的运营手段来实现业务增长的迫切需求。

资料来源 佚名. 天猫包下“海上头等舱” 6·18期间送资深剁手党免费出国玩儿［EB/OL］.［2019-06-13］. http：//finance.sina.com.cn/roll/2017-06-13/doc-ifyfzhpq6764126.shtml.

问题：阿里为什么要将“剁手党”进行分级？

分析：这些都是“剁手党”的主力人群。阿里的会员体系是为了打造一个专属的“剁手党俱乐部”，增强他们对平台的认同感和归属感。打破“一刀切”的普惠性福利发放，对不同类型的会员提供个性化的权益和服务。

●项目实训

实训主题：分享企业客户关怀创新案例

1.内容与要求

组成3人小组，选取某一企业（属于零售行业）开展网络调查，了解该企业在客户关怀方面的具体做法。分析此案例中企业实施客户关怀的目的、做法及可能的效果。

2.提交成果

一份案例分析报告。

思政园地

大数据时代：网络安全与伦理问题

大数据应用是把双刃剑。一方面，它给人类社会带来了巨大的社会效益和经济利益；另一方面，它给网络安全与伦理带来严重的威胁。

大数据与国家安全问题紧密相连，成为信息安全的重要组成部分。2013年3月，奥巴马宣布美国政府投资2亿美元启动“大数据研究和发展计划”，这是美国继1993年提出信息高速路计划后的又一次重大科技发展部署。在大数据开发、利用上走得更远的国家，不可避免地会利用手中资源损害他国互联网安全和国家利益。如使伊朗核设施遭受大面积破坏的“震网”病毒，使得关键基础设施已经成为网络武器的真实攻击目标，有可能引发灾难性后果。2014年5月26日，互联网新闻研究中心发表《美国全球监听行动纪录》，指出“中国是美国非法窃听的主要目标之一，窃听范围涵盖国家领导人、科研机构、大学、企业等”。

大数据对消费者和消费者行为的监测，在很大程度上促进了个人信息经济的发展。经营者通过收集、整理、分析网民琐碎的行为记录，浏览习惯及生活喜好，迅速定位网民的人口学特征、性格爱好以及预期行为，推出不同类型的个性化服务、个性化推荐等，满足顾客需求，提供贴心服务。从繁华表面看，似乎重新强调了“顾客至上”的受众本位服务理念，事实上，顾客仍然是被消费的群体。许多相关应用实际上是为了实现商业目的，有意识开发顾客消费潜意识，甚至创造消费需求。正如美国纽约世界观察研究所资深研究员艾伦·杜宁在其名作《多少算够——消费社会与地球的未来》一书中所说，消费者社会不能兑现他的通过物质舒适而达到满足的诺言，因为人类的欲望是不能被满足的。无穷无尽的个性化服务，伴之而来的便是日益高歌的消费主义。

大数据时代是一个信息高度流通，却缺乏保障的时代。大数据的发展利用，给人类社会带来了巨大的经济效益和社会效益。然而，携带着政治、资本与技术的多重力量，数字化发展正在逐步偏离其伦理方向，走向单向、异形、霸权，科学家、政策制定者、新闻工作者和普通大众，对未来随着新技术发展可能出现的伦理问题，应该多一些思考，多一些预警。

资料来源　张伯旭，汪礼俊. 数海行舟：走进数据时代的北京［M］. 北京：电子工业出版社，2021.

主要参考文献

[1] 李冠辰. 华为为什么能：不在非战略机会点上消耗战略竞争力量［M］. 北京：中国青年出版社，2019.

[2] 李乐飞. 新服务时代：新服务，新基建，未来社会的服务法则［M］. 北京：中信出版集团，2020.

[3] 大住力. 服务的初心［M］. 周征文，译. 北京：东方出版社，2019.

[4] 木暮桂子. 职场形象管理：如何从人群中脱颖而出［M］. 袁建华，马奈，译. 北京：人民邮电出版社，2020.

[5] 宋璐璐. 零基础做外卖骑手［M］. 北京：中华工商联合出版社，2020.

[6] 谢弗，卡林斯. 像间谍一样观察［M］. 谭永乐，译. 北京：中信出版集团，2019.

[7] 卡波兹. 让你的客户每天都增长［M］. 马斐儿，译. 北京：中信出版集团，2019.

[8] 林军，胡喆. 沸腾新十年：移动互联网丛林里的勇敢穿越者［M］. 北京：电子工业出版社，2021.

[9] 董俊祺. 中国消费市场四十年（1979—2019）［M］. 北京：社会科学文献出版社，2021.

[10] 科洛波洛斯，克尔德森. 圈层效应［M］. 闫晓珊，译. 北京：中信出版集团，2019.

[11] 杨海愿. 零售供应链：数字化时代的实践［M］. 北京：机械工业出版社，2021.

[12] 李国威. 跑赢危机：全媒体时代的公关自救指南［M］. 北京：中信出版集团，2021.

[13] 方二，齐卿，左莉. 智情企业［M］. 北京：机械工业出版社，2021.

[14] 克鲁格. 摇滚吧，经济学［M］. 马韧，路旦俊，译. 长沙：湖南文艺出版社，2020.

[15] 巴克斯特. 会员经济：发现超级用户，缔造长期交易，赢得持久营业收入［M］. 蒋宗强，译. 北京：中信出版集团，2021.

[16] 宋立桓. AI制胜：机器学习极简入门［M］. 北京：清华大学出版社，2020.

[17] 眭歆然，李文俊，曾繁礼. 消费商模式：分享经济时代的商业新思维［M］. 北京：人民邮电出版社，2019.

[18] 张伯旭，汪礼俊. 数海行舟：走进数据时代的北京［M］. 北京：电子工业出版社，2021.

[19] 阿德勒. 这样和世界相处［M］. 文韶华，译. 南京：江苏凤凰文艺出版社，2016.

[20] 莫云. 衣食住行的智能化改造还有哪些想象空间? [J]. 东西南北，2022 (4).

[21] 孙梦遥. 多抓鱼：二手市场“闯入者”的用户心经 [J]. 中欧商业评论，2021 (4).

[22] 袁露华. 九木杂物社买家投诉激增，晨光文具品牌标杆何时才能盈利? [J]. 证券市场红周刊，2022 (2).

[23] 徐芸茜. 京东“自杀式物流”应急救援，是一种企业本能 [N]. 华夏时报，2022-04-19.

[24] 梅建平，陈剑，乔亿源. Stitch Fix：让算法更有温度 [J]. 商业评论，2022 (1).

[25] 钮键军. 优衣库：疫情下的行业领军者 [J]. 哈佛商业评论，2021 (5).

附录一 名创优品服务话术

一、店内互动话术

1.呼应店员

A：各位miniso上午（下午）好！

B：好好好。

A：请所有miniso举起你们的右手让我看到你们在哪里。

B：举起右手（同时回应：在这里！）

A：miniso的声音呢？

B：欢迎光临miniso。

2.递送购物篮

A：各位miniso上午（下午）好！

B：好好好。

A：所有伙伴要为我们卖场粉丝递送购物篮，有没有收到？

B：收到。

A：请将您手中的购物篮送出去可以吗？

B：可以！

3.时间段播报

A：各位miniso上午（下午）好！

B：好好好。

A：请所有miniso举起你们的右手让我看到你们在哪里？

B：举起右手（同时回应：在这里！）

A：目前完成5个月亮，离我们目标还差8个月亮，伙伴们快冲刺，创造奇迹好不好？

B：好好好。

二、服务五部曲

1.接待顾客

☞ 欢迎顾客：欢迎光临miniso，欢迎光临！

☞ 递篮术语：欢迎光临miniso，给您一个篮子方便您购物，好吗？

2.了解顾客需求

☞ 您好，请问您有什么需要吗？

☞ 您好，您是需要买安卓的数据线还是买苹果的数据线呢？

☞ 您好，您喜欢什么类型的耳机呢？

☞ ……

3.满足顾客需求

（不同的顾客，需要以不同的方式应对，了解店铺商品卖点尤为重要）

☞ 您好，这是我们店畅销的产品哦……

☞ 您好，这是我们刚来的新品……

☞ 您好，……（介绍有特色的产品）

4.连带销售

（连带销售就是把有关联的产品推销给顾客）

☞ 您好，您买的无线鼠标是需要电池的哦，我们店铺有，需要买一排吗？

☞ 您好，唇彩与润唇膏搭配效果会更好哦，需要带一个一起使用吗？

三、收银话术

1.迎接顾客

☞ 接待首位顾客：欢迎光临miniso！这边买单。

☞ 邀请顾客排队：欢迎光临miniso！请排队等候，谢谢！

☞ 迎接下一位顾客买单：欢迎光临miniso！不好意思让您久等了，请把手机调到付款页面，这边买单。

2.二次销售

☞ 您好！这款润唇膏是我们店内的畅销款，滋润效果很不错，味道也很清新，需要带一个吗？

3.唱收唱付

☞ 请问这是您所挑选的所有商品吗？

☞ 我们这里只能微信或支付宝买单，可以吗？

☞ 请问有会员吗？

☞ 需要袋子吗？袋子5毛钱一个，扫码关注名创的官方微博可以送您一个袋子哦。（或会员可以免费送袋子哦）

☞ 请按到付款页面，一共消费25元。

☞ 支付成功了，请稍等（拿取小票时）。

4.识别钞票

5.送别顾客

☞ 请保管好您的小票，请慢走，欢迎下次光临！

（当有顾客拿商品到店里退换时）

☞ 您好，请问您带小票了吗？

☞ 商品是有质量问题吗？没有质量问题我们是不可以退换货的哦。

☞ 您好，请您在小票空白处留下您的姓名和手机号码，可以吗？

四、口播术语

1.门店口播

欢迎光临miniso！快时尚设计师品牌，优质产品，低至十元！miniso，十元优质生活，率先实施全球采购，致力于为您提供更安全、更可靠、更低价的优质产品，快来体验一下吧！本店没有标价的商品一律十元一件，爱生活，爱miniso！

2.防盗提示

尊敬的顾客您好！欢迎光临miniso！miniso温馨提示您，现由于卖场客流量较多，请您在挑选商品时注意保管好自身携带的贵重物品，看管好您身边的小孩，背包的顾客请把包背在前面，以免造成不必要的损失或意外事故的发生，感谢您的配合，miniso祝您生活愉快！

3.雨天温馨提醒

尊敬的顾客朋友们大家好！miniso温馨提醒您，近日雨水较多，请您出门要记得备好雨伞噢，miniso为您准备了各种精美雨伞及拖鞋，低至十元一件，欢迎进店选购，miniso祝您购物愉快！生活愉快！

4.雨天防滑提醒

尊敬的顾客您好！欢迎光临miniso！miniso温馨提醒您，现由于雨水天气导致地面湿滑，请您在购物时注意脚底防滑。miniso祝您购物愉快。

5.结业温馨提示语

美好的时光总是短暂的，又到了与您匆匆道别之际，尊敬的顾客您好，miniso温馨提示您，现本店即将结业，请挑选好商品的朋友到收银台结算，还未挑选好商品的朋友请您抓紧时间挑选，本店营业时间为9点整至23点整，感谢您长期以来对miniso的关注与支持！miniso祝您生活愉快！

6.禁止行为

尊敬的顾客您好，感谢您对miniso的支持。为营造卖场内文明、温馨的购物环境，请您在挑选商品时勿将包装拆开，请勿在店内吸烟、饮食、拍照，如有需要帮助，请咨询您身边的工作人员，感谢您的配合，miniso祝您购物愉快！

7.收银台维护秩序话术

尊敬的顾客您好，欢迎光临miniso！现由于买单人数较多，为节省您宝贵的时间，现金买单的顾客请先备好零钱，微信、支付宝买单的顾客请先打开支付界面，刷卡的顾客请排在2号收银台，我们的收银员会尽快为您结算，给您带来了不便我们深感歉意，感谢您的配合！miniso祝您生活愉快！

五、活动话术

1.扫码会员送购物袋

欢迎光临miniso！miniso会员积分活动来了！为感谢广大miniso消费者的大力支持，现扫描门店二维码即可获得miniso购物袋一个，注册会员充值话费即可享受95折优惠，消费一元即可获得一积分，积分充值话费最高可减100元现金，欢迎您成为名创会员。详情请咨询门店工作人员。miniso祝您生活愉快！

2.微信支付立减活动

尊敬的顾客您好，为感谢新老顾客对miniso的支持，miniso现推出每周二微信支付随机立减活动，您只需使用微信支付即可享受随机立减金额，感谢您的支持，miniso将竭诚为您服务。

3.限时促销活动

尊敬的顾客，您好！欢迎光临miniso！miniso促销进行中，凡一次性在本店购买满68元，即可赠送精美礼品一份，数量有限，送完即止，快来抢购吧，miniso祝您购物愉快！

4.元旦、圣诞节日活动

名创优品“双dàn”限时特惠，凡一次性在本店消费满68元，即可赠送精美礼品一份，按规则参与微博互动抽奖活动，更多大奖等您来拿。

六、产品介绍话术

欢迎光临miniso！里面有更多惊喜更多选择，本店涵盖创意家居用品、精品包饰、健康美容、数码产品、食品系列、纺织品、季节性商品，全场应有尽有，本店没有标价的产品一律十元一件，十元的价格，百元的品质，真正做到物美价廉，miniso，十元优质生活！爱生活，爱miniso！

（一）香水系列

1.新款香水口播

亲爱的顾客朋友们，大家现在好！很开心告诉您，miniso又有新款香水上市啦，本次miniso携手瑞士奇华顿联合推出花漾系列香水。为您的完美人生打造出第一支定制香水，现售价仅为39元，追求高品质生活的您，还在等待什么呢?！速速抢购吧！欲知更多详情，请咨询店内工作人员或观看我们LED视频，miniso希望您有一个美好的购物体验。miniso祝您生活愉快！谢谢！

2.香水口播

亲爱的顾客您知道吗？使用香水可以大大提升您的个人魅力，miniso携手全球最大香精公司瑞士奇华顿联合推出花漾系列产品，花漾少女、花漾青春香水震撼上市，只需39元即可拥有，欢迎您进店选购。

（二）彩妆系列

1.MG美即面膜

尊敬的顾客您好，欢迎光临miniso！本店现推出限时促销优惠活动，原价88元的美即面膜，限时抢购价只需49元，数量不多，爱美的女神们您还在犹豫什么？速速抢购吧！详情请咨询您身边的工作人员，miniso祝您购物愉快！

2.护肤套装

欢迎光临miniso！miniso为您倾心推出薰衣草系列套装，保湿补水通通都到位，让您的肌肤每天都水水嫩嫩，miniso还您婴儿般水嫩肌肤，快来体验一下吧！爱生活，爱miniso！

3.变色唇膏

欢迎光临miniso！miniso温变唇膏，一抹唇粹，邂逅倾心色彩，有效滋润保湿唇部，让唇色通透自然，miniso还您粉嫩好气色。

4.花漾洗护套装

欢迎光临miniso！miniso为您倾心推出花漾系列洗护套装，味道清香宜人，采用法国进口原材料，您值得拥有，快让您的发质体验一次轻盈柔顺的感觉吧！爱生活，爱miniso！

5.眼线笔

欢迎光临miniso！想拥有闪亮迷人的大眼睛吗？miniso推出超人气眼线笔，一笔成型，持久定妆，让您的眼睛绽放迷人光彩，快来体验一下吧！爱生活，爱miniso！

6.气垫BB霜

欢迎光临miniso！想拥有一款会呼吸的BB霜吗？miniso推出轻盈持妆气垫BB霜，使您的肌肤自由呼吸，轻盈无暇，持久防脱妆，售价仅49元，快来体验一下吧！爱生活，爱miniso！

7.卸妆水宣传

欢迎光临miniso！miniso为您推出温和卸妆水，真正舒缓，解决肌肤干燥暗黄问题，有效卸除彩妆，还原毛孔清透净化，同时促进肌肤补水噢！miniso祝您购物愉快！

8.防晒系列

亲爱的顾客您好，悄悄告诉您：人的皮肤衰老80%来自光老化，天气炎热，紫外线非常强烈，您出门一定要记得涂防晒霜噢！本店精心为您准备了各种防晒乳、防晒喷雾，还有超强防紫外太阳眼镜！快来miniso尽情选购吧！

（三）生活百货

欢迎光临miniso！miniso又有新款水杯上市啦，本次新款水杯采用健康玻璃材质，外加一层硅胶材质保护套，起到防烫作用，色彩超多，售价仅10元，快来选购吧！爱生活，爱miniso！

（四）季节性产品

1.小风扇

欢迎光临miniso！炎炎夏日，快来miniso清凉一夏吧！miniso为您推出迷你型小风扇，外观设计时尚，超强风力，快来miniso体验一下吧！爱生活，爱miniso！

2.太阳眼镜

亲爱的顾客您知道吗？您和明星只差一副墨镜的距离，2016年最流行的墨镜尽在名创优品，还有各种偏光镜、太阳帽，搭配更完美喔！

（五）数码系列

1.自拍神器

欢迎光临miniso！miniso现推出一款自拍神器，出门旅行必备，外观设计时尚，让您的自拍越拍越美丽，快来体验一下吧，爱生活，爱miniso！

2.充电宝宣传

欢迎光临miniso！移动新时代，充电更精彩，游戏忙，通话长，miniso为您推出高容量充电宝，想怎么玩就怎么玩，欢迎您尽情选购！miniso祝您轻松生活！

（注意：口播术语会不断更新变动，有新产品的加入、节假日等情况下会出现新的口播，或者更改口播）

本话术根据校园体验店整理。

资料整理：马结姿、叶伟洪、朱康

文本完善：陈少通、谢雨纯、李露

时间：2017年5月28日

附录二　某品牌神秘顾客调查表

20××年神秘顾客调查表

访问城市：				
商场名称：				
访问日期：				
访问时间：				
店员姓名或工号：				
A：店铺环境及陈列（合格为1，不合格为0，若为0，则填写备注）			得分	备注
A1	地面干净	通道、地面干净整洁、无杂物、纸屑		
A2	灯光明亮	专柜内的灯光明亮、灯泡无损坏		
A3	产品摆放	所有货架上的产品（衣服、裤子、鞋子、包类、帽类）吊牌均放入衣内		
A4	样鞋陈列	样鞋无鞋带外露现象，所有样鞋同一朝向摆放，鞋带串好		
A5	试衣间整洁	试衣间无异味，没有清洁工具或者纸箱，试衣镜清洁明亮无手指印		
B：店员形象（合格为1，不合格为0，若为0，则填写备注）				
B1	店员制服	店员穿着统一的工服，并且保持整洁，无明显破损		
B2	店员工鞋	店员穿着统一的工鞋，并且没有明显灰尘和污迹		
B3	发型规范	男性：面部清洁不留须，女性：化淡妆，头发扎起		
B4	不打手机	手机处于震动状态，店员不发消息，不打电话		
B5	店员纪律	店员无扎堆聊天、无倚靠货架或收银台等现象		
C：销售步骤（合格为1，不合格为0，若为0，则填写备注）				
C1	欢迎用语	店员清晰响亮地说出标准用语“欢迎光临×××”		
C2	面带微笑	店员在说欢迎词的时候，面带微笑，不是面无表情或者表情凶恶		
C3	寻找时机	跟随顾客并保持一定距离，观察顾客的需求		
C4	需求探寻	店中主动询问顾客的需求（“您好，您想买鞋子还是衣服？”）		
C5	产品介绍	店员用FAB介绍产品的明星卖点（必须提到产品的好处）		

续表

C6	出示货品	店员介绍产品的同时主动将货品从货架上取下展示给顾客近看和触摸		
C7	邀请试穿	店员介绍并展示货品时主动邀请顾客试穿		
	试衣间的服务动作			
C8	指示试衣间	店员用手势指示试衣间位置		
C9	试衣间检查	店员轻敲更衣室门（帘子）或者询问确认里面没人		
C10	试衣等候	店员在试衣间门外等候（询问顾客是否合身）		
C11	辅助试穿	当顾客走出更衣室，店员第一时间上去辅助顾客整理衣服或裤脚		
C12	赞美顾客	顾客试穿出来，店员给予赞赏		
	试鞋的服务动作			
C13	指示试鞋	将顾客带到试鞋座位处，让顾客稍作等候		
C14	试鞋准备	取出顾客适合的尺码，并松开鞋带，取出填充物		
C15	辅助试鞋	顾客在试穿过程中，店员要半蹲辅助顾客穿着		
C16	试鞋效果	带领顾客去试鞋镜处感受效果		
C17	询问效果	店员询问顾客试穿后的感受：“您穿着合适吗？会不会太紧”		
C18	货品归位	将顾客不需要的鞋放回鞋盒或鞋架		
C19	连带销售	顾客提供额外的推荐，如顾客选衣服，推荐裤子，顾客选鞋子，则推荐帽子		
C20	主动成交	店员提示顾客成交（先生/小姐，这款确实不错，需要我帮您包起来吗？）		
C21	异议处理	店员能够用专业知识解答顾客的疑虑		
C22	介绍促销	主动介绍店铺或商场活动，增加顾客的购买数量		
C23	未买态度	当顾客最终没有购买时，店员仍旧表现友好		
C24	主动道别	每位顾客离开时，店员都主动道别（“谢谢光临！先生/小姐请慢走”）		